A TERAPIA FAMILIAR MULTIGERACIONAL

INSTRUMENTOS E RECURSOS DO TERAPEUTA

Maurizio Andolfi

A TERAPIA FAMILIAR MULTIGERACIONAL

INSTRUMENTOS E RECURSOS DO TERAPEUTA

TRADUÇÃO
Juliana Seger Sanvicente

A terapia familiar multigeracional: instrumentos e recursos do terapeuta

1ª edição - 4ª reimpressão em **maio** de 2025

Copyright © 2021 Artesã Editora

É proibida a duplicação ou reprodução deste volume, no todo ou em parte, sob quaisquer formas ou por quaisquer meios (eletrônico, mecânico, gravação, fotocópia, distribuição na Web e outros), sem permissão expressa da Editora.

DIRETOR
Alcebino Santana

DIREÇÃO DE ARTE
Tiago Rabello

TRADUÇÃO
Juliana Seger Sanvicente

REVISÃO
Dolores Sanvicente

IMAGEM DE CAPA
©depositphotos.com/ alinabel

PROJETO GRÁFICO E DIAGRAMAÇÃO
Conrado Esteves

A553   Andolfi, Maurizio, 1942-.
        A terapia familiar multigeracional : instrumentos e recursos do terapeuta / Maurizio Andolfi ; tradução: Juliana Seger Sanvicente. – Belo Horizonte : Ed. Artesã, 2019.
        232 p. ; 23 cm.

        ISBN: 978-85-88009-96-7

        1. Psicoterapia . 2. Psicoterapia familiar. 3. Terapia sistêmica (Terapia familiar). I. Sanvicente, Juliana Seger. II. Título.
                                                                CDU 615.85

Catalogação: Aline M. Sima CRB-6/2645

IMPRESSO NO BRASIL
Printed in Brazil

📞 (31)2511-2040   💬 (31)99403-2227
🌐 www.artesaeditora.com.br
📍 Rua Rio Pomba 455, Carlos Prates - Cep: 30720-290 | Belo Horizonte - MG
📷 📘 /artesaeditora

*Ao meu filho Jonathan
que me ajuda a manter-me jovem*

AGRADECIMENTOS

Como escrevi este livro, paralelamente, em italiano e inglês, gostaria de agradecer a duas amigas terapeutas familiares e tradutoras brilhantes: Chiara Hunter, pela sua tradução e revisão de todo o manuscrito em inglês e à Alessia Ranieri pela revisão de seis capítulos em italiano.

Agradeço à Anna Mascellani pela revisão crítica e os preciosos comentários sobre o texto italiano, à Laura Bruno e à Francesca Treccani por terem contribuído na composição da bibliografia e à Andrea Scavone por seus lindos gráficos.

Por último, agradeço, especialmente, a minha esposa Lorena por suas sugestões sobre a estrutura e conteúdo deste trabalho e pelo seu suporte informático e, ainda mais, por ter me suportado "em casa" por mais de sete meses, o tempo gasto para escrever este volume, entre compromissos profissionais e longas caminhadas inspiradoras nas praias brancas da City Beach em Perth.

SUMÁRIO

Prefácio à edição brasileira..13
Juliana Seger Sanvicente, Mariana Gonçalves Boeckel

Introdução..17

CAPÍTULO 1
As raízes da psicologia relacional..23
A teoria dos sistemas: as origens..23
A teoria dos sistemas e a teoria multigeracional:
comparação entre dois modelos..28
Os puristas do sistema e os condutores...31
A intersubjetividade da observação..32

CAPÍTULO 2
O ciclo vital da família e a dimensão multigeracional...........37
A teoria do ciclo vital da família..38
Tramas familiares multigeracionais..41
As lealdades invisíveis...42
A conquista da autoridade pessoal...43
Os mitos familiares como expressão e veículo da cultura familiar......44
Os valores míticos: vínculos ou recursos no processo de individuação....47
A diferenciação do Self..49
O corte emocional..52
A intimidação intergeracional e o "filho crônico".............................53

CAPÍTULO 3
Transformações sociais e novas configurações familiares......57
Filhos de pais divorciados e famílias monoparentais........................58

Famílias reconstituídas e reconstruídas..60
Famílias compostas por uma pessoa...62
Casais e famílias que vivem em união estável..64
Família adotiva..65
Cultura mista e famílias de imigrantes..67
Casais homossexuais e filhos de pais do mesmo sexo..............................72

CAPÍTULO 4
Modalidades de observação da família..75
A tríade como unidade mínima de observação..75
Triângulos trigeracionais...75
O genograma: uma representação
gráfica do desenvolvimento familiar..80
O genograma na formação dos terapeutas...84
O genograma na terapia e nas consultorias...85
As esculturas familiares: uma ferramenta
potente não-verbal para terapeutas sistêmicos...89
A escultura familiar na terapia..90
A escultura na supervisão e na formação
pessoal do terapeuta sistêmico...94
Role-playing e uso de simulação na terapia e na formação......................97

CAPÍTULO 5
Avaliação do funcionamento familiar..101
A casa de três andares...101
Configurações de casais...103
O casal harmônico...104
O casal em conflito..105
O casal instável...106
O casal "sanduíche" esmagado entre duas gerações...............................107
Diagnóstico social do funcionamento do casal......................................109
O nascimento de um filho: uma transformação na relação do casal....111
A avaliação da relação entre irmãos..114

CAPÍTULO 6
A construção da história terapêutica...........117
A aliança terapêutica com a família...........117
A criança como coterapeuta...........119
O mundo interno do terapeuta...........122
As competências relacionais do terapeuta familiar...........125
Rituais e dramatização em terapia familiar...........133

CAPÍTULO 7
A linguagem do encontro terapêutico...........139
As bases do colóquio terapêutico...........140
Coleta e seleção de informações...........144
Redefinições e afirmações relacionais...........147
As perguntas relacionais...........150

CAPÍTULO 8
A linguagem corporal na terapia familiar...........159
A linguagem dos olhos e a expressão do rosto...........160
Sinais e linguagem corporal...........162
Espaços do corpo e fronteiras relacionais...........164
O contato físico...........165
O sistema paralinguístico e o silêncio...........166
Como usar os olhos na terapia familiar...........167
O movimento do espaço terapêutico...........173
Os movimentos na construção da aliança terapêutica...........175

CAPÍTULO 9
O silêncio e o contato físico: dois modos de encontrar a família...........181
Pausa para reflexão...........181
Os silêncios da família e do terapeuta...........183
Ficar em silêncio com a dor da família...........185
O contato físico na terapia familiar...........188

O contato físico do terapeuta familiar...191
O contato físico para reconstruir laços...194
Os pesos de Rob..198

Conclusões..205
Como a psicoterapia familiar nasceu...205
Os limites do modelo médico no tratamento
das dificuldades mentais e relacionais...206
A redescoberta da dimensão humana e relacional da psicoterapia.....208
Pesquisa sobre eficácia e avaliação à distância da terapia familiar.......211
A terapia narrada pelas famílias..213

Bibliografia..217

PREFÁCIO À EDIÇÃO BRASILEIRA

Juliana Seger Sanvicente
Mariana Gonçalves Boeckel

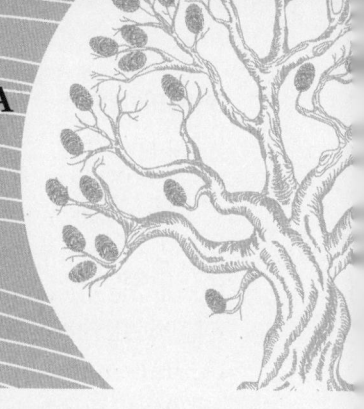

A publicação do livro *A Terapia Familiar Multigeracional* nasce do desejo de manter em evidência a relevância clínica da abordagem de Maurizio Andolfi em nosso país, tendo em vista que, inexplicavelmente, há muitos anos que as suas obras não são publicados no Brasil. Outro fator que nos estimulou para esta publicação deriva de um aspecto pessoal, relacionado ao fato de conhecermos o autor, sua maestria em conduzir os processos psicoterapêuticos, além de seu arcabouço teórico profundo e abrangente. Nós o conhecemos em razão da nossa formação acadêmica, realizada diretamente em Roma, na reconhecida *"Accademia di Psicoterapia della Famiglia"*. Sabemos que o seu nome dispensa apresentações e, portanto, iremos diretamente ao livro.

Este volume representa uma síntese de mais de quatro décadas de prática clínica do autor e percorre muitas ideias que permanecem atuais, as quais foram elaboradas ao longo do tempo. O livro, também, é repleto de referências teóricas dos principais pioneiros da terapia familiar, que foram os principais antecessores de Andolfi. É possível atravessar nestas páginas um caminho de cerca de cinquenta anos de psicoterapia com a família.

Em uma única obra, Maurizio Andolfi consegue abordar aspectos fundamentais da terapia familiar, das bases aos conceitos mais contemporâneos, da evidência científica à vivência clínica de milhares de horas de atendimentos, supervisão, orientações, consultorias em diversos lugares do mundo. Quais são os pressupostos epistemológicos da prática em famílias e de casais? Quais são os requisitos fundamentais para o desenvolvimento de um verdadeiro psicoterapeuta? Como avaliar e intervir na família em movimento? Como intervir entre a história passada e a geração futura? Essas são algumas das diversas perguntas que a obra responde com respaldo teórico e técnico de sobra.

O texto possui uma estrutura simples e de fácil leitura, e os assuntos tratados nos nove capítulos expressam uma teoria reconhecida na prática. O volume inicia com a contextualização histórica das raízes da psicologia relacional, oferecendo ao leitor um panorama conceitual e preparando-o para a compreensão das bases epistemológicas do modelo multigeracional. No segundo capítulo, além do tema do ciclo de vida, o autor aborda conceitos-chave da teoria de Bowen, Whitaker, Boszormenyi-Nagi, Williamson, colocando-se em continuidade com o pensamento desses mestres, que foram seus interlocutores diretos, e "juntos" a Andolfi, estruturaram um modo de fazer e de estar em terapia. Logo após, o autor nos convida a refletir sobre a complexidade das transformações familiares, seus novos arranjos e sobre a necessidade de introduzir, em nossa bagagem, novos instrumentos para entrar em contato com as várias realidades que encontramos no âmbito clínico. Atento às transformações sociais, renova e atualiza a compreensão e as intervenções em terapia familiar.

No quarto capítulo, são descritas as modalidades de observação que passam através de técnicas que utilizam a ação, o movimento: uma observação ativa, que exige do terapeuta a capacidade de tornar-se curioso sobre o que ainda não é conhecido, dando espaço aos processos transformativos e evolutivos que seguem àqueles da vida. No quinto capítulo, a avalição do funcionamento familiar é o tema central, perpassando pelas questões multigeracionais, conjugais e contextuais. A fratria é mencionada como uma importante unidade de observação, frequentemente, negligenciada na terapia familiar. Já o sexto capítulo, aborda a construção da história terapêutica, trazendo importantes contribuições sobre as particularidades da aliança terapêutica com a família. Dentre as grandes contribuições do autor, podemos destacar o potencial recurso da criança como coterapeuta e o self do profissional, suas competências relacionais, compreendendo a ressonância pessoal como um grande elemento para a evolução dos casos. A descrição de atendimentos, de recursos técnicos utilizados e das contribuições teóricas que trazem importantes subsídios ao leitor, também são aspectos importantes na obra.

É sobre um tema que, Maurizio Andolfi, destaca há alguns anos que o sétimo e o oitavo capítulos discorrem: a linguagem do encontro terapêutico e a linguagem corporal em terapia familiar. Com expertise singular, Andolfi traz novas contribuições, desde a coleta da seleção das mais variadas informações verbais e não verbais, que são úteis para a evolução terapêutica, até as redefinições, afirmações relacionais e as tipologias de perguntas relacionais. Para além da máxima de Watzlawick, Beavin e Jackson (1967) "é impossível não comunicar", o terapeuta precisa estar atento e sensível à família em movimento e aos seus próprios movimentos neste "terceiro planeta" (ANDOLFI, ANGELO, 1984), o espaço compartilhado com a família favorecedor dos processos de mudança. Complementando esses aspectos, o oitavo capítulo destaca dois pontos subdiscutidos na terapia familiar, o silêncio e o contato físico. De forma aprofundada, Andolfi aborda a relevância, as implicações e a necessidade de um olhar cauteloso em relação a esses temas.

As múltiplas formas de comunicação e a pessoa do terapeuta como recursos para conexão com o sofrimento e competências da família são tópicos transversais ao longo da obra. Há muitos anos Andolfi desacreditou na validade dos pressupostos da objetividade no setting terapêutico, dando espaço à relação terapêutica, compreendendo que não há separação entre sistema observante e observado. Atentar e potencializar essa relação são ferramentas fundamentais do psicoterapeuta. Como bem afirma Andolfi no capítulo 6 deste livro: "Uma vez que somos capazes de passar da posição de *fazer terapia* para *ser terapeutas*, será muito mais fácil "sentir-se" na sessão e permitir-se a liberdade de se juntar ao fluxo de emoções dos clientes".

Este volume é acompanhado por uma mensagem paralela sobre a terapia, uma reflexão sobre a construção de um sistema de tratamento que parte do terapeuta e da sua capacidade de estar com as famílias e seus componentes. O processo terapêutico se torna a construção de relacionamentos, uma busca por recursos e não por etiquetas, uma exploração mais do que uma simples observação, um compartilhamento, não, apenas, um tratamento, uma reparação de vínculos rompidos, o resgate do sofrimento e da dor como poderosos fatores desencadeadores de mudança. Enfim, uma intervenção construída em torno do envolvimento, da valorização das famílias de origem, do sistema de amizade e do contexto social.

O método multigeracional é baseado na coerência entre premissas e ações, em uma construção teórica e clínica, enraizada na prática, que coloca no centro o cliente como guia privilegiado na exploração dos vínculos familiares. Uma posição clínica em antagonismo com o excesso de abstrações conceituais, protocolos de eficácia e psicofármacos, tão valorizados atualmente.

Andolfi transmite o valor de uma psicoterapia que não é logocêntrica ou adultocêntrica, privilegia a sensação de estar em relação com os outros usando a si mesmo, não, apenas, em uma posição de escuta, mas colocando em *ação* movimentos relacionais, trocas verbais e simbólicas, o uso do corpo, da linguagem e, obviamente, o uso das gerações no encontro com as famílias. De forma contemporânea, Maurizio Andolfi aponta reflexões historicamente desconsideradas na psicologia clínica, em especial, na terapia familiar.

Neste sentido, estimamos que esta obra possa enriquecer na contínua formação de "ser terapeuta".

JULIANA SEGER SANVICENTE

Graduada em Psicologia pela Pontifícia Universidade Católica do Rio Grande do Sul (PUCRS); Master em Direito do Menor pela Universidade *La Sapienza de Roma, Itália*; Psicoterapeuta sistêmico relacional, especializada pela *Accademia di Psicoterapia della Famiglia de Roma, Itália*; membro do comitê técnico da revista interdisciplinar de pesquisa e intervenção relacional *"Terapia Familiare"*. Trabalha no âmbito clínico com casais e famílias. Psicóloga consultora da *AIPA, Associazione Italiana* Pró Adozione nas adoções internacionais. Psicóloga consultora do Consulado Geral do Brasil em Roma, atuando junto aos imigrantes brasileiros na Itália.

MARIANA GONÇALVES BOECKEL

Graduada em Psicologia pela Pontifícia Universidade Católica do Rio Grande do Sul (PUCRS). É especialista em psicoterapia familiar e de casal (Universidade do Vale do Rio dos Sinos - UNISINOS. *Practicum* Terapia Familiar na *Accademia di Psicoterapia della Famiglia, Itália*). Mestrado em Psicologia Social e da Personalidade (PUCRS) e Doutorado em Psicologia (PUCRS/*Universitat de Valènçia*). É professora adjunta do Departamento de Psicologia e do Programa de Pós-Graduação em Psicologia e Saúde na Universidade Federal de Ciências da Saúde de Porto Alegre (UFCSPA). Atualmente, é coordenadora do Curso de Psicologia da UFCSPA. E atua, principalmente, nos seguintes temas: famílias, casais, psicoterapia sistêmico relacional, intervenção psicossocial e violência conjugal.

INTRODUÇÃO

Este volume nasceu dos 45 anos de experiências terapêuticas compartilhadas com famílias e casais conhecidos em diferentes partes do mundo, muitas vezes, desempenhando o papel de terapeuta – sobretudo na Itália, meu país de origem, depois nos Estados Unidos e mais recentemente na Austrália –, outras vezes como consultor e supervisor. Vivendo desta maneira e visitando países diferentes eu pude apreciar as diversidades culturais e sociais, aprendendo e praticando idiomas, como o inglês, o francês e o espanhol, além de me servir da "tradução consecutiva" para entrar em contato com muitas famílias na Europa, na Africa, na Ásia e na América Latina. Esta bagagem de experiências transculturais me deu a possibilidade de apreciar diferenças, valores, tradições, manifestações de afeto e de cuidado, muitas vezes, distantes das minhas raízes familiares e sociais, um verdadeiro patrimônio de conhecimento e de ensinamento de vida.

Eu aprendi a terapia familiar observando os meus mestres de trabalho, como se fazia na bodega, quando se aprendia uma profissão: o conhecimento se adquire observando e, como dizem os mais velhos, "se rouba com os olhos". O que eu aprendi durante anos, eu tentei restituir à comunidade científica com a minha modalidade de fazer terapia, mostrando, obstinadamente, o meu trabalho clínico nos congressos, seminários e workshops nos quais eu tenho participado. Fui, repetidamente, convidado a realizar consultorias familiares ao vivo, nas décadas de oitenta e noventa, nas chamadas *Master Series da American Association of Marital and Family Therapy*, diante de um público de 3000 pessoas, mas continuei mostrando meu trabalho clínico com as famílias em todos os lugares onde eu me encontrava, ensinando nas grandes conferências e nos pequenos seminários até hoje. No entanto, são muito poucos terapeutas sistêmicos no mundo que parecem interessados a, ou capazes de, trazer para os seminários famílias ao vivo ou mostrar vídeos de sessões familiares.

Eu tenho a sensação que terminou uma era, aquela da terapia familiar que se pratica, se mostra e se aprende em grupo. Hoje, nos congressos, os palestrantes se apresentam, cada vez mais, "atrás" do *power point* que ilustra modelos, abordagens, várias definições da própria intervenção clínica, como: terapia breve focal, dialógica, integrada, holística, focalizada nas emoções, na mentalização, narrativas, pós-modernas, feministas, contextuais, multissistêmicas, multifocal, intergeracionais, estratégicas e estruturais. Mas aquilo que falta nesta pletora de rótulos, muitas vezes, reunidos em "monogramas", é a evidência prática, isto é, a adesão do que é expresso em palavras a um modo coerente e consequente de fazer terapia com as famílias. No entanto, a confirmação mais tangível da validade de nossas teorias e sua congruência com a realidade clínica não deveriam ser obtidas com a observação da eficácia de nossas intervenções e as mudanças concretas nas famílias em dificuldade que pedem ajuda?

Na introdução de seu último livro, *The Craft of Family Therapy* (2014), Minuchin descreve como hoje os programas universitários operam, prevalentemente, com um *método dedutivo*, isto é, como os alunos aprendem as teorias que dão base às várias escolas de terapia familiar, para depois aplicar as teorias na prática. Através deste processo, eles aprendem a ser comedidos, protetores e respeitosos com os seus clientes, para evitar conflitos com eles e procurar as técnicas que são "mais adequadas" para o problema em questão.

Em síntese: eles são preparados para agir com cautela, evitando a sobreposição de um quadro de referência pessoal aos problemas da família. Deste modo, não se encoraja o aluno a olhar para ele próprio como um recurso na prática terapêutica e explorar um processo de formação mais *indutivo* baseado na *realização* e na experiência vivida no relacionamento com as famílias.

Eu lembro com grande satisfação de um congresso internacional, organizado em Roma, em 2000, pela *Accademia di Psicoterapia della Famiglia* sobre *Os pioneiros da terapia familiar*, com a presença de mais de

1300 participantes. A ideia que norteava este evento era aquela de rever conceitos e trabalhos clínicos dos mestres da terapia familiar, que já tinham falecido há muitos anos (com exceção de Minuchin, presente na conferência e em grande forma), como N. Ackerman, V. Satir, J. Haley, J. Framo, M. Bowen, M. Selvini Palazzoli, C. Whitaker, através de algumas testemunhas, ou seja, terapeutas familiares que tinham estudado com estes pioneiros e que mostravam alguns videoclipes originais de trabalho clínico destes últimos, falando sobre a teoria deles. Apesar do grande público, da grande riqueza de conteúdos e da atualidade deste evento, até hoje não me parece que tenha sido organizado nada parecido em outros países. A desconfiança em repetir uma iniciativa destas parece ligada ao risco de não obter consensos e presenças suficientes porque "trata-se de história passada" que não produz interesse no momento presente e, depois se diz: "os livros e alguns vídeos destes autores estão disponíveis na internet". Mas então qual é o valor que tem a história no desenvolvimento do conhecimento e das ideias?

Este livro é uma pequena contribuição para redescobrir a atualidade de muitas ideias elaboradas, ao longo do tempo, através da experiência do autor, bem como as muitas vozes de personalidades ilustres na área, bem reconhecíveis nas páginas deste volume.

Ao observar as limitações e, muitas vezes, os danos de tratamentos farmacológicos invasivos para muitas formas de psicopatologia manifestadas por crianças e adolescentes, desenvolvi, ao longo do tempo, a crença de que *a família é o melhor remédio*; a *cura* consiste então em trabalhar juntos a história desenvolvimental, curando feridas ainda abertas e recompondo relacionamentos emocionais rompidos. O problema apresentado torna-se uma porta de entrada no mundo familiar e o *paciente* um guia privilegiado na exploração dos laços familiares. O primeiro resultado concreto desta proposta terapêutica será o desaparecimento gradual dos sintomas da pessoa para quem haviam solicitado o tratamento, mas, ainda mais, significativo será observar as transformações emocionais e relacionais entre os membros da família, tanto no eixo horizontal, a dimensão entre o casal, quanto no eixo vertical, as relações intergeracionais.

A família pode ser o melhor remédio mesmo nos muitos casos de crise do casal e de rupturas familiares, bem como as adversidades da vida que não têm nada a ver com as categorias psiquiátricas e os muitos rótulos de diagnóstico propostos pelo DSM-5. Neste livro, se descreve de forma clara e concreta como intervir em situações de mortes repentinas, de doenças crônicas, de emigração forçada, criando uma rede de solidariedade e de suporte, envolvendo crianças e famílias de origem e buscando recursos também no sistema de amizades e da comunidade.

Para que isto aconteça é necessário que o terapeuta tenha "na cabeça" um mapa multigeracional da família que se encontra na terapia, uma espécie de "genograma vivo" em que se baseia em recursos ativos e abre caminhos para o tratamento, com a curiosidade do explorador que se aventura com entusiasmo num mundo desconhecido para ele, mas certo de conhecer a estrada de volta.

As formas familiares, descritas no terceiro capítulo, são muitas e variadas e refletem as profundas transformações da sociedade contemporânea; são diferentes entre elas e diferentes da chamada *família tradicional*, mas a matriz evolutiva e a leitura intergeracional da história podem ser um guia comum e, em muitos aspectos, universal.

Este livro baseia-se nas raízes da *psicologia relacional* (ANDOLFI, 2003), uma disciplina, relativamente, nova e fascinante que utiliza a tríade como unidade de medida entre as relações interpessoais e que, nas próximas décadas, fornecerá uma contribuição vital para abordagens muito mais experimentadas como a *psicologia dinâmica* e a *psicologia cognitiva*, ainda muito ancoradas na terapia individual. Este contributo levará ao repensamento e experimentação de novos planos de pesquisa sobre o *triângulo primário*, em que também é presente a figura paterna, atualmente, ausente na *teoria do apego* e, em geral, em todos os modelos de observação do desenvolvimento infantil. As bases da psicologia relacional já estão enraizadas na formação do psicoterapeuta, em que reflexões e elaborações do seu próprio desenvolvimento familiar tornam-se a moldura do seu treinamento clínico e enriquecem a sua bagagem profissional no tratamento de famílias e casais em dificuldade.

Como descrito no primeiro capítulo, as teorias sistêmicas abriram um território novo de observação das relações humanas, todavia sem o estudo das dinâmicas evolutivas da família no decorrer das gerações A observação em si das interações familiares no *aqui e agora* nos fornece somente uma fotografia do grupo sem um tempo passado e uma perspectiva futura.

Nesta observação da família, ao longo de várias gerações, um papel importante é desempenhado pelo subsistema dos filhos, que participam na terapia como pontes relacionais significativas no diálogo/confronto entre gerações. Este papel ativo das crianças e dos adolescentes, sobretudo quando apresentam comportamentos sintomáticos, é sem dúvida o aspecto mais original da experiência clínica do autor e do modelo de terapia multigeracional proposto neste volume. A partir de seus sintomas, iniciaremos uma busca pelos significados relacionais e pelas conexões emocionais que nos permitem fazer uma viagem de volta às gerações de pais e avós para retornar ao presente com uma visão nova e positiva da família. Esta última passará então de uma posição passiva e de delegar seus problemas para o especialista, típica do modelo médico, a um papel de protagonista de seus próprios destinos dentro de uma terapia que solicita seus recursos em vez de ressaltar suas falhas.

Esta operação transformadora do próprio significado da intervenção terapêutica exige que o terapeuta possa entrar com paixão e empatia nos eventos da família, mesmo os mais difíceis e dramáticos, sem uma atitude de julgamento ou de classificação.

Este volume fornece o *identikit* deste psicoterapeuta e destaca as qualidades cognitivas e afetivas dentro da experiência terapêutica com casais e famílias multiproblemáticas. A sua bagagem profissional é composta de múltiplas "ferramentas" que visam promover um contexto de confiança e colaboração com todos os membros da família. Para fazer isso é essencial construir um relacionamento terapêutico aberto e autêntico, recorrendo a um repertório amplo e criativo de perguntas relacionais, sabendo escutar a voz de todos, adultos e crianças; ao mesmo tempo é fundamental compreender, durante a sessão, os sinais não-verbais transmitidos com o corpo, com o olhar, com os gestos e com a postura, que "falam mais que tantas palavras" e apreciar pausas e silêncios, ricos de significados relacionais. O terapeuta que estamos descrevendo deveria sentir-se livre de estereótipos culturais e da rotina institucional, de modo a usar a si mesmo, suas ressonâncias afetivas e o espaço terapêutico de forma ativa, abordando e estabelecendo um contato físico com um ou outro membro da família, promovendo novas conexões e recompondo feridas emocionais do passado. A sua presença física e interior, além daquela profissional, são as ferramentas terapêuticas mais eficazes para entrar em contato direto e autêntico com cada pessoa, sintonizando-se com a dor e o desespero expressos por muitas famílias em terapia, assim como com suas formas implícitas de vitalidade e de esperança, de modo a torná-las elementos de força e de mudança.

Capítulo 1
AS RAÍZES DA PSICOLOGIA RELACIONAL

A TEORIA DOS SISTEMAS: AS ORIGENS

A psicologia relacional tem suas raízes na cultura americana dos anos cinquenta, caracterizada pelo esforço de superar a fragmentação dos estudos e intervenções isoladas através da introdução de uma nova abordagem multidimencional aos problemas das pessoas. Esta nova abordagem interdisciplinar ofereceu um terreno fértil para o desenvolvimento das ciências sociais como a antropologia e a sociologia que contribuíram, significativamente, para a compreensão de contextos socioculturais relevantes no ciclo de vida de cada indivíduo, bem como da influência das dinâmicas familiares no desenvolvimento da personalidade.

Em particular, no campo da psicologia, as teorias neofreudianas introduziram uma mudança radical da observação, predominante, de apenas fatores intrapsíquicos para uma exploração dos fenômenos interpessoais e dos contextos culturais e sociais nos quais eles se desenvolviam.

No primeiro dia de trabalhos da *International Conference of the Pioneers of Family Therapy,* realizada em Roma no ano 2000, Salvador Minuchin indicou o grupo neofreudiano composto por Harry Stack Sullivan, Eric Fromm, Karen Horney e Clara Thompson como o verdadeiro precursor do recém-nascido movimento da terapia familiar.

Nessa moldura teórica, nasce a *teoria dos sistemas*, que representa "a estrutura que conecta" (BATESON, 1979) os diferentes campos do conhecimento, desde a matemática até as ciências naturais e as disciplinas humanísticas, e baseia-se em conceitos como o de sistema, organização, autorregulação, totalidade, causalidade circular e muitos outros.

A *teoria geral dos sistemas*, introduzida pelo biólogo Ludwing Von Bertalanffy, foi sistematizada definitivamente em 1968. O interesse do observador não está mais focado em fenômenos isolados, mas em "complexidades organizadas". Esta visão da realidade introduziu uma nova linguagem e um léxico científico inovador aplicado ao estudo de todos os sistemas existentes: organismos vivos, organizações sociais, sistemas humanos e computacionais. A perspectiva sistêmica aplicou uma lente grande angular à sua visão do mundo, lida em termos de uma interdependência e uma inter-relação entre todos os fenômenos observados; e esse paradigma de referência, cujas propriedades não podem ser reduzidas às partes que o compõem, foi definido como um *sistema* (CAPRA,1982). Nesse sentido, este modelo permitiu ao observador compreender as características comuns a todos os sistemas, entendidos como "um conjunto de unidades que interagem e que se relacionam umas com as outras"(MILLER, 1978).

A introdução de uma perspectiva sistêmica-cibernética nos estudos sobre a família deve-se ao trabalho de Paul Watzlawick, Don Jackson, Jay Haley e John Weakland no *Mental Research Institute de Palo Alto* na Califórnia. Estes autores seguiam as ideias de Baetson e transformaram conceitos e terminologias das teorias da comunicação utilizadas nos estudos sobre o comportamento animal e nas ciências computacionais (*input, output, feedback* etc.); a chave para acessar a família, vista como um sistema de autocorreção, permanentemente conectada, tendendo à homeostase é dada pelo desconforto psíquico individual que resulta em uma distorção da comunicação. Eles teorizaram que a organização do sistema familiar caracterizava-se pela tendência em preservar o status quo (homeostase), através de regras precisas de comunicação e um conjunto mais ou menos rígido de interações. O modelo proposto pelo grupo de *Palo Alto* se concentrava nos aspectos observáveis dos comportamentos das comunicações no *aqui e agora,* isto é, sobre a dimensão interativa. Eles tentaram conectar um determinado tipo de comunicação a uma sintomatologia específica, o que os levou a desenvolver metodologias de intervenção destinadas a corrigir a comunicação entre as pessoas.

Em meados da década de cinquenta, a *teoria do duplo vínculo* (BATESON, JACKSON, HALEY et al., 1956) forneceu o quadro teórico para compreender e tratar formas de comunicações disfuncionais típicas das relações diádicas. Este modelo nasceu de uma tentativa de explicar as principais patologias psiquiátricas, em primeiro lugar a esquizofrenia, em termos de causalidade circular e, em seguida, ligá-las ao tipo de interação entre os diferentes membros da família. De acordo com vários autores, como Telfener (2002), Telfener e Todini (2002), Ugazio (1985), Minuchin (1974, 2002), Andolfi e Mascellani (2010), essa abordagem permaneceu presa em uma concepção mecanicista de causalidade linear, em uma busca pelas principais causas dos sintomas observados. Embora o grupo de *Palo Alto* tenha aproveitado a inestimável colaboração de Bateson na realização de um ambicioso projeto de pesquisa sobre várias formas de comunicação, ele não entendeu a complexidade de seu pensamento, permanecendo ancorado no mesmo modelo mecanicista que se esforçou para superar. Ou seja, os estudos sobre a família continuaram sendo conduzidos a uma perspectiva etiopatogenética típica do modelo médico. Isso levou à crença de que uma comunicação disfuncional entre indivíduos envolvidos em um vínculo emocional significativo levasse, inevitavelmente, e de qualquer forma, a uma manifestação patológica, assumindo que um dos sujeitos envolvidos não conseguiria decifrar as mensagens contraditórias presentes na comunicação do outro. Um exemplo paradigmático do duplo vínculo oferecido por esses autores foi a comunicação disfuncional entre a mãe e o filho, na qual a mãe diz ao filho "Eu te amo", mas a entonação de sua voz e a sua linguagem corporal expressam o oposto e a criança não consegue resolver as contradições atribuindo a situação um significado. De fato, a teoria do duplo vínculo como uma explicação dos principais transtornos psiquiátricos foi uma intuição interessante da pesquisa, mas, quando aplicada à prática clínica, acabou sendo uma falha total e encontrou forte oposição na década de oitenta das Associações das famílias dos doentes mentais dos Estados Unidos, porque não queriam ser identificadas por termos como "pais de pacientes esquizofrênicos". Em 1978, o declínio deste modelo teórico foi reconhecido no decurso de uma conferência importante realizada em Nova York, intitulada *Além da teoria do duplo vínculo,* e no mesmo ano foi publicado um volume com o mesmo nome (BERGER, 1978).

No entanto, a compreensão da linguagem não verbal, a diferença entre conteúdo e contexto e os axiomas da comunicação humana descritos nas primeiras noventa páginas do manual histórico *Pragmática da comunicação humana* (WATZLAWICK, BEAVIN, JACKSON, 1967) oferecem diretrizes excepcionais para o trabalho terapêutico com pacientes. De qualquer maneira, a adoção de uma perspectiva sistêmico-cibernética permitiu que a psicologia relacional se movesse para uma nova concepção do que significa ser humano; abriu um debate crítico sobre uma visão monásdica do indivíduo visto como um prisioneiro de seu desconforto, à mercê de dinâmicas exclusivamente intrapsíquicas, substituindo essa visão pela imagem de um ser social cujo comportamento pode ser entendido dentro do contexto relacional em que ele vive. Nessa abordagem, é dada grande importância às comunicações que cruzam qualquer evento ou ação, incluindo os comportamentos sintomáticos. Esses últimos sinalizam o desconforto relacional de toda a família, comunicando a existência de um conflito entre continuidade e mudança, entre laços relacionais e necessidades de individuação de cada membro do sistema familiar.

Em suma, a teoria dos sistemas foi fundada, portanto, por uma nova maneira de olhar a família baseada em alguns conceitos fundamentais:

a) A família é considerada um sistema.

b) Todo comportamento e, consequentemente, cada mudança é visto como uma função da relação, compreendendo os efeitos e as relações que tal comportamento incita nos outros e no contexto no qual se manifesta. O foco de interesse muda da ideia de uma mônada artificialmente isolada para as relações entre as partes de um sistema maior (WATZLAWICK, BEAVIN, JACKSON, 1967).

c) A introdução do conceito de contexto no estudo das relações familiares é, de fato, um aspecto crucial do modelo proposto por P. Watzlawick, J.H. Beavin e D.D. Jackson: "Um fenômeno é inexplicável até quando o campo de observação não é suficientemente amplo para incluir o contexto em que o fenômeno se verifica". O contexto pode ser considerado como a moldura que define e significa aquilo que acontece dentro dele. Também para Bateson (1979), o contexto está ligado a uma outra noção que se chama significado. Sem contexto, na verdade, palavras e ações não possuem nenhum significado. Veja um exemplo de um homem piscando para uma mulher, mais precisamente, considere o tipo de situação definida em um contexto específico: se isto acontecer em um restaurante, podemos concluir que é um gesto de sedução; por outro lado, se em vez disso, ocorre no local de trabalho podemos imaginar que se trata de um gesto de compreensão e consenso. O contexto não é definido somente pelo espaço físico que limita uma relação, embora isso implique um aspecto normativo, mas também aspectos relacionais que qualificam a comunicação não-verbal e definem o nível de conteúdo (Watzlawick, Beavin, Jackson, 1967).

d) Neste sentido, Cronen, Johnson e Lannamann (1982) demostraram como os diferentes níveis de comunicação se influenciam, constantemente, de modo que não só o nível de relacionamento que define o contexto através do qual interpretar os aspectos de conteúdo de uma comunicação, mas o conteúdo em si, adquire dignidade relacional, modificando o contexto e tornando-se um indicador (Andolfi, Angelo, 1987).

A consideração dos parâmetros históricos e temporais permitiram que esses autores vissem o contexto como uma característica em constante evolução, nunca totalmente definida, mas suscetível a redefinições contínuas. Nesse sentido, o contexto é algo que dá forma à nossa experiência, é um lugar de aprendizagem em que é possível compreender, através da nossa vida relacional, os mecanismos dos diferentes contextos em que nos encontramos e contribuímos para criar.

e) O sintoma assume um novo significado: não é somente a manifestação de um desconforto individual ou de uma doença, mas expressa um mau funcionamento na organização de um sistema considerado em sua totalidade. A pessoa sintomática torna-se o portador do sintoma, também em nome dos outros componentes do sistema familiar, um sintoma que expressa uma dificuldade ligada aos processos de crescimento e desenvolvimento.

Em relação ao grupo de Palo Alto, é importante ressaltar que foi Haley (1976) a ter a primeira intuição sobre a *tríade* como unidade de observação de base dos fenômenos relacionais, uma intuição que permitiu aos terapeutas observar as interações ao interno da família com um olhar original e adotar diferentes métodos de coleta de informações, conhecidas como "perguntas circulares". No final da década de sessenta, sua descrição das configurações triádicas disfuncionais, os chamados *triângulos perversos,* em casos de sintomatologia individual grave, levou-o a se distanciar do modelo de Palo Alto e a abrir-se a novas influências, primeiro através da abordagem estratégica de hipnose de Milton Erickson (Haley, 1985), para depois aprovar a teoria estrutural de Minuchin. No entanto, Haley permaneceu profundamente aderente a uma abordagem sistêmica ainda focada no sujeito problemático, sem prestar muita atenção à dimensão intergeracional da evolução familiar.

A TEORIA DOS SISTEMAS E A TEORIA MULTIGERACIONAL: COMPARAÇÃO ENTRE DOIS MODELOS

A evolução da teoria dos sistemas não produziu, todavia, um modelo conceitual e operativo compartilhado no estudo do funcionamento familiar e da psicopatologia individual. E isso derivava do fato de que, desde a década de sessenta, duas escolas de pensamentos diferentes no campo dos estudos familiares começaram a formar-se e a comparar-se; enquanto na costa oeste dos Estados Unidos estudavam os axiomas fundamentais da comunicação humana (estudos que seriam culminados na teoria do duplo vínculo), no lado oriental diferentes pesquisadores e terapeutas trabalhavam com pressupostos psicodinâmicos muito diferentes dos do grupo de Palo Alto na Califórnia. Os principais representantes desse segundo grupo eram Bowen em Washington DC, Boszormenyi- Nagy e Framo na Filadélfia, Whitaker em Madison e, por alguns aspectos, Minuchin com a sua escola estrutural na Filadélfia. Todos esses autores vieram da formação psicodinâmica e contribuíram muito para direcionar o foco de atenção para uma perspectiva evolutiva que levava em consideração o crescimento e o desenvolvimento do indivíduo dentro do ciclo de vida da família.

Aumentando ainda o campo de discussão, vemos o quanto nas formulações teóricas do movimento sistêmico (Watzlawick, Beavin, Jackson, 1967; Haley, Hoffman, 1981; Selvini Palazzoli, Boscolo, Cecchin, 1975) o interesse centrou-se nas interações e nas comunicações observáveis no aqui e agora, dentro do sistema familiar sem conectá-las ao processo evolutivo em que foram inscritas, aprisionando a realidade observada em uma dimensão estática: a natural transformação de um sistema, a sua evolução no tempo, eram reduzidas em uma única dimensão temporal, o presente (Andolfi, Angelo, 1987; Telfener, 2002). A inevitável consequência desta abordagem foi aquela de considerar a subjetividade de um indivíduo como entidade impenetrável, uma "caixa preta" que aprisionava os pensamentos, as emoções, as motivações, ignorando um tempo feito de passado, presente e futuro e um mundo inteiro de significados. Nesse sentido, a teoria do duplo vínculo representava a impossibilidade para o indivíduo de entrar em contato com a própria bagagem emocional e cognitiva para resolver os dilemas inerentes a uma comunicação contraditória.

No entanto, devemos considerar que a exclusão inicial do campo de observação de aspectos relacionados à história familiar e à subjetividade e a introdução de novas estratégias de comunicação, inclusive não verbais, representaram a oportunidade para o novo movimento sistêmico-relacional o qual objetivava contrastar as ideias dominantes daquele período histórico e adquirir uma identidade autônoma em relação a forte tradição psicanalítica focada no estudo de experiências passadas, das dinâmicas intrapsíquicas individuais e baseada exclusivamente no conteúdo verbal da comunicação. Do ponto de vista operacional, deve-se reconhecer que o grupo composto por Watzlawick, Beavin, Fisch e Weakland, que trabalhou por quase trinta anos no Mental Research Institute (MRI) em Palo Alto, nunca tinha trabalhado com as famílias, tratando principalmente de intervenções breves de orientação estratégica em settings individuais; apesar disso, *Pragmática da comunicação humana* (WATZLAWICK, BEAVIN, JACKSON, 1967) tornou-se a "bíblia" da terapia familiar por pelo menos vinte anos, especialmente na Europa, provavelmente devido à sua contraposição decisiva a tradição psicanalítica fortemente enraizada e prevalecente. Este livro teve menos peso nos Estados Unidos, onde se sabia que no Mental Research Institute de Palo Alto não se realizava terapia familiar.

Durante a década de sessenta, o grupo conduzido pela Selvini Palazzoli, em Milão, foi inspirado no trabalho de Watzlawick e dos chamados "puristas do sistema", que afirmavam a necessidade de o terapeuta preservar a neutralidade em relação aos problemas do cliente sem mostrar nenhuma resposta emocional. Sob essa influência, Selvini Palazzoli, Boscolo, Cecchin e Prata escreveram um artigo histórico sobre a condução da consulta, com base em três diretrizes: a neutralidade do terapeuta, a formulação da hipótese relacional e o uso de perguntas circulares aos membros da família, excluindo qualquer envolvimento pessoal do terapeuta (SELVINI PALAZZOLI, BOSCOLO, CECCHIN, 1980).

Como mencionado acima, simultaneamente, a difusão da abordagem sistêmica no estudo das relações familiares, outros teóricos de matriz relacional (BOSZORMENYI-NAGY, FRAMO, 1965; ACKERMAN, 1958; WHITAKER, 1989; MINUCHIN, 1974; ANDOLFI, ANGELO, MENGHI et al.,1982; ANDOLFI, ANGELO, DE NICHILO, 1989) tentaram preservar uma continuidade com a tradição psicanalítica dando valor ao indivíduo e aos seus processos de desenvolvimento pessoal, mas ampliando a observação aos aspectos ligados à história familiar e aos eventos da vida, em vez de seguir o caminho de total ruptura e distanciamento das teorias psicodinâmicas realizadas pelo grupo de Palo Alto. A estes autores devemos as teorias e conceitos que inauguraram um estudo pioneiro da família através da perspectiva histórica e intergeracional: os conceitos de diferenciação do Self da família de origem e dos processos de transmissão intergeracional da imaturidade formulados por Bowen (1978), que nasceram do seu trabalho na Georgetown University em Washington dc e influenciaram profundamente a evolução dos estudos familiares; os conceitos de lealdade invisível e o de débito e crédito intergeracional desenvolvidos por Boszormenyi-Nagy e Spark (1973) na Pennsylvania University na Filadelfia; a abordagem intergeracional no trabalho com os casais de Framo (1992); o estudo dos mitos e dos saltos temporais realizados por Whitaker (1989), que se tornou o intérprete mais coerente e criativo de uma expansão da intervenção relacional que contemplava até três gerações; as definições brilhantes de Minuchin (1974) de famílias emaranhadas e difusas, que se revelaram fundamentais na compreensão do desenvolvimento infantil em uma perspectiva histórica e atenta às fronteiras entre as gerações. Uma menção especial vai para o trabalho pioneiro de Nathan Ackerman (1958) em Nova York no início da década de cinquenta; este autor, considerando o período histórico, nos ofereceu a interpretação relacional mais original dos sintomas infantis e foi o primeiro a falar da criança como *bode expiatório* dos conflitos familiares, usando a tríade primária como modelo para a observação e intervenção de cenários familiares.

Nenhum desses clínicos eminentes teria se definido sistêmico, mesmo que cada um deles tivesse assimilado a teoria dos sistemas de Von Bertalanffy (1968), a abordagem interdisciplinar de Bateson e os axiomas da comunicação humana de Watzlawick, Beavin e Jackson (1967). Em relação à atenção às pessoas e aos seus backgrounds culturais, Salvador Minuchin, em um artigo publicado no livro *Os pioneiros da terapia familiar* (ANDOLFI, 2002), ofereceu uma reflexão crítica sobre a abordagem sistêmica-cibernética: "A linguagem da obra de Gregory Bateson, na qual se inspiram tanto a MRI quanto os subsequentes teóricos dos sistemas, orienta os terapeutas para as descrições, em vez das prescrições, mas também para as ideias e longe das pessoas e de suas emoções. Ela cria distância entre o terapeuta e a família como grupo humano e enfatiza as características dos sistemas e padrões repetitivos".

Na verdade, a matriz cultural de muitos terapeutas familiares de orientação multigeracional (BOSZORMENYI-NAGY, FRAMO, 1965;

ACKERMAN, 1958; ZUK, BOSZORMENYI-NAGY, 1969; BOWEN, 1979; STIERLIN, 1975; CIGOLI, 1983; WHITAKER, 1989; MINUCHIN, 1974; ANDOLFI, MASCELLANI, 2010) ficaram ancorados a uma dimensão psicodinâmica e às teorias do desenvolvimento: com essas premissas, foi publicado um volume fundamental *Psicoterapia intensiva da família* editado por Boszormenyi-Nagy e Framo (1965), que se tornou uma referência da terapia familiar multigeracional. Infelizmente, este texto logo ficou indisponível e muitos anos se passaram até uma recente reimpressão. Esses pioneiros e aqueles que seguiram suas palestras, embora diferentes em termos de estruturas teóricas de referência e de modalidades de intervenção, estavam cientes de que trabalhar com famílias significava conhecer diferentes configurações familiares, mantendo sempre uma atenção fundamental ao estudo do indivíduo em seu processo de crescimento dentro da família.

O *genograma familiar* introduzido por Murray Bowen (1978) se tornará "o mapa trigeracional da família", um gráfico fundamental utilizado por terapeutas do mundo inteiro para observar a composição da família, em pelo menos três gerações, com os eventos mais significativos, como nascimentos, mortes, vínculos, separações conjugais entre outros e, assim, formular através do *genograma familiar* hipóteses relacionais e a criação de um projeto terapêutico.

Para estes autores, a subjetividade individual nunca foi "colocada entre colchetes", como, inicialmente, afirmado pelos teóricos dos sistemas, pelo contrário, o indivíduo é chamado a reparar antigos cortes emocionais para se reconectar ou diferenciar-se dos vínculos de dependência entre as distintas gerações, como viver relações totalmente atuais e presentes de uma maneira mais autêntica, não mais bloqueadas por proibições e injunções intergeracionais. Acima de tudo, eles transmitiram às gerações seguintes o desejo e a curiosidade de colocar todos os comportamentos em um contexto histórico, em vez de resolver os problemas apresentados, isto é, compreender o valor relacional dos sintomas individuais e procurar, junto com a família, um caminho para mudar.

OS PURISTAS DO SISTEMA E OS CONDUTORES

O que foi dito até agora revela profundas diferenças quanto ao modo de observar as famílias e o papel do terapeuta. A dúvida subjacente poderia estar relacionada ao objetivo em si da terapia: observar as interações familiares no aqui e agora e ajudar as famílias a modificá-las se estiverem distorcidas ou se focar em comportamentos e interações para compreender emoções, expectativas e motivações para a mudança?

Em setembro de 1969, Jay Haley, em sua carta de despedida como editor da revista *Family Process*, destacou essa divergência. De um lado, tinham os chamados "puristas dos sistemas" como Watzlawick, Weakland, Haley, Hoffman, a escola de Milão, que estudavam a família como sistemas de interação, evitando qualquer tipo de envolvimento pessoal e ou ressonância emocional (a neutralidade terapêutica) adotando uma abordagem do tipo cognitivista na terapia. Do outro lado, se colocavam os chamados *"conductors"*, aqueles terapeutas como Ackerman, Satir, Bowen, Framo, Minuchin, Whitaker, Andolfi que usavam a si mesmos, com toda a sua própria personalidade, respostas emocionais, intuições, criatividades, como ferrementas para formar uma aliança terapêutica com a família e como guia para a intervenção. Nesse sentido, eles tendiam à criação de um *terceiro planeta*, uma metáfora descrita por Andolfi e Angelo (1984), em que o espaço terapêutico compartilhado com a família favorece o crescimento e a mudança. Esta abordagem teve uma natureza, essencialmente, experiencial em busca de recursos individuais e relacionais capazes de resolver os problemas trazidos à terapia pela família.

A INTERSUBJETIVIDADE DA OBSERVAÇÃO

Ao longo de cinquenta anos, as teorias sistêmicas evoluíram, principalmente, na transição da primeira para a segunda cibernética, adquirindo uma visão mais complexa do processo e da circularidade da comunicação humana. Se os promotores da primeira cibernética, frequentemente, se referiam às *caixas pretas*, limitados ao exame de input/output e do processo contrário output/input, e se focalizavam somente nos aspectos observáveis dos comportamentos interativos considerando o observador como uma entidade externa do objeto da sua observação. A transição para a segunda cibernética, o surgimento do construtivismo e as chamadas terapias colaborativas (ANDERSON, GOOLISHIAN, 1988), inauguraram uma mudança radical na maneira de olhar a realidade.

Em outra frente, os terapeutas de orientação multigeracional, que usavam seus estados emocionais e sua contratransferência em terapia (termo usado por Whitaker em referência às associações livres que ele próprio adotou com os membros da família em terapia), eram desde o início conscientes da natureza intrínseca intersubjetiva da relação terapêutica e de suas ressonâncias emocionais. Minuchin, já nos anos sessenta, salientando a natureza intersubjetiva da relação terapêutica, costumava fazer "perguntas estranhas" aos terapeutas em supervisão; após ter escutado a descrição, geralmente, bem detalhada, sobre a família e seus problemas com a ajuda do genograma pedia ao terapeuta para incluir-se na descrição e refletir sobre onde se colocaria no interno do genograma e depois de escrever com um T, inicial de terapeuta, a sua posição dentro do gráfico familiar: o terapeuta sentia-se, às vezes, perdido e surpreendido por esse tipo de pergunta e achava difícil encontrar o lugar "certo" onde escrever o T dentro do genograma: "Entre os pais?" "Do lado?" "Perto dos avós ou do paciente?".

Devemos reconhecer a importância das teorias construtivistas por terem dado atenção à complexidade dos fenômenos que originam a subjetividade individual e terem tentado uma sistematização, bem como dos aspectos semânticos, dos conceitos, dos sistemas de crenças e das emoções referentes ao indivíduo, entrando dentro do seu contexto cultural de referência. O observador tornava-se parte integrante do sistema observado e, a observação já não era mais concebida nos termos de uma interação entre entidades que observam e entidades observadas, mas como uma troca de informações e de produções entre dois sujeitos ativamente envolvidos no processo em que, mesmo a imaginação criativa, desempenhava um papel central (BOCCHI, CERUTI, 1985; CERUTI, 1986). Estava surgindo um novo paradigma de observação, no qual a relação entre observador e observado assumia uma posição proeminente, demonstrando a natureza ilusória de conceitos como a objetividade e a certeza e permitindo a redescoberta da dimensão subjetiva do conhecimento.

Von Foerster (1981), um eminente teórico construtivista, em seu livro *Sistemas que observam* sublinhou a importância da subjetividade do observador no sistema que ele observava: "Toda descrição da realidade se torna autorreferencial e, para alcançar a um conhecimento, devemos partir do conhecimento de nós mesmos em relação ao mundo que nos circunda". A objetividade é, portanto, uma ilusão porque se baseia no pressuposto de uma separação entre observador e observado. Na verdade, é o observador que decide a sua unidade de observação, o contexto relevante e o método ou teoria para se referir e é neste contexto que organiza sua observação.

A descoberta da dimensão subjetiva, tanto na conceitualização de sistemas familiares quanto em sua declinação operativa, promoveu uma evolução do modelo sistêmico, utilizando uma terminologia de matriz cognitivo-construtivista que enfrentava o problema da subjetividade com uma abordagem coerente ao pensamento sistêmico:

a) O sujeito é ativo e não simplesmente reativo e é capaz de representar e construir uma realidade externa baseada em seus próprios construtos, premissas e sistemas de crenças: o resultado é que uma interação social só pode ser entendida uma vez que seus aspectos implícitos (intenções, objetivos, premissas, emoções), forem analisados de modo relacional e, não apenas, com base em seus aspectos manifestados e pragmáticos. A observação é um processo dinâmico de construção da realidade baseado na interação entre os níveis complexos dos sistemas perceptivos, emocionais e imaginativos de quem observa e de quem é observado: neste sentido, observador e observado sofrem uma transformação mútua.

b) Intenções, projetos, crenças, sentimentos e emoções se estruturam e se modificam através das interações sociais.

c) O observador está, constantemente, conectado ao sistema de observação: isso significa que não há descrição de um fenômeno que possa ser considerada objetiva, no sentido de uma independência do observador. Pelo contrário, toda descrição é, essencialmente, autorreferencial, pois é uma operação reflexiva atuada pelo abservador. A objetividade não pode ser contemplada, exceto através de um processo de reificação da realidade, que por sua vez é a função da intervenção de um observador sobre ela (BERGER, LUCKMANN, 1966).

Portanto, para indagar sobre as relações interpessoais, o Eu do observador entra completamente na realidade que está observando; a qualidade das informações coletadas depende, em primeiro lugar, da natureza da relação entre ele e as pessoas objeto de sua observação. Isso requer uma capacidade autorreflexiva e uma visão de mundo que permita fazer conexões entre pessoas e eventos da vida através de uma série de comparações entre a própria experiência e a de outros.

O trabalho do terapeuta relacional consiste em observar, além das interações familiares, a maneira pela qual os indivíduos percebem, explicam, interpretam e atribuem significados e intenções às relações interpessoais nas quais eles estão envolvidos. A relação terapêutica torna-se então um processo de conhecimento e de crescimento em que ambos os lados participam ativamente para a criação de uma nova narrativa de eventos familiares e significados relacionais.

Finalmente, pode-se enfatizar que, ao adotar essa visão, o terapeuta também pode decidir trabalhar em um setting individual, uma vez que isso não interfere com sua capacidade de manter o foco no sistema relacional mais amplo que o inclui. Em outras palavras, é possível falar sobre um sistema-cliente, significando com esta expressão todo o sistema familiar, ou um subsistema, por exemplo, aquele dos irmãos, ou de um único componente. A escolha de um contexto individual ou grupal com o qual construir uma relação terapêutica certamente pode ser vista como um problema complexo, mas é um mero problema técnico.

Nesta perspectiva, a psicologia relacional parece se apresentar como a área disciplinar mais apropriada em considerar os processos evolutivos de uma pessoa colocando-os dentro de seus contextos relacionais.

Daniel Stern, psiquiatra e psicanalista, com os seus estudos sobre o *conhecimento implícito* e *consciência intersubjetiva* (STERN, 2004) conseguiu integrar a tradição psicanalítica e as teorias sistêmicas preenchendo o vazio que as separava. E ele não era um terapeuta familiar! Algumas das suas conclusões são extremamente estimulantes, como a declaração de que "a ação é o caminho principal para o conhecimento", ou que "o conhecimento implícito é de importância vital na psicoterapia", indo muito além da famosa injunção freudiana de "tornar consciente o inconsciente".

O conhecimento relacional implícito não é verbal, não é simbólico, não é verbalizável e é inconsciente. Consiste em movimentos, padrões afetivos e esquemas cognitivos. A maior parte do que sabemos sobre a nossa relação com os outros, incluindo o transfert, faz parte dessa forma de conhecimento relacional implícito (STERN, 2004). Se o conceito de conhecimento implícito é um legado das terapias sistêmico-relacionais baseadas na experiência, como a que Andolfi vem praticando há mais de quarenta anos, os conceitos de consciência intersubjetiva e reescritura do passado no presente, conforme formulado por Stern, têm um alcance excepcional e oferecem uma confirmação do que temos dito há muito tempo de maneira intuitiva: *que a terapia familiar é uma história que cura.*

Capítulo 2
O CICLO VITAL DA FAMÍLIA E A DIMENSÃO MULTIGERACIONAL

> *Das três condições básicas relacionadas a todos os sistemas sociais – dimensão, espaço e tempo –, a evolução da família e os problemas relacionados à conceitualização do seu desenvolvimento gradual estão, sobretudo, relacionados à pervasiva questão do tempo.*
>
> HILL, 1970

As palavras de Reuben Hill (HILL, FOOTE, 1970) ilustram com clareza como o desenvolvimento de uma família é pontuado por uma multiplicidade de tempos internos e externos, tempos individuais, tempos de grupos, tempos sociais e históricos que marcam as passagens evolutivas. Cada família apresenta uma arquitetura temporal caracterizada pelas interseções de histórias individuais, de experiências compartilhadas e de vínculos intergeracionais. Um tempo é construído de acordo com a linha evolutiva do passado, isto é, de um enredo de mitos e tradições transmitidos pelas gerações anteriores, ao longo do caminho do presente, inspirado nas expectativas e valores dos mais velhos e modelado por projetos para o futuro das gerações mais jovens.

Portanto, a família tem três dimensões temporais: passado, presente e futuro que representam sua peculiaridade em relação a outros grupos sociais. Um casal recém formado, de fato, é colocado na interseção de duas histórias familiares cujas raízes se encontram em duas genealogias complexas que influenciam profundamente o desenvolvimento do novo núcleo; o relacionamento é construído sobre as experiências vividas juntas pelos dois parceiros – o momento do encontro e escolha, as fases da conquista e da paixão até a decisão de viver juntos –, mas também sobre a interseção das histórias das duas famílias de origem. No entanto, não são apenas os traços do passado que continuam no presente porque em um nível mais implícito, emergem trajetórias de um tempo futuro.

A nova família, portanto, se move em um fluxo temporal complexo, marcado e constantemente transformado por nascimentos e mortes, pelas fases de crescimento e pelas entradas e saídas dos vários componentes do sistema familiar, seguindo um ciclo de vida específico.

A TEORIA DO CICLO VITAL DA FAMÍLIA

Diferentes autores (MATTESSICH, HILL, 1987; DUVALL, MILLER, 1985; CARTER, McGOLDRICK, 1980, 1988; HALEY, 1973; WALSH, 1982; MINUCHIN, 1974; ANDOLFI, ANGELO, DE NICHILO, 1989) descreveram o ciclo de vida da família como um modelo teórico que contempla a evolução familiar como um processo dinâmico caracterizado por determinadas fases do desenvolvimento que desencadeiam uma mudança e uma reorganização do sistema familiar. As diferentes etapas do ciclo de vida têm um caráter universal e são marcadas por eventos específicos, como nascimentos e mortes, separações e uniões, fenômenos esperados em cada família. Os autores concordam basicamente em indicar seis momentos de transição essenciais:

1) a separação da família de origem e a primeira idade adulta;
2) a formação do novo casal;
3) a família com crianças pequenas;
4) a família com filhos adolescentes;
5) a saída dos filhos de casa e a reorganização do casal parental;
6) a fase de envelhecimento dos pais, a presença de netos, a morte de um dos dois parceiros;

Estas etapas críticas na vida de uma família podem ser consideradas normais, pois são próprias e inerentes à evolução natural do sistema e, nesse sentido, são chamados *eventos desenvolvimentais previsíveis* usando a terminologia proposta por Terkelsen (1980), Carter e McGoldrick (1980). O fato de que esses eventos são previsíveis e esperados não significa que eles representam transições fáceis e que o "sistema de enfrentamento" da família funciona do mesmo modo em diferentes famílias ou em diferentes culturas e contextos. Por exemplo, eventos como o nascimento de um filho, a saída de casa de um adolescente, a morte de um pai idoso pode adquirir significados completamente distintos e caracterizarem-se por um ritual social e familiar muito diferente em cada grupo. Algumas dessas transições podem causar estresse e dor em algumas pessoas ou na família inteira e, muitas vezes, o pedido de terapia ocorre precisamente por causa das dificuldades inerentes à transição de uma fase evolutiva para a próxima.

Os sintomas individuais, especialmente, em crianças e adolescentes são, muitas vezes, um sinal claro da complexidade que uma família enfrenta nas mudanças e na redefinição de papéis e funções necessárias na transição de uma fase para a outra, especialmente no que diz respeito aos métodos de cuidado e à dimensão afetiva. Por exemplo, o nascimento de um filho é um evento recebido com grande emoção pela maioria das famílias, mas, ao mesmo tempo, requer uma profunda transformação na relação emocional do casal, de modo a receber um terceiro – uma criança – para dentro de sua esfera de intimidade. A saída de casa de um filho adulto exige uma redefinição na relação dos pais, que devem renegociar sua estrutura afetiva e encontrar um relacionamento novo e mais maduro. Outras transformações podem ser observadas após a morte de um pai ou avô idoso: cada família enfrentará o nó essencial de uma perda, mesmo que esperada, de maneira completamente diferente da outra; dor e sofrimento não são respostas emocionais padrão e as famílias não podem aprender com os livros como administrar seu sofrimento e seguir em frente com a vida. Assim, algumas famílias terão mais recursos e competência para lidar com períodos evolutivos críticos, outras experimentarão cada mudança como uma ameaça em potencial e e terão dificuldades para enfrentá-las; alguns encontrarão apoio dentro da família extensa, na rede de amizades e no sistema social mais amplo, enquanto outros se sentirão solitários e isolados.

O modelo do ciclo vital permite ao terapeuta orientar-se e identificar a fase em que a família está passando, como também explorar e avaliar a mudança e o processo de reorganização familiar na transição de uma etapa para outra. O quadro se torna mais complexo se levarmos em consideração o que Carter e McGoldrick (1988) e Walsh (1982) ilustram sobre o estresse conectado às transições familiares, o que em geral não se limita a uma única parte, pois é o inteiro sistema familiar a ser afetado pela pressão e carga de uma transformação que abrange várias gerações.

Então, acontece que, enquanto uma geração envelhece, a outra enfrenta a chamada síndrome do ninho vazio, a saída dos filhos da casa dos pais, a terceira está ocupada em tornar-se adulta e formar um novo casal. E a quarta geração, crianças que chegam, está prestes a entrar no sistema familiar.

O que foi descrito até agora diz respeito ao ciclo de vida da chamada família tradicional, em que os laços matrimoniais têm um caráter duradouro e uma clara complementaridade nos papéis e funções do casal e dos filhos, que seguem modelos tradicionais de construção de família ou de fazer uma. Em um capítulo subsequente, serão descritos o ciclo de vida de outros tipos de configurações familiares: famílias reconstituídas, famílias monoparentais, famílias interculturais, famílias migrantes, famílias homoparentais. Essas diferentes formas de família diferem em termos de composição, papéis e funções, mas sempre podemos observá-las dentro de um quadro sistêmico-evolutivo.

Muitos autores, entre eles Rodgers (1973) e Aldous, (1990), criticaram a teoria do ciclo de vida da família, sobretudo no que se refere à distinção entre *eventos desenvolvimentais previsíveis e eventos imprevisíveis*. Situações como separação conjugal e divórcio, extremamente difundidas e estatisticamente relevantes, quase como casamentos duradouros, não podem ser classificadas como eventos "não inerentes ao funcionamento normal da família". Para não mencionar outros eventos da vida, muitas vezes, dramáticos e inesperados, como longas doenças, morte repentina, desenraizamentos familiares relacionados à migração e outros. Na realidade, existe uma família que, no decorrer do seu desenvolvimento, não tenha enfrentado circunstâncias de vida adversas e inesperadas? Por estas razões, os estudiosos mencionados acima sugerem abandonar o conceito excessivamente determinista do ciclo de vida familiar a favor de uma concepção mais dinâmica orientada para uma ideia de "curso de vida", que Rodgers descreveu como uma *carreira familiar*.

Não querendo entrar em um debate acadêmico, nos limitaremos em descrever as famílias em um quadro multigeracional, concentrando-nos nos eventos fundamentais que têm maior impacto emocional na vida familiar e na forma específica em que as crises e as transformações são tratadas.

TRAMAS FAMILIARES MULTIGERACIONAIS

> *Eu me aproximei para ver o que seria minha casa para o resto da minha vida. Ela não era particularmente velha ou bonita, mas claramente cresceu com a família. Tinha quatro andares, um para cada geração: bisavós, avós, pais e filhos. [...] Em cada geração, a casa se tornara cada vez menor e cheia de gente. Cada quarto tinha sido dividido ao meio para fazer dois.*
> AMY TAN, *O círculo de sorte e felicidade*

O nascimento é frequentemente comparado a um salto no escuro, mas não é. A verdade é que não somos recebidos pelo vazio, mas por uma rede de proteção. Nascer é como ser catapultado em um livro já preenchido com personagens e histórias, é como estabelecer um contato com uma realidade cujas regras já estão parcialmente escritas. Nossa presença criará algumas mudanças no enredo e no final, mas nunca seremos capazes de nos separar das páginas que precedem nossa entrada na cena e, inevitavelmente, seremos influenciados por essas páginas das quais somos filhos.

A história de cada família é uma trama complexa de histórias individuais, vínculos intergeracionais e experiências compartilhadas, que se seguem durante um período de tempo em que, como dissemos, não é apenas a passagem do tempo que define a evolução, mas também a sucessão de gerações. Mesmo que, em comparação com o passado, a família moderna possa se fragmentar em diferentes núcleos, a função coesiva do tempo não perde o seu peso e a história familiar, longe de perder seu significado ao passar de uma geração para a outra, é mantida por "enredos invisíveis" bem como descritos por Boszormenyi-Nagy e

Spark (1973), enredos que reforçam o senso de pertencimento de cada geração em um único tempo familiar. O resultado é que cada indivíduo, ao mesmo tempo que permanece o autor de sua própria história, participa da encenação de um "roteiro familiar", no qual cada um nasce com um certo papel e é obrigado a satisfazer, implicitamente, uma série de expectativas e a submeter-se, de forma mais ou menos consciente, a normas, a valores e aos comportamentos transmitidos através das gerações (SCABINI, MARTA, 1995; BOWEN, 1978; ANDOLFI, MASCELLANI, 2010).

Observar uma família, ao longo de três gerações, significa entender que as pessoas mais velhas compartilham uma narração familiar com as gerações mais jovens, cuja peculiaridade para cada indivíduo está na necessidade de liberar de forma cíclica, amarrações relacionais. Esses nós dizem respeito às maneiras pelas quais as mudanças existenciais relacionadas ao nascimento de uma criança, a perda de um cônjuge, a transição da adolescência para a idade adulta e assim por diante são tratadas. Estas são fases evolutivas que a família de origem já vivenciou e superou, acumulando experiências que de alguma forma são transmitidas e garantem um capital adicional para as famílias recém-formadas. Cada indivíduo torna-se, assim, o depositário de significados relacionados às modalidades de vínculo que pertencem a gerações distantes no tempo, como aquela dos avós e bisavós, mesmo que, em geral, o contato direto ocorra com a geração dos pais.

Neste ponto, nos perguntamos qual é a área de liberdade individual reservada para cada pessoa, e como se pode usar a bagagem de experiências e de expectativas de gerações anteriores sem sufocar ou intimidar: este é o tema sobre o qual iremos aprofundar nos próximos parágrafos.

AS LEALDADES INVISÍVEIS

Boszormenyi-Nagy e Spark (1973), observando a natureza reiterativa de determinados eventos que ocorreram em diferentes gerações da mesma família, descreveram a existência de "modelos de relacionamento intergeracional facilmente reconhecíveis". O indivíduo, interiorizando regras e injunções implícitas presentes no sistema, desenvolve uma série de lealdades em relação à família, que são transmitidas de uma geração para outra e das quais não é fácil liberar-se. Todo relacionamento dentro de uma família é, de fato, influenciado pela lealdade e pelo respeito por tramas e mandatos multigeracionais. O adulto que cuida da criança torna-se, por sua vez, credor de uma série de "dívidas" que a criança terá que pagar. De acordo com Boszormenyi-Nagy e Spark, essas dívidas existenciais da criança para com seus pais, que não se extinguem facilmente em um curto período de tempo, representam os elementos fundadores das conexões transgeracionais. Às vezes a "conta" entre pais e filhos permanece aberta, até mesmo quando os filhos, agora adultos, formam uma nova família; em alguns casos a dívida é compensada pelo advento de uma terceira geração, oferecida como presente para a primeira como garantia de reembolso do que foi recebido.

O vínculo conjugal representa um passo decisivo para a individuação da própria família de origem, mas, às vezes, os novos laços de lealdade com o esposo são percebidos pelos pais como uma forma de deslealdade em relação a eles. Existem, portanto, lealdades verticais e lealdades horizontais que se cruzam, com a exigência de equilibrar e conciliar antigos e novos "deveres", a fim de evitar conflitos entre os diferentes níveis. O casal representa o ponto de encontro entre o que lhe foi transmitido e o que, por sua vez, transmitirá a seus filhos.

A CONQUISTA DA AUTORIDADE PESSOAL

Williamson (1991), por outro lado, chama este processo de individuação e extinção de dívidas "a conquista da autoridade pessoal". É uma conquista individual que não permite compromissos entre gerações. Somente quando um indivíduo alcança esse grau de autoridade intrínseca, ele poderá perceber completamente o seu ser adulto e, então, se tornar um genitor com boa autoestima e um bom nível de autoconfiança sem ter que depender mais emocionalmente de sua família de origem. Para Williamson, autonomia e autoridade pessoal são conquistas cruciais para redefinir o equilíbrio intergeracional. Para que isso aconteça, os pais terão que renunciar ao nível hierárquico do relacionamento com seus filhos, a fim de assumir uma posição igualitária em relação a eles. Os filhos poderão substituir o sentimento de dever e obrigação intrínsecos ao conceito de respeito pelos pais, com novas formas de relacionamentos emocionais e apoio maduro, com maior autonomia e liberdade de expressão.

Obviamente, neste processo de emancipação não podemos ignorar a pressão exercida pelas tradições culturais e papéis sociais, ainda presentes em muitos países, na manutenção de uma espécie de defesa/devoção. Há pessoas mais velhas que obrigam os filhos adultos a manter uma posição de submissão psicológica absoluta. Enquanto Boszormenyi-Nagy acredita que as lealdades invisíveis só podem ser superadas através da extinção de dívidas, Williamson afirma que é o poder e o dever do filho desencadear essa transformação que põe fim à *intimidação intergeracional*, um conceito que vamos retomar novamente. Mas isso só pode acontecer se o jovem adulto deixar de temer a sua liberdade, se ele assume as suas responsabilidades no presente com coragem e confiança, e resolve os problemas relacionados à dependência emocional de seus pais; precisamente por sua complexidade, pode-se esperar que esse processo de aquisição de uma "posição-Eu" (Bowen, 1975) pode ser considerado completo apenas com a maturidade total (por volta de 35/40 anos de idade).

OS MITOS FAMILIARES COMO EXPRESSÃO E VEÍCULO DA CULTURA FAMILIAR

> *Somos cinco irmãos. Vivemos em cidades diferentes, alguns de nós estão no exterior: e nós não nos escrevemos com frequência. Quando nos encontramos, podemos ser indiferentes ou distraídos uns com os outros. Mas uma palavra é suficiente entre nós. Uma palavra, uma frase é suficiente: uma daquelas frases antigas, ouvidas e repetidas infinitas vezes, no tempo da nossa infância. [...] Uma daquelas frases ou palavras nos faria reconhecer um ao outro, nós irmãos, na escuridão de uma caverna, entre milhões de pessoas. Essas frases são nosso latim, o vocabulário de nossos dias que já foram, são como hieróglifos dos egípcios ou dos assírios-babilônios, o testemunho de um núcleo vital que deixou de existir, mas que sobrevive nos seus textos, salvo pela fúria das águas, pela corrosão do tempo. Aquelas frases são o fundamento da nossa unidade familiar, que subsistirá até que estejamos no mundo, recriando e ressuscitando nos pontos mais diferentes da Terra [...]*
>
> Natalia Ginzburg, 1975

A história das gerações anteriores transmite ao longo do tempo uma série de significados e valores, que atingem aos mais jovens através das memórias, dos eventos, das tradições sociais e rituais de seus pais ou de seus avós, informando sobre relações e padrões de comunicação do passado. Portanto, a identidade cultural de uma família é constituída por um sistema de valores e crenças, muitas vezes, ampliado pelas normas e costumes de um contexto social específico e é transmitido através das gerações, influenciando a forma como são declinados os papéis familiares: pai, mãe, filhos, irmãos e como são enfrentados eventos vitais importantes como mortes, separações, nascimentos, etc.

Na verdade, há uma espécie de *roteiro familiar* uma "leitura de eventos e realidade" que é construída ao longo de pelo menos três gerações dentro do seu contexto cultural, como uma representação de *mitos familiares* específicos.

De acordo com as primeiras formulações de Ferreira (1963), expandida por outros autores (BYNG-HALL, 1979; DI NICOLA, 1985a, 1985b; FALICOV, 1983; MCGOLDRICK et al., 1982; SELTZER, SELTZER, 1983; WHITAKER, KEATH, 1981; ANDOLFI, ANGELO, DE NICHILO, 1989; ANDOLFI, MASCELLANI, 2010), o mito representa um padrão através do qual a realidade é interpretada e em que elementos reais e fantásticos coexistem, parcialmente herdados pela família de origem e parcialmente construídos pela família atual. Eventos específicos da vida familiar e individual, especialmente durante fases críticas, nascimentos, óbitos, casamentos, separações conjugais, doenças crônicas, crises econômicas e acidentes. Isso tudo pode provocar reações emocionais intensas e fortes tensões dentro da família, solicitando que cada membro assuma um papel ou função em consonância com a sua posição dentro dessa *constelação mítica* particular. Como consequência, um mito se torna uma *"matriz de consciência"* (LEMAIRE, 1984; LEVI-STRAUSS, 1981), atuando como um elemento de união e fator de coesão para aqueles que acreditam em sua verdade. A criação de um mito implica, portanto, na transposição de uma série de eventos e comportamentos reais em um enredo narrativo aceito por todos, em que cada indivíduo recupera uma chave interpretativa da sua experiência cotidiana e do significado de sua vida, sentindo, ao mesmo tempo, uma participação e um pertencimento compartilhado com o resto do grupo. Vejamos um exemplo.

A figura mítica de Dário

Um tio libertino e solteirão que vive o hoje, sem se preocupar com o dinheiro e sem qualquer escrúpulo sobre suas ações irresponsáveis, pode nos ajudar a entender melhor a relação entre mitos e cultura familiar. A criação de um mito está ligada à amplificação, ao longo do tempo, de traços e de comportamentos peculiares de um indivíduo dentro de uma determinada família e um contexto cultural específico. Portanto, a figura mítica de Dario, embora considerada irresponsável ou excêntrica, acaba por assumir traços e atributos peculiares ao longo do tempo: na memória daqueles que o conheciam, Dario tinha sido uma pessoa sem remorso, sempre despreocupada e infantil graças ao seu estilo de vida irresponsável e sua constante e repetida incapacidade de administrar seu dinheiro.

Esta imagem acaba assumindo uma série de conotações ainda mais grandiosas após a sua morte: a memória de Dario como uma pessoa fora do comum é ampliada na cidade em que sempre viveu, enquanto as críticas ligadas à sua conduta de vida foram esquecidas ou substituídas por uma espécie de justificativa para cada ação por causa da súbita perda de seu pai em um acidente de carro, quando ele ainda era criança. Assim, será dito com ênfase cada detalhe que celebra o personagem, como o tempo em que ele desperdiçou uma grande soma de dinheiro com jogos de azar, ou a história de uma mulher que permaneceu solteira durante toda a vida porque ele a traiu.

Os mitos são como as fábulas construídos a partir de uma rede interconexa de eventos, personagens, papéis e conteúdos simbólicos dentro do qual certos elementos particularmente fortes desenham uma trama (Andolfi, Angelo, 1987). É claro, portanto, que esta história, embora inspirada na vida real de Dario, se torna o produto de uma narrativa coletiva, baseada em fatos e anedotas que ecoam em toda a cidade e que serão transmitidas às gerações futuras.

Mas qual é o outro lado da história?

A irmã do Dario será lembrada, pelo contrário, como uma mulher sacrificial e responsável, a primogênita que cuidou dos irmãos em uma família muito pobre e sem pai. Mais tarde, ela se casou com um homem que era a cópia idêntica de Dario, com os mesmos comportamentos imaturos e pouco confiáveis. Maria vai passar sua vida inteira preocupada com os outros, tentando compensar e reparar as falhas de Dario e depois de seu marido, enviando mensagens claras às crianças que "nada pode ser esperado dos homens!". E assim, começando com Dario, vemos como o mito da família evolui em gerações sucessivas: para manter a família unida, as mulheres devem sacrificar-se e devem ser sempre responsáveis, enquanto a maioria dos homens acabará falhando, abandonando a escola prematuramente ou tendo dificuldade em encontrar trabalho, ou até mesmo envolvidos em delitos. Todos têm um papel a desempenhar em um drama familiar interligado.

No parágrafo seguinte, veremos como podemos escapar de uma rígida atribuição de papéis e nos libertarmos de um mito extremamente prejudicial como o que acabamos de descrever, reforçado pelos códigos morais da pequena cidade que não permitem tirar distância ou trair as expectativas da comunidade e para a qual é "normal" que as mulheres sirvam os homens.

OS VALORES MÍTICOS: VÍNCULOS OU RECURSOS NO PROCESSO DE INDIVIDUAÇÃO

Compartilhar um mito pode contribuir para reforçar a interdependência emocional entre os membros de uma família e promover a continuidade das tradições culturais particulares ao longo do tempo. No âmbito individual, pode-se reforçar o sentimento de pertença dentro de um nicho protegido, enquanto que em relação à família como grupo pode reforçar a sua identidade cultural. Mas para que isso aconteça e o mito se torne um recurso no processo de crescimento individual e familiar, os elementos que o constituem não devem ser muito rígidos e funcionar como mecanismos prescritivos. Na verdade, durante as fases de transição no ciclo de vida de uma família, roteiros familiares e mitos, até então aceitos por todos, podem ser questionados ou decididamente rejeitados por um ou mais familiares, sinalizando um forte desconforto relativo a um modo de pertença não mais aceitável. Às vezes, o surgimento de uma psicopatologia individual pode representar um elemento de ruptura do *status quo* e transmitir uma forte mensagem de mudança em relação aos rígidos mitos familiares.

Por exemplo, na história de Dario e sua família, uma mulher pertencente a uma geração mais nova, cansada de sentir-se uma "escrava" em relação aos homens, poderia desenvolver uma depressão profunda ou se tornar alcoólatra, ou um homem pode acabar na prisão ou ir de encontro a um episódio psicótico; estas são opções de mudança, às vezes apoiadas por comportamentos patológicos ou desviantes, em relação a papéis e a funções que são estereotipados dentro da família. O mito da união familiar pode apresentar um custo muito alto para a sobrevivência individual e se dissolver diante de estados graves de sofrimento pessoal e relacional, levando a uma dinâmica nova e diferente de relacionamentos e funções familiares.

A verdade na mesa com os filhos

No livro *Tempo e mito na psicoterapia familiar* (ANDOLFI, ANGELO, 1987) é relatada uma terapia realizada pelo autor com uma família que por muitos anos foi envolvida no mito de um pai especial: um homem fantástico, dedicado à família e um trabalhador que se encarregou de nove filhos, até o dia de sua morte, que ocorreu prematuramente quando as crianças ainda eram pequenas. A esposa, encontrando-se só, "por amor aos filhos" pensou bem em manter viva a memória e imagem desse homem extraordinário por muitos anos. Como no caso de Dario, na evolução desta família, acontecerá que as filhas serão muito responsáveis, enquanto os filhos, pelo contrário, tenderão a ser excessivamente dependentes e imaturos, com problemas no trabalho e com condutas violentas no bairro.

Conheci esta família porque o filho mais novo, um jovem de 20 anos, começou a desenvolver uma personalidade borderline e a mostrar sintomas de dependência química. Após vários meses de terapia familiar e alguns progressos positivos, tendo criado um clima de confiança total, a mãe finalmente conseguiu revelar a verdade, primeiro convidando todos os filhos para sua casa e, em seguida, relatando a "revelação do segredo" em uma sessão familiar. Durante um jantar especial, ela revelou em lágrimas que o pai deles não tinha sido aquele "herói" que ela tinha inventado para "o bem deles"; pelo contrário, descreveu-o como um homem irresponsável desde o início do casamento, apostando e perdendo muito dinheiro, enquanto ela suava para manter unida a família e cuidar das crianças.

O aspecto positivo dessa revelação dramática e corajosa da mãe foi imediatamente evidente na consulta através da nova expressão nos rostos dos filhos; eles finalmente conheceram a verdade sobre seu pai e a mentira da mãe, levada adiante por tanto tempo, tornou-se mais compreensível; em vez de irritarem-se com a mãe por essa falsa verdade que ela tinha construído e imposto em suas vidas, eles se sentiram aliviados, pois poderiam finalmente se livrar dos papéis estereotipados impostos: as mulheres responsáveis, os homens falidos e todos, afinal, puderam apreciar os sacrifícios e a coragem de uma mãe que tinha criado sozinha nove filhos, cuidando de todas as suas necessidades. O mito da família tinha caído e com ele a imposição implícita de uma série de papéis estereotipados. Com a revelação feita pela mãe, agora cada um dos filhos sentia-se mais livre e consciencioso por ter adquirido uma sensação de autenticidade nova. Esta última, conseguiu tirar um peso incrível e mostrar um novo respeito em relação a si mesma e aos filhos.

A DIFERENCIAÇÃO DO SELF

> *A esmagadora maioria dos seres humanos escolhe não seguir o seu próprio caminho, mas as convenções; eles, consequentemente, não se desenvolvem, mas sim um método e, portanto, uma dimensão coletiva, à custa de sua totalidade.*
>
> CARL GUSTAV JUNG

A *teoria geral dos sistemas familiares* elaborada por Murray Bowen foi uma das primeiras teorias abrangentes sobre o desenvolvimento da família e o seu funcionamento através das gerações, e foi bem descrita no texto pioneiro *Family Therapy in Clinical Practice* (1978), reescrito em italiano por Andolfi e intitulado *Da família ao indivíduo. A diferenciação do self no sistema familiar,* (1979). A sua abordagem teórica exerceu uma enorme influência no movimento da terapia familiar nos Estados Unidos por mais de trinta anos e o seu modelo de funcionamento familiar multigeracional, desenvolvido na Georgetown University em Washington d.c., é ainda hoje usado em estudos e pesquisas recentes, aprofundando-se e expandindo-se na Europa como em outras partes do mundo.

Bowen escreveu que durante um período de apenas 150-200 anos, um indivíduo descendeu de várias famílias entre 64 e 128 famílias, cada uma delas lhe deixou uma contribuição de algum tipo. Com todos os mitos, as mistificações, as lealdades, as memórias e opiniões influenciadas pelos nossos *sistemas emocionais*, muitas vezes, é difícil reconhecer o próprio Self individual. Nenhum terapeuta chegou tão longe nas gerações, como Bowen, para reconstruir a história da família e encontrar pistas e conexões com o tempo presente no passado; o seu estudo é centrado no indivíduo e na sua história, com o objetivo de identificar a matriz do que ele definiu como a *massa indiferenciada do ego familiar,* que corresponde ao estado de fusão total.

Murray Bowen foi o primeiro de cinco filhos de uma família pertencente à burguesia rural do Tennessee. Em 1937, ele completou um doutorado em medicina e sua experiência como médico durante a Segunda Guerra Mundial acendeu seu interesse pela psiquiatria. No final da guerra, ele trabalhou na clínica Menninger em Topeka com crianças esquizofrênicas e suas mães. Em 1954, mudou-se para o National Institute of Mental Health em Washington onde tratava as famílias.

É precisamente o seu trabalho com as díades mãe-filho que o ajudaram a entender que as relações diádicas são apenas um segmento de um triângulo em que os pais, mesmo quando são percebidos como ausentes ou emocionalmente distantes, estão, no entanto, envolvidos nas dinâmicas relacionais da família. Ele descreveu o triângulo como unidade mínima relacional estável (KERR, BOWEN, 1988) e o movimento *triangular* (Bowen nunca usou o termo triangulação, posteriormente, adotato por Minuchin em sua abordagem estrutural), que é ativado quando uma parte inevitável da ansiedade em uma díade encontra-se detida no envolvimento de uma terceira parte vulnerável que acaba estabelecendo uma aliança parcial ou garantindo uma redução dos níveis de ansiedade (GUERIN, FOGARTY, FAY et al., 1996). O principal interesse de Bowen foi centrado nos padrões relacionais que se desenvolvem nas famílias, a fim de criar uma redução dos níveis de ansiedade: um fator crucial no desencadeamento da ansiedade reside na percepção ou de uma proximidade excessiva ou de uma distância excessiva dentro do relacionamento. A partir dessa observação, Bowen desenvolveu o conceito de *diferenciação do Self da família de origem,* um marco de sua teoria, segundo a qual o alto nível de fusão emocional dentro da família impede aos indivíduos que a compõem de haver uma percepção clara de si mesmo como pessoas dotadas de um Self completo em relação aos outros. O resultado desse "processo de separação" através de um esforço constante de definição do Self e de individuação será então conhecido com o termo *diferenciação*. No entanto, este processo não pode ocorrer exclusivamente no âmbito das relações atuais entre os membros de um núcleo familiar ou de um casal, mas deve intervir, necessariamente, ao nível das respectivas famílias de origem para que cada indivíduo possa conquistar um certo grau de liberdade e consciência dentro de um sistema de relações que conquista margens de abertura e flexibilidade.

A diferenciação requer um esforço constante da parte de cada indivíduo, ao longo de sua vida, e, certamente, não está livre de obstáculos e bloqueios. Este processo é influenciado por vários fatores, como o grau de estresse emocional e ansiedade produzidos dentro do núcleo familiar, que é por sua vez influenciado pelos níveis de separação/fusão emocional da família de origem, bem como pelos processos de maturidade/imaturidade transmitidos através das gerações.

A concepção da família de origem como um recurso no trabalho com casais e famílias nasceu da convicção de que existem forças transgeracionais que exercem uma influência crítica sobre os relacionamentos atuais. As dificuldades que uma pessoa apresenta no presente, na vida de casal, na família ou consigo mesma podem ser vistas, fundamentalmente, como esforços reparadores com o objetivo de corrigir, dominar, tornar inofensivo, elaborar ou cancelar antigos paradigmas relacionais que são sentidos como perturbadores e que vêm da família de origem (CANEVARO, 2002).

Bowen definiu *coaching* o seu modo de fazer terapia com as famílias em dificuldade ou de fazer supervisão aos seus alunos. Em ambas as situações, ele costumava coletar genogramas familiares elaborados e lidar com clientes e estudantes sobre o tema de um verdadeiro "regresso a casa". Ele explicava que "era uma espécie de missão que exigia muito tempo: o esforço para se tornar um melhor observador" (BOWEN, 1978). Retornar para casa não tem apenas um efeito de reconciliação entre uma geração e outra, mas permite que a pessoa experimente seus relacionamentos mais significativos com uma consciência diferente e mais madura de si mesmo (ANDOLFI, 2002).

Com a ideia de uma *escala de diferenciação*, Bowen colocou os vários níveis de envolvimento emocional dentro da família em uma *linha contínua* que varia desde a fusão extrema até a diferenciação total do Self. No ponto mais baixo da escala, encontramos aqueles indivíduos que funcionam em uma posição substancialmente fusional com a massa indiferenciada do ego familiar e que, no curso da vida, tentarão estabelecer conexões caracterizadas por uma forte dependência, a partir das quais eles tiram a força necessária para o seu funcionamento. Uma maturidade emocional completa corresponde a uma "diferenciação total do Self"; neste lado da escala, estão aqueles sujeitos que, afirma Bowen, "nunca encontrei na minha prática clínica e raramente aconteceu de encontrá-los nas minhas relações sociais ou profissionais". As pessoas pertencentes a esta categoria representam os níveis mais altos de funcionamento emocional e as suas capacidades de estabelecer relacionamentos diferenciados, mas emocionalmente significativos, com suas famílias de origem resultarão em uma vantagem para sua família atual.

O CORTE EMOCIONAL

A maioria das pessoas está dizendo há anos a amigos, terapeutas e cônjuges o que eles deveriam ter dito a seus pais e irmãos, e eles nunca disseram...

J.L. FRAMO

A busca de um equilíbrio entre *pertencimento e separação* representa um processo difícil que acompanha toda a existência de um indivíduo e que, infelizmente, nem sempre é bem-sucedido. Muitas vezes, ficamos presos em modelos de relacionamento insatisfatórios que se repetem compulsivamente. Pertencimento e separação representam duas posições emocionais, ambas necessárias para fins da diferenciação; são os dois picos de um movimento ondulatório típico das dinâmicas emocionais que animam os relacionamentos afetivos harmoniosos, tanto entre os casais como entre pais e filhos. Não raramente, no entanto, em vez de serem percebidas como fases, elas são vividas como dois conceitos mutuamente excludentes: se alguém pertence, nenhuma separação é pensável; se alguém se separa, é preciso renunciar ao senso de pertencimento.

De fato, se definimos "fusão" como um senso de pertença que não tolera qualquer separação, o corte emocional representa o extremo oposto, que é de qualquer forma problemático: o brusco destaque físico e/ou emocional, frequentemente conflitual, de uma pessoa com seus laços emocionais e familiares. É uma condição de distanciamento profundo atuado por um ou mais membros de uma família para "se proteger" de um confronto sobre uma "questão pendente" e o sentimento de desconexão de laços familiares e culturais muito importante.

Esta modalidade relacional pode gerar bloqueios evolutivos e sentimentos de incompletude emocional em adultos, origem de desconforto e mal-estar não só no indivíduo, mas também no casal e no relacionamento com os filhos. Ela surge da ideia ilusória de que a independência pode ser alcançada simplesmente deixando a casa dos pais e recusando qualquer contato com a família de origem; pelo contrário, desta forma, os problemas não resolvidos com a família de origem acabarão pesando ainda mais nas costas do *fugitivo*, repetindo-se em outros relacionamentos sem a sua consciência e forçando-o a encontrar laços compensatórios para preencher o vazio e anestesiar a dor. A condição de corte emocional parcial ou, por vezes, total das raízes familiares e sociais é hoje ainda mais dramática devido ao crescente número de famílias de migrantes em muitas partes do mundo; essa condição gera uma inquietação existencial que permeia as relações parentais e de amizade. Esse é o motivo que tem levado muitos autores e terapeutas como Minuchin (MINUCHIN, MONTALVO, ROSMAN et al., 1967), Falicov (1983), Sluzki (1991), Di Nicola (1997), Andolfi (1977) e outros a falar sobre *terapia familiar cultural*, concentrando-se mais nos aspectos sociais e culturais das fraturas e cortes emocionais dentro das famílias.

Para completar o processo de diferenciação e alcançar o que Bowen chamou de "Posição – Eu", é necessário tornar-se adulto e reconectar-se com o passado através da elaboração das perdas, traumas e conflitos abertos dentro do sistema familiar extenso.

A INTIMIDAÇÃO INTERGERACIONAL E O "FILHO CRÔNICO"

Seus filhos não são seus filhos.
Eles são os filhos e filhas do desejo que a vida tem por si só.
Eles não vêm de você, mas através de você,
E apesar de estarem com você, eles não pertencem a você.
Você pode dar-lhes o seu amor, mas não os seus pensamentos,
porque eles têm seus próprios pensamentos.

> *Você pode hospedar seus corpos, mas não suas almas,*
> *Porque suas almas vivem na casa do amanhã, que você não*
> *pode visitar, nem mesmo em um sonho.*
> *Você pode se esforçar para ser semelhante a eles, mas não tente*
> *torná-los semelhantes a você. Porque a vida não retrocede e não*
> *perde tempo com o dia que já passou.*
>
> G.K. Gibran, O profeta

A definição de "filho crônico" foi usada pelos autores (Andolfi, Falcucci, Mascellani et al., 2006, 2007) para descrever um adulto que não conseguiu assumir um papel maduro dentro de sua família, permanecendo preso em uma posição infantil, de dependência emocional dos pais ou parceiro ou, às vezes, mesmo de um irmão mais velho. Através de sua experiência clínica, Andolfi destacou uma série de padrões relacionais disfuncionais, especialmente na dimensão da dinâmica de casal, em que um parceiro desempenha o papel de mãe/pai para o outro que parece estar bloqueado emocionalmente em um estágio evolutivo anterior. Essa imaturidade na ascensão da responsabilidade em ser adulto parece estar diretamente relacionada à inabilidade/incapacidade de "assumir uma posição" diante dos pais.

Esse conceito é muito próximo do que Williamson (1982, 1991) descreveu como um processo de "intimidação intergeracional", que impede o processo de aquisição da "autoridade pessoal" necessária para que um indivíduo alcance uma maturidade psicológica plena. Este autor teoriza a existência de um estágio específico no ciclo de vida da família em que os limites hierárquicos na relação genitores-filhos são superados para chegar a uma perspectiva mais igualitária. Muitas vezes, os eventos da vida e a construção de mitos familiares em torno deste nódulo relacional condicionam o processo de crescimento emocional de indivíduos, que também podem se tornar profissionais competentes e valorizados na esfera social, mas continuam sendo filhos dependentes diante de seus pais. Embora seja uma dependência mútua, cabe ao filho ter que superá-la através de um movimento ativo e autêntico que os pais terão que reconhecer com o tempo. Uma possível quebra do vínculo por estes últimos pode ser experimentada como um abandono, enquanto uma renegociação do relacionamento pelo filho leva a uma maturidade autêntica e torna-se "evidência clara" de superação de uma posição de dependência infantil. O adulto, para ser tal, deve aceitar a separação e redefinição de seu relacionamento com seus pais, podendo comunicar-se com eles *como um adulto* e não mais como um filho: "A essência da maturidade, consiste em não precisar de um pai" (WILLIAMSON, 1982). Para o mesmo autor, o genitor que observa tal maturidade em um filho começará a desenvolver "espontaneamente" um tipo diferente de relacionamento com ele, mais íntimo e igualitário. Estabelecer uma relação de reciprocidade com os pais lhes permite apreciar melhor sua humanidade e "conhecer as pessoas por trás dos papéis". "É a experiência primária que cria igualdade entre as gerações e dissolve a intimidação intergeracional" (BRAY, WILLIAMSON, MALONE, 1986).

A conquista deste objetivo oferece vantagens enormes para um adulto nos seus relacionamentos, no seu papel genitorial e em sua carreira profissional. Muitos casais chegam a um ponto de deterioração de seu relacionamento, porque não conseguiram defender o espaço de casal da intrusão de suas respectivas famílias de origem. Mesmo que a intrusão dos pais possa arruinar a relação do casal, é sempre uma dependência excessiva da parte de um membro adulto do casal e sua incapacidade de se separar de sua família de origem a favorecer a *invasão*. Então, são os filhos que precisam escolher no final qual o papel atribuir aos pais em relação ao projeto de sua vida, como e por que envolvê-los, por quanto tempo ainda eles precisam permanecer filhos e se eles podem correr o risco de assumir novos papéis e novos desafios evolutivos.

O diploma de filho

Giovanni e Laura são um casal de meia-idade muito próximos da separação devido aos pedidos constantes de ajuda e assistência da mãe idosa de Giovanni, a quem o filho não parece absolutamente capaz de sair do papel de filho. Para entender os problemas atuais, é necessário voltar aos primeiros anos de vida de Giovanni, que cresceu em uma pequena cidade no sul da Itália e que, após a Segunda Guerra Mundial, teve que enfrentar um enorme processo de migração. O pai de Giovanni foi trabalhar em uma mina na Alemanha, um trabalho muito difícil que lhe permitiu enviar dinheiro para sua jovem esposa e para o pequeno Giovanni, que cresceu como um único filho com uma mãe muito exigente e um pai ausente, mas muito importante e idealizado pelos sacrifícios que fazia pela família. Graças ao dinheiro enviado regularmente por seu pai, Giovanni conseguiu terminar a escola e mais tarde se tornar um médico. Durante muitos anos, o "casal real" em casa era composto de mãe e filho, que desenvolveram uma série de lealdades recíprocas em um sistema de relacionamento extremamente colusório, nunca renegociado, mesmo quando Giovanni saiu de casa para se mudar para uma grande cidade onde conheceu e se casou com Laura, por sua vez, uma profissional comprometida e respeitada. A mãe de Giovanni, Maria, nunca foi capaz de "soltar" o filho em um sentido emocional. Giovanni teria sido seu filho para sempre e ela teria pedido sua ajuda como médico para qualquer problema de saúde, mesmo que fosse um simples problema. Giovanni morava a duas horas de distância de sua mãe e estava constantemente "disponível" para qualquer febre estranha, dor de cabeça e arritmia, por qualquer motivo corria para a casa de sua mãe como um servo fiel. Laura cansada desta situação fez uma série de ultimatos ao marido, "que não podia dizer não à mãe", sob pena de dar fim ao casamento.

O casal chegou à terapia em um momento de profunda crise e foi necessário trabalhar vários meses com eles antes de propor um encontro especial para o qual a mãe seria convidada. Naquele encontro, finalmente Giovanni encontrou a coragem de dizer à sua mãe que ele sempre a amou e a respeitou, que ela era muito importante em sua vida, mas que agora ele queria a vida dele de volta para cuidar de si mesmo e do seu casamento, que estava desmoronando. Ele concluiu essa comunicação dolorosa e liberatória para sua mãe, dizendo que, a partir daquele momento, ele não continuaria sendo seu médico e que ela já tinha um médico de referência na cidade e que a presença dele, Giovanni, não era essencial. Esta foi uma declaração de maturidade, a qual representou simbolicamente a conquista de uma espécie de "diploma de filho": a mãe, surpreendentemente, olhando nos olhos do filho o tempo todo, sentiu a dor dele e a intensidade daquele momento de proximidade e abraçou-o com grande carinho. Essa foi a primeira vez, desde que a terapia iniciou, que Laura conseguiu "reintegrar Giovanni no papel de marido", graças ao risco pessoal que ele assumiu na declaração feita à mãe e na mensagem implícita de reconciliação que ele a enviou.

Capítulo 3
TRANSFORMAÇÕES SOCIAIS E NOVAS CONFIGURAÇÕES FAMILIARES

> *Não existe uma maneira de ser e de viver que seja a melhor de todas. [...] A família de hoje não é nem mais nem menos perfeita do que aquela de um tempo: é diferente, porque as circunstâncias são diferentes.*
>
> E. Durkheim, 1895

A história da humanidade oferece um repertório inesgotável de formas de organizar e atribuir significados à reprodução e à sexualidade, à convivência entre grupos e indivíduos e, consequentemente, a uma variedade de formas de construir famílias. Estudos e pesquisas nos campos sociológico, demográfico e psicológico identificaram claramente uma série de modelos familiares que sempre caracterizaram as sociedades humanas, evidenciando como a família assume funções e estruturas diferentes, garantindo seu apoio e sustento através de sistemas econômicos que se transformam de modo contínuo. A transição da família patriarcal típica do mundo rural – extensa e economicamente autosuficiente – para aquela típica da era industrial oferece um exemplo significativo dessa variabilidade.

Ao longo dos últimos cinquenta anos, a estrutura, a configuração demográfica, o papel social da família e as funções desempenhadas dentro dela sofreram um processo de transformação gradual e radical, de modo que hoje é impossível se referir à família em termos de uma unidade padrão; nos encontramos diante de uma pluralidade de configurações familiares caracterizadas pela crescente complexidade e fragmentação progressiva, mas, apesar das incertezas e fragilidades da família de hoje, ela ainda permanece fundada em fortes relacionamentos intergeracionais que hoje, devido à longevidade, também podem prolongar-se ao longo de quatro gerações no compartilhamento de valores, nos acordos emocionais, nos recursos econômicos e no crescimento e na educação escolar dos filhos. A estrutura familiar e sua organização emocional podem variar profundamente com base na preeminência da *díade dominante*: nas sociedades pré-industriais, bem como em contextos culturais caracterizados por uma forte tradição familiar, como em muitos países orientais, a díade predominante centra-se na *relação genitor-filho*, enquanto nos países economicamente mais avançados, caracterizados por uma forte mobilidade familiar, o casal tornou-se a díade dominante, o elemento central da família. O modelo de família em que ambos os cônjuges trabalham e possuem um relacionamento mais equilibrado substituiu, em grande parte, o modelo mais hierárquico e tradicional, baseado em papéis rígidos e complementares do homem autoritário que trabalha fora e da dona de casa que cuida dos filhos, em que o desequilíbrio em termos de poder social e econômico, muitas vezes, terminavam prejudicando a qualidade de vida de toda a família.

No capítulo anterior, descrevemos o ciclo de vida das famílias tradicionais: agora gostaríamos de nos concentrar em outras configurações familiares, descrevendo os seus traços salientes e peculiaridades relacionais. Ao fazê-lo, no entanto, nos referiremos ao mesmo quadro multigeracional e a uma abordagem sistêmica-evolutiva.

FILHOS DE PAIS DIVORCIADOS E FAMÍLIAS MONOPARENTAIS

Na veradade, as famílias monoparentais não são um fenômeno novo historicamente, a presença de um genitor único era muito comum, tanto pelo elevado índice de mortalidade por doenças como por guerras, quanto pelo resultado de nascimentos fora do casamento, enquanto hoje as famílias monoparentais parecem ser muito mais o resultado de um aumento da taxa de divórcio. Um genitor é considerado o principal cuidador, aquele com quem a criança passa a maior parte do tempo; em princípio, as mães foram investidas tipicamente e universalmente com o papel de cuidadora primária. Na realidade, esse cenário mudou parcialmente nos últimos anos com o grande número de homens que assumiram um papel ativo como "pais donos de casa" para permitir que as mães retornem ao mundo do trabalho. Além disso, a prática de custódia conjunta criou um reforço do vínculo e investimento paterno no relacionamento com os filhos e uma nova forma de coparentalidade.

Uma mãe solteira estará mais em risco, especialmente em contextos socioeconômicos desfavorecidos, devido à sua posição frequentemente prejudicada no mercado de trabalho e das responsabilidades enormes de criar filhos sozinha, muitas vezes, sem poder contar com nenhum apoio econômico ou emocional de companheiros ausentes e/ou desempregados. O número de filhos de pais divorciados está tomando uma escala tão grande que, num futuro próximo, será igual ao número das crianças nascidas em famílias regularmente casadas. Devido à extensão deste fenômeno, não se pode subestimar o dano, inevitavelmente, provocado nas crianças pela perda de uma união e uma harmonia familiar que, idealmente, representa a melhor condição para um crescimento saudável e pacífico. Felizmente, as crianças são muito resilientes e capazes de buscar amor e cuidados, mesmo em situações muito críticas. A separação dos pais nunca é bem recebida pelos filhos, mas as coisas são muito piores para eles quando vivem em um clima de grande hostilidade, com o risco de serem triangulados ou fragmentados por pais que não são capazes de enfrentar seus conflitos conjugais não resolvidos. Em uma condição de monoparentalidade também é possível que uma mãe ainda profundamente ferida ou triste, após a separação conjugal, atribua ao filho o papel de um adulto. Muitas vezes, se subestima a proteção e o cuidado que os filhos oferecem, mesmo que muito pequenos, aos pais, especialmente quando sentem a dor e a solidão deles. Nesse sentido, e até certo ponto, resulta útil a ascensão de uma função parental por um filho com um único genitor, mas pode ser muito prejudicial para a criança se essa função se tornar uma necessidade constante que resulte em uma *inversão de papéis*.

As intervenções psicoterápicas podem ativar recursos e incentivar o apoio da família extensa da mãe: a mãe da mãe ou uma tia, com suas experiências, podem ajudar, desvinculando o "filho parental" da necessidade de cuidar de sua mãe "sozinho".

Em uma situação monoparental, pode surgir um pedido de intervenção terapêutica por causa de manifestações de sintomas de natureza psicossomática, relacionais e comportamentais nos filhos, ou por uma condição depressiva ou ansiosa de um ou outro genitor. Os sintomas podem ser considerados sinais importantes de um desconforto relacional e orientar os terapeutas para as feridas ainda abertas no tecido familiar: uma separação hostil em andamento, a ausência de um dos pais da vida dos filhos, rivalidades e competição dentro da fratria.

Os terapeutas, muitas vezes, negligenciam a inclusão de pessoas que não vivem mais na mesma casa, ignorando a importância de reconectar o genitor ausente e distante. Obviamente, se o casal é divorciado não será apropriado trabalhar com toda a família, como se todos ainda vivessem juntos. Nesses casos, o terapeuta pode atender ao genitor que tem a custódia dos filhos, mas também pode alternar as sessões com o genitor e os filhos e, às vezes, apenas atender as crianças. A ideia de que um genitor que não está convivendo ou que não tenha a custódia das crianças não deva ser convidado para as sessões é uma maneira "não-sistêmica" de olhar para as famílias. Mesmo os pais que negligenciaram seus filhos por muito tempo devem ter a oportunidade de restabelecer uma conexão e aprender a cuidar de seus filhos. Ao ampliar a perspectiva, os filhos triangulados nos conflitos entre os pais podem ser ajudados a parar de "tomar partido" e a recriar laços horizontais com os irmãos. No final deste processo paralelo, uma sessão conjunta pode ser proposta com pais e filhos para avaliar os progressos realizados, também em relação aos sintomas apresentados por um membro ou outro da família, e felicitar os resultados obtidos com o comprometimento de todos.

FAMÍLIAS RECONSTITUÍDAS E RECONSTRUÍDAS

Com o aumento do número de separações e divórcios no mundo inteiro, a oportunidade de misturar as cartas e formar núcleos familiares compostos é quase igual ao número de famílias convencionais. O processo de coabitação e formação de um novo arranjo familiar que inclui os filhos de um ou outro parceiro, nascidos de um relacionamento anterior e, geralmente de ambos os parceiros, não é um caminho fácil, mas sim, muito desafiador. Tomemos em consideração alguns dos principais desafios que estas famílias devem enfrentar para criar uma base sólida para uma convivência pacífica.

A necessidade de concluir a separação ou o divórcio

Ambos os parceiros devem ter claramente definido e resolvido as questões emocionais e econômicas relacionadas ao casamento anterior, e superar uma fase de separação dolorosa sem levar os conflitos não resolvidos para a nova relação

As crianças nascidas de casamentos anteriores devem ser capazes de elaborar e aceitar a separação familiar, com todas as suas consequências, antes de serem levadas para uma nova dimensão familiar e, principalmente, devem sentir que a separação entre os pais foi honesta e justa sem cair num esquema de "vencedores e vencidos".

As crianças têm um grande senso de justiça sistêmica e não podem tolerar conclusões injustas ou grandes triangulações, que resultam em uma série de coalizões com esse ou aquele genitor e com a ruptura da aliança entre irmãos.

No caso da morte de um dos pais, o novo casamento do cônjuge sobrevivente pode desencadear um processo de luto não resolvido nas crianças, que devem ter um espaço e um tempo para elaboração, sem que sejam obrigadas a aceitar e acolher de olhos fechados uma "nova configuração" em suas vidas.

Lealdade preferencial e rivalidade fraterna

Quando dois adultos se casam pela primeira vez, são livres para tomar suas próprias decisões, mas quando decidem se casar novamente, devem ter "permissão" de seus filhos. Na verdade, os pais sabem que, na ausência de um acordo e uma disposição positiva de seus filhos em relação ao novo parceiro, sua nova vida pode se transformar em um pesadelo. Muitas vezes, as mães recasadas são muito atentas, protegem seus filhos e não permitem que o novo parceiro assuma um papel educacional e estabeleça novas regras para eles, pelo menos nos primeiros anos de seu relacionamento. A lealdade dessas mães em relação aos seus filhos pode dar origem a favoritismo ou, no extremo oposto, pode nutrir uma atitude de compensação no cuidado e nas atenções dirigidas aos filhos adquiridos. Uma extensão do subsistema fraterno geralmente representa um enriquecimento, mas, às vezes, o ciúme e as rivalidades podem surgir por uma atenção maior mostrada pelos pais, especialmente, quando o novo casal tem filhos nascidos de sua união e que podem gozar de maiores privilégios por serem menores.

Apoiar o envolvimento de todas as figuras parentais

Os filhos se adaptarão melhor a uma nova configuração familiar se puderem ter acesso a ambos os pais biológicos. Logo, é muito importante que estes últimos consigam preservar uma boa aliança entre si e com os novos membros da família reconstituída.

Os filhos homens, especialmente adolescentes, muitas vezes, enfrentam dificuldades em aceitar uma nova "figura paterna" na nova família, sobretudo se viveram por muito tempo, exclusivamente, com suas mães na ausência de seus pais biológicos, e nutridos, no seu íntimo, a esperança de reconciliar os pais. Eles preferem o retorno do pai para casa a aceitar a presença de um recém-chegado, o qual por sua vez deve ter cautela e evitar a invasão do delicado espaço emocional dos jovens adaptando-se ao tempo deles. Cada filho tem diferentes necessidades e respostas emocionais. Ele, através de seu comportamento, indicará aos adultos quando deseja desacelerar ou acelerar os seus movimentos de aproximação emocional, respeitando o tempo necessário para se adaptar e acolher a mudança.

Preservar o vínculo conjugal nas famílias reconstituídas

Não há dúvida de que ajudar nossos filhos a viver mudanças exige grande energia, para criar limites e compartilhar as responsabilidades do papel dos pais, mas é essencial construir um vínculo forte de casal baseado no amor e cuidado mútuo. No final, isso representará um ponto fixo seguro para todos, incluindo os filhos. Se eles veem o amor circular, o respeito e o diálogo entre os adultos, eles se sentirão tranquilos e poderão aprender muito com essas modalidades relacionais.

FAMÍLIAS COMPOSTAS POR UMA PESSOA

Uma manifestação adicional das mudanças e fragmentações da organização familiar é representada pelo crescente número de famílias constituídas por uma pessoa, isto é, *singles* que vivem sozinhos. Os jovens podem viver sozinhos por um tempo, mas quando são adultos podem escolher essa solução como estilo de vida. Talvez tenham muitos amigos e diferentes relacionamentos emocionais, mas sem qualquer compromisso que envolva um compartilhamento diário e uma vida de convivência sob o mesmo teto. Em outros casos, a escolha de ficar solteiro pode ser o resultado de uma dificuldade na construção de relações íntimas ou um sinal de um senso profundo de solidão e isolamento. Adultos divorciados podem viver sozinhos por algum tempo, não por escolha, mas por medo de uma nova falha em uma nova experiência de casal. Nesse sentido, as mulheres tendem a permanecer solteiras por mais tempo, enquanto os homens parecem mais inclinados a reconstruir um vínculo rapidamente. Na nossa experiência clínica, não é difícil observar que quando os homens retornam muito cedo para uma nova vida de casal, os filhos adolescentes podem sabotar ou se opor ao novo relacionamento de seu pai, que eles veem como uma traição em relação à mãe e a eles.

Há também outra categoria de famílias "solteiras" constituídas por idosos que perderam seus parceiros e moram sozinhos. A vida dessas pessoas está intimamente ligada às memórias de muitos anos de casamento e experiências compartilhadas durante uma vida. Desta forma, é como se eles pudessem reparar suas perdas de forma simbólica. Em alguns casos, é possível que neguem a perda, autoconvencendo-se que seu amado parceiro de vida ainda está lá e que nada mudou em suas vidas.

Estas diferentes condições de viver só destacam o fato que ainda são famílias reais, uma vez que a configuração multigeracional das famílias dessas pessoas continua presente e viva nas conexões afetivas que as ligam às gerações mais antigas (família de origem) e as mais jovens (filhos, netos, etc.).

Portanto, ser solteiro deve ser considerado uma dimensão familiar dinâmica; desta forma, diante de um pedido de ajuda devido à depressão, solidão, tristeza, sintomas psicossomáticos em pessoas que vivem sozinhas, o terapeuta sabe que a melhor maneira de tratar essas formas de desconforto individual é ativar os recursos presentes na família extensa. Os membros da família podem ser convidados em sessão para se reconectar e recriar alianças e vínculos emocionais ou permitir o compartilhamento de um luto ligado a uma perda importante. No caso em que os membros da família não estão fisicamente presentes, é possível fazê-los entrar na sessão de forma simbólica, através de uma série de intervenções e rituais que serão descritos mais adiante no texto.

CASAIS E FAMÍLIAS QUE VIVEM EM UNIÃO ESTÁVEL

O relacionamento *de facto* é uma expressão usada para descrever a situação dos casais, hetero ou homossexuais, que vivem juntos sem serem casados oficialmente. Um casal de fato com filhos geralmente está sujeito às mesmas regras que regulam os deveres e responsabilidades das pessoas casadas. A evolução dessa configuração de casal implica uma união livre e a coabitação exclusiva de duas pessoas que não são unidas por um vínculo matrimonial: certamente pode ser considerada como um indicador de uma crise na instituição do casamento durante as últimas décadas, o que não indica uma crise nas relações de casal *tout court*.

As dificuldades que os jovens possuem em encontrar trabalho, o alto custo dos aluguéis e o aumento do desejo de adquirir uma formação profissional melhor, podem ser indicativos de relutância ou procrastinação para assumir um compromisso com o casamento, mas estão longe de oferecer uma explicação abrangente e exaustiva sobre o fenômeno. A diminuição do número de casamentos pode ser explicada pela decisão de um número crescente de casais que não querem institucionalizar sua união, mesmo quando eles decidem ter filhos. O fracasso de um casamento precedente pode fazer com que o novo casal comece uma convivência aguardando a resolução da união anterior, ou pode levar homens e mulheres a coabitar, em vez de casar novamente, por medo de um novo fracasso (Roussel, 1989).

Também é possível que um relacionamento *de facto* resulte em um casamento oficial quando nascem os filhos, tanto para atender às expectativas da família extensa quanto para estabelecer uma proteção legal maior para a nova geração. No fim, devemos admitir que ainda é difícil encontrar a "razão" que está por trás dessa escolha, sem levar em conta as transformações sociais radicais, a mudança do estilo de vida e a definição de novas prioridades pessoais.

O discurso é diferente para os casais homossexuais, porque em muitos lugares do mundo eles não têm permissão para se casar legalmente, quando desejam; discutiremos esses problemas em um parágrafo posterior.

FAMÍLIA ADOTIVA

"Nós queremos que seja pequeno, para que possamos pegá-lo no colo e também, se for pequeno, não se lembra do passado".

"Ele nos decepcionou, ele não está grato pelo que fizemos, não podemos mais mantê-lo conosco, ele nos colocou em crise".

"Nós pensamos muito em nosso pedido para adotar uma criança; nós pensamos que podemos fazer um serviço; haverá dificuldades, mas nos ajudaremos".

"Quando eu crescer, eu retornarei ao meu país e levarei muitos presentes a todos".

"Meus pais adotivos deram algo a um senhor, talvez ele me vendeu".

"Talvez minha mãe não esteja mais em Santiago do Chile; o policial a terá levado para muito longe para que ela não pudesse mais procurar por mim, ela sofrerá com isso, eles a mantém longe de mim".

Estas frases curtas e tocantes captam alguns dos dilemas e contradições dos pais adotivos e expressam os temores das crianças diante do abandono e do início de uma vida nova em outro país. A adoção tem sido um fenômeno crescente após o aumento das taxas de infertilidade nos países mais industrializados. A família adotiva possui características específicas se compararmos com outros arranjos familiares. Idealmente, a chegada de um filho natural em uma família representa o cumprimento de um desejo compartilhado e um projeto de vida dos pais dentro do círculo familiar extenso.

Para os genitores adotivos e a criança adotada o caminho é muito mais complexo. Ambos passam por um profundo sentimento de perda que para o casal está ligado a um sentimento de falha devido à impossibilidade de ter um filho natural, várias vezes agravado por uma segunda falha ligada ao fracasso dos procedimentos de fecundação assistida. Para a criança, o novo rumo começa após a dolorosa experiência de ter sido negligenciado ou abandonado por seus pais biológicos e depois erradicado de seu contexto social de pertencimento com linguagem, valores e tradições culturais específicas.

Portanto um processo adotivo será bem-sucedido quando uma criança se sentirá bem-vinda, amada e aceita com toda a sua bagagem de experiências pregressas desde o trauma do abandono até as lembranças de uma vida passada e relacionamentos com importantes figuras adultas nos orfanatos, nos abrigos de acolhimento hospitalar e com irmãos ou amigos. Por outro lado, os novos pais se sentem felizes e satisfeitos porque, depois de um longo período de sofrimento e decepções, o sonho de ter um filho será finalmente realizado. O sucesso adotivo certamente está conectado a uma série de elementos importantes como as *motivações compartilhadas* do casal, porque ambos os parceiros nem sempre estão prontos e desejam adotar e começar uma nova vida como família; o *grau de harmonia* e apoio mútuo por parte de ambos na criação de um espaço positivo para a criança, evitando envolver o recém-chegado em uma série de conflitos conjugais não resolvidos. Mais essencial, ainda, é que os parceiros consigam *elaborar a perda de seu filho natural* e todos os sentimentos dolorosos associados a tentativas anteriores falhadas de ter um bebê, caso contrário o risco para a criança adotada é ter que preencher o vazio emocional na vida dos pais sem ter a oportunidade de crescer como uma pessoa autônoma. Não é somente o filho que tem que se adaptar aos novos pais. Ele entra em uma nova família extensa em que cada membro deve aprender a mudar seu papel e seus padrões relacionais com a sua chegada para, assim, poder garantir o apoio e o cuidado tão fundamentais para o seu bem-estar.

Como escrevemos em várias publicações (D'ANDREA, 2001, ANDOLFI, MASCELLANI, 2010), a história adotiva está intimamente ligada à história da origem da criança, às suas primeiras experiências de institucionalização, à falha reprodutiva do casal adotante e ao primeiro encontro dos pais com o filho adotado, descrito como uma "lua de mel" no ciclo de vida da família adotiva, enfatizando o aspecto idealizador e idealizado do momento. A fase da adolescência representa uma "prova" válida para avaliar o progresso positivo ou negativo do processo adotivo. Muitas questões relacionadas ao abandono precoce ressurgirão: da qualidade e da autenticidade da motivação original, à atenção dos pais para a inclusão social da criança na escola, no grupo de pares e assim por diante.

Muitas vezes, em terapia, encontramos famílias preocupadas e descontentes devido ao comportamento violento do filho adolescente em relação a um ou ambos os pais ou a um irmão ou irmã, um comportamento totalmente inesperado e em contraste com aqueles exibidos durante a infância.

Uma vez, durante uma sessão, uma mãe levantou sua camiseta para mostrar um hematoma grande em ambos os braços: sua filha de 12 anos a mordia fortemente em várias ocasiões, aparentemente, sem nenhum motivo. Trabalhando com essa família, descobrimos que os pais deixaram a França para ir ao Brasil, onde adotaram duas meninas; era como se tivessem ido lá para comprar um carro novo, sem respeito pelas experiências de vida pregressa das duas. Os pais, durante o crescimento das filhas, quando ficavam exasperados pelo comportamento desrespeitoso das mesmas, diziam que tinham salvado suas vidas e que elas eram apenas o "resultado de um carnaval brasileiro!". Na França, as duas meninas moravam em uma casa muito confortável, frequentavam uma escola particular, mas nunca se sentiram amadas e consideradas. Em breve, estavam dentro de um sério conflito de casal não resolvido e obrigadas a defender a posição de um dos pais, com a ameaça de que seriam "afastadas" de casa se não se comportassem bem.

A raiva e o comportamento violento em adolescentes adotados são respostas frequentes aos conflitos silenciosos e medos do passado, mas também são um sinal dramático de desconforto e desespero em situações como a que acabamos de descrever. Uma adoção sem amor e atenção se transforma em abuso por parte dos pais que não respeitam a vulnerabilidade de seus filhos, que se tornam recipientes de seu senso de impotência e frustração por falhas reprodutivas anteriores, por um casamento em crise, e assim por diante.

CULTURA MISTA E FAMÍLIA DE IMIGRANTES

Relações de casal entre pessoas com diferentes origens raciais, étnicas e religiosas têm sido o resultado de séculos de migração. Casais mistos e suas famílias fazem parte de uma ampla gama de configurações familiares emergentes no mundo moderno. Em primeiro lugar, descreveremos brevemente os casais mistos em que um parceiro pertence ao país em que o outro mudou-se para viver. Em seguida, nos concentraremos no fenômeno mais difundido, em que ambos deixaram seu país de origem para fundar uma nova família em uma nova terra.

Um dos pontos fortes desta primeira união reside na aceitação diária da diversidade: *casais mistos coexistem com a diferença e a cultivam*: diferença de linguagem, cultura, religião, características somáticas, diferentes formas de expressar emoções, de comunicação verbal e não verbal. No início, parece que essa diversidade, às vezes ampliada pelos estereótipos sociais, alimenta a atração entre os dois parceiros (ANDOLFI, MASCELLANI, SANTONA, 2011).

Há mais de um século a escolha de um parceiro estrangeiro, foi considerada para alguns sociólogos como Durkheim e Lukes (1895), um sinal de rejeição das regras e valores do grupo cultural a que pertencem. Não há dúvida de que a escolha de um parceiro estranho ao seu contexto cultural pode ser facilmente considerada pela família de origem como uma espécie de traição ou rejeição de suas raízes. Em certa medida, pode ser visto como uma forma de desconexão emocional que se manifesta em uma escolha de oposição, contraposta pelos pais, na tentativa de afirmar sua autonomia. Os casais mistos, portanto, devem enfrentar inúmeras vezes a oposição de suas famílias de origem, particularmente forte no caso de grupos culturais fechados, com ciúmes de suas próprias tradições e seus sistemas de valores. Basta pensar na existência de "casamentos combinados" que ainda hoje em muitos países são os pais que se interessam pela escolha do parceiro para seu filho/filha. Em casos extremos, a rejeição de um casamento misto pela família de origem pode ser inquestionável e levar a uma distância entre as gerações, até mesmo a um ostracismo cultural pela comunidade a que pertencem.

O nascimento de uma criança pode tornar-se uma oportunidade de reconciliação com os avós, mas, ao mesmo tempo, pode representar a causa de novas tensões, especialmente no casal, por questões relativas, por exemplo, à educação e à religião. Efetivamente, os pais podem encontrar-se forçados a fazer escolhas que se referem aos seus respectivos cenários de origem cultural e étnico, de modo que podem surgir conflitos sobre a criação e o futuro dos filhos. (HOTVEDT, 1997). Esses problemas serão facilmente dilatados em caso de divórcio do casal misto. Apesar disso, os filhos de pais pertencentes a diferentes culturas têm a oportunidade, por exemplo, de aprender duas línguas e de desenvolver uma maior sensibilidade e abertura para uma sociedade, cada vez mais orientada para o multiculturalismo.

A Família imigrante

Ao lidar com a questão da migração, podemos começar citando as palavras de Thomas Sewell de sua obra-prima *Migration and Culture*

(SEWELL, 1996): "A história da emigração não é apenas a história de pessoas que emigram, mas também é a história de territórios em que eles vão e o impacto que eles têm nesses territórios. [...] Para entender o impacto dos imigrantes, primeiro é necessário compreender as culturas que eles trazem consigo de seus países de origem". A família imigrante ocupa uma posição particular: está localizada entre a comunidade de origem e a do país anfitrião, e o seu caráter "intersticial" determina uma série de transformações nas fases do seu ciclo de vida. Esta família tem que se adaptar às demandas, normas e estilo de vida do país que a hospeda, mas mantém, ao mesmo tempo, um forte vínculo com as suas raízes originárias através da linguagem, das tradições, da religião e de muitos outros aspectos culturais. Para alcançar um bom nível de integração, é necessário desenvolver através de uma série de tentativas e erros uma *unidade combinacional* que mantém unido dois mundos diferentes. O presente das famílias imigrantes está constantemente cheio de emoções e memórias ligadas ao passado e com dúvidas e incertezas relacionadas ao futuro (CIOLA, 1997).

Bonvicini (1992) descreveu detalhadamente o novo ambiente em que os imigrantes se encontram: "Nada é mais o mesmo", diz Fátima, "os sons, as cores, as vozes ou os cheiros, as ruas, as casas, a culinária e a educação. Como encontrar a si mesmo? Como encontrar a vida despreocupada que tínhamos em nosso país? Mesmo as semanas, férias e meses são diferentes!". Um migrante está sempre viajando, em um eterno ir e vir, entre aqui e lá, entre presente e passado, entre filhos e pais, movimentando-se entre duas fases de uma realidade na tentativa de domesticá-la. Ele tem o direito de se afirmar em uma nova situação, mas ele também tem o dever de não esquecer sua família de origem e o país em que nasceu. A síntese criativa que a família imigrante precisa tentar, muitas vezes, acaba por ser uma dolorosa conquista, composta de obstáculos e eventos críticos.

Uma comparação com os modelos familiares ocidentais pode levar os imigrantes a enfatizar orgulhosamente a base ética sólida de uma solidariedade que não se limita ao envolvimento da família nuclear, mas que também diz respeito à família extensa e, várias vezes, à vizinhança.

Não é incomum que esse orgulho resulte em uma idealização da unidade familiar, especialmente no que se refere à relação com os idosos e à história familiar que eles encarnam, quase enfatizando sua superioridade cultural sobre a do país anfitrião. Essas raízes familiares fortes ampliam o próprio significado do processo migratório, que não pode ser vivido exclusivamente no âmbito individual, mas que deve garantir uma melhor condição econômica para a família de origem. Nesta perspectiva, o imigrante é o portador de um *mandado familiar* e, portanto, o executor de uma missão em nome da unidade familiar inteira (SCABINI, REGALIA, 1993).

A experiência de uma família que migra e a solidariedade percebida na sua cultura de origem parecem ter um efeito determinante no modo como os imigrantes se relacionam com o novo mundo. Particularmente, são descritos vários modelos adaptativos que informam a maneira como as pessoas se relacionam com a cultura local: um *modelo inclusivo*, caracterizado por uma tentativa de estabelecer relações próximas, quase exclusivas, com outros imigrantes provenientes do mesmo país de origem, a fim de criar uma rede relacional com uma forte função protetora, tanto individual como social; estabelecem uma rede comprometida no esforço de reproduzir o *ethos* familiar do país de origem e marcar as diferenças com a cultura do país anfitrião. No pólo oposto, encontramos um *modelo expansivo* em que o enredo da solidariedade social não exclui, mas, pelo contrário, favorece a abertura à cultura do país de referência e onde pais e filhos participam com curiosidade e interesse da vida social, como o local de trabalho, a escola, as festas, etc.

De qualquer forma, na regulação da distância/proximidade ao país anfitrião, a maior ou menor capacidade de renegociar os limites e os laços familiares no âmbito intergeracional será decisiva. Assim, vemos que a primeira geração de imigrantes se comprometeu a modular o impacto com o mundo externo, o contexto social do país de acolhimento, no relacionamento com seus filhos e no vínculo com a família de origem. A educação das crianças é um aspecto crucial desta mediação social na medida em que pode favorecer, por um lado, o processo de integração, mas, ao mesmo tempo, pode amplificar o conflito dentro da família e com o mundo exterior. A assimilação da cultura hospedeira pelos filhos pode representar, aos olhos dos pais, o risco de romper a continuidade intergeracional e perder o significado mais profundo da cultura familiar. Portanto, a posição da segunda geração é muito difícil: por um lado, vai se adaptar melhor e, mais rapidamente, na cultura anfitriã, por outro lado, poderá pagar um preço caro por esse sucesso adaptativo em termos de um distanciamento progressivo da família e de seus valores. Nestes casos, uma integração social pode ser percebida como uma traição da lealdade devida à família e o resultado pode ser o de uma confusão de identidade, ou seja, uma dificuldade em identificar e pertencer plenamente a ambas as culturas, a de origem e a de aquisição (SCABINI, REGALIA, 1993).

Como McGoldrick e Carter (1982) salientam, é tarefa da terceira geração conectar o passado ao futuro, as necessidades da cultura da família de origem com as do novo contexto social. Esta geração se sentirá mais livre para reafirmar aspectos da sua identidade étnica sacrificada pelas gerações que a precederam pela necessidade de integração na cultura local.

Em teoria, a posição intersticial (estar entre) dos imigrantes ou dos que pertencem a uma minoria cultural pode ser considerada um recurso, pois podem oferecer alternativas e facilitar uma maior dialética entre duas posições, permitindo o movimento de um espaço para outro, desde o idioma de origem até o idioma adquirido, útil para estabelecer relações sociais no novo país. Na realidade, esta posição de vantagem só é alcançada se os imigrantes puderem se deslocar de uma posição para outra sem o risco de não poderem retornar à posição original, tirando o melhor das duas culturas e alcançando um bom nível de integração. No entanto, podem surgir sérias dificuldades, se os imigrantes assumirem uma posição de total assimilação da cultura hospedeira, alcançando uma adaptação acrítica e rejeitando sua cultura de origem; ou, pelo contrário, adotando uma atitude de negação, permanecendo firmemente ancorado em suas raízes com um sentimento de rejeição e fechamento para a nova cultura.

O medo de perder suas raízes, as lealdades invisíveis que bloqueiam os enredos de todas as histórias de erradicação e desconexão emocional, a ilusão de parar o tempo, a diversidade percebida como uma ameaça à própria existência, a defesa desesperada de suas próprias tradições, são todas condições de risco capazes de produzir um mal-estar existencial muito profundo (DI NICOLA, 1997).

Torna-se evidente como a possibilidade e a capacidade de misturar aspectos da cultura de origem com os da nova cultura – misturar e combinar esses elementos juntos – constituem um recurso importante para uma integração positiva. De acordo com Ciola (1997), o imigrante pode se sentir à vontade entre duas culturas ou, como se poderia dizer, "entre duas cadeiras"; ele pode decidir quando se sentar em uma ou outra e construir sua própria identidade de forma dinâmica, ocupando as duas, vivendo em movimento e aproveitando uma variedade mais ampla de alternativas em sua vida.

CASAIS HOMOSSEXUAIS E FILHOS DE PAIS DO MESMO SEXO

Hoje em dia, os casais homossexuais não estão mais sujeitos ao preconceito e estigma familiar e social como no passado, mesmo que os casamentos homossexuais ainda não tenham algum reconhecimento legal em muitos países. Casais formados por pessoas do mesmo sexo testemunham a persistência de uma importante marginalização e discriminação social que os obriga a esconder qualquer manifestação pública de amor e carinho. Basta lembrar a ampla reação de hostilidade em relação aos homossexuais após a propagação devastadora da AIDS, inicialmente imputada ao comportamento sexual desviante; este é apenas um dos muitos exemplos de rigidez em um sistema social que ainda discrimina a homossexualidade nos relacionamentos de amizade, dentro do sistema escolar, no local de trabalho e, inclusive, na família. Esta última, de fato, também foi vítima de discriminação, em parte devido a uma "visão patológica" da homossexualidade (a American Psychological Association tirou o homossexualismo como desordem do DSM somente em 1974) que contribuiu com o aumento de uma atitude acusadora e julgadora em relação a mães e pais de homossexuais: mães que eram culpadas por serem muito simbióticas e pais muito distantes. Uma série de padrões relacionais disfuncionais dentro da família haviam sido identificados como a causa da "doença homossexual" (LA SALA, 1999).

A relação entre um casal heterossexual e a família de origem é considerada fonte de apoio e influência positiva no diálogo entre gerações; foi pesquisada e aprofundada por psicólogos e terapeutas familiares e também é um aspecto central deste livro. Infelizmente, a literatura que aborda o tema dos homossexuais e de seus relacionamentos com suas famílias de origem ainda é pobre e carente, somente nos últimos anos estudos e pesquisas sobre esse assunto têm aumentado. O reconhecimento inadequado e o preconceito social contribuíram para a consolidação de concepções negativas em muitos pais, reforçando a ideia de que seus filhos estavam "errados" ou doentes.

No entanto, hoje é comum aceitar que o fato de revelar sua orientação sexual e de viver abertamente representa um aspecto positivo e libertador para os homossexuais e suas famílias. Mas, muitos pais ainda tendem a reagir com alarme, vergonha e desilusão com a "descoberta" de que seu filho ou filha é homossexual ou quando seus filhos revelam sua homossexualidade. Este *coming out,* muitas vezes, desencadeia uma dolorosa crise familiar que pode levar a um afastamento de seus membros (LA SALA, 2000). Para os homossexuais, o momento de "confissão" para os pais é descrito como a experiência mais difícil da própria vida; um filho ou filha que declara a sua homossexualidade causa uma perturbação violenta no sistema familiar, individual e interpessoal. Mães e pais criam seus filhos dando por certa a sua heterossexualidade. Com um filho homossexual, seus sonhos e suas expectativas sobre o casamento de seus filhos e a continuidade dada pelo nascimento de netos desaparecem. Apesar do sério risco de encontrar desaprovação e rejeição, uma porcentagem muito grande de gays e lésbicas tomam a decisão de se declarar a seus pais, na esperança de aumentar a proximidade e a honestidade do relacionamento com eles e, também, porque é um modo de demonstrar ao parceiro e a si mesmo o compromisso e o desejo de preservar o próprio relacionamento. Muitos casais tiveram uniões estáveis que duraram muitos anos, dissipando o estereótipo de uma promiscuidade homossexual – especialmente para os homens – que estão sempre procurando novas aventuras.

La Sala (2000) estudou a influência da desaprovação intergeracional sobre a relação do casal homossexual, observando como o esforço para revelar a própria homossexualidade parece estar relacionado ao processo de diferenciação do Self, um passo fundamental para estabelecer relações maduras e emocionalmente significativas. Como para os casais heterossexuais, um corte emocional de um dos parceiros de sua família de origem pode ter repercussões negativas na relação do casal, além de esconder ou silenciar sua homossexualidade; em ambos os casos, nasce um *impasse* para o alcance de uma autonomia real e um obstáculo ao processo evolutivo de separação-individuação.

Enfim, um tema muito atual que não pode ser negligenciado é o da paternidade e da maternidade em casais do mesmo sexo. Cerca de um terço das lésbicas nos Estados Unidos são mães; há também muitos homens gays que vivem com seus filhos nascidos de relacionamentos anteriores ou através de suas contribuições como doadores para casais de lésbicas. A paternidade e a maternidade são aspectos da identidade que os homossexuais consideram importantes e desejam muito viver. O debate sobre este assunto é bastante aquecido e contempla uma pluralidade de opiniões a este respeito. Atualmente, muitos países não permitem que os homossexuais se casem ou adotem uma criança e, progressivamente, esses casais vão para o exterior para casar e realizar procedimentos de reprodução assistida.

Siegel e Perrin, coautores de uma declaração recente da American Academy of Pediatrics (2013), dizem que muitos estudos demonstraram que o bem-estar dos filhos é muito mais influenciado pela qualidade de seu relacionamento com seus pais, pelo senso de adequação e segurança dos mesmos, pela presença de apoio social e econômico para a família e não pela orientação sexual deles.

O pesquisador Simon Crouch com seu grupo de pesquisa da Universidade de Melbourne (2014) na Austrália, realizou um estudo com 315 casais homossexuais com filhos, um total de 500 crianças, e ressaltou que o principal problema enfrentado por essas famílias é a presença de um estigma. De acordo com seus estudos, cerca de dois terços dos filhos de casais homossexuais sofreram alguma forma de discriminação devido à orientação sexual de seus pais. Embora essas crianças tenham altos indicadores de saúde física e bem-estar social, o estigma associado à estrutura familiar varia de pequenas questões como o recebimento de comunicações escolares dirigidas a "Sr." ou "Sra.", até situações muito mais prejudiciais como o *bullying* escolar. Quanto maior for o estigma que enfrentará a família homossexual, maior será o impacto no bem-estar social e emocional da criança.

Para concluir, pode-se dizer que a possibilidade de escolher o parceiro por amor, para construir um relacionamento íntimo baseado em afeto, em um projeto para o futuro, em confiança mútua e compreensão mútua, é hoje considerado uma liberdade fundamental do indivíduo, base para uma relação aberta que transcende a orientação sexual, a crença religiosa, a cor da pele, a origem étnica e as fronteiras nacionais.

Capítulo 4
MODALIDADE DE OBSERVAÇÃO DA FAMÍLIA

Os estudos sobre o desenvolvimento familiar delinearam um modelo operacional que nos permitiu realizar uma viagem além das fronteiras do indivíduo: a dimensão interpessoal e o contexto em que se organizam os relacionamentos são o nosso principal ponto de observação. Para conhecer melhor um indivíduo, precisamos compreender a sua história familiar e inscrever seus problemas pessoais dentro de seu mundo afetivo e relacional. Essas dimensões familiares e sociais foram negligenciadas teoricamente, bem como na prática clínica, em favor de um modelo de observação e intervenção focada, exclusivamente, no indivíduo e em suas manifestações psicopatológicas. A tradição psicanalítica, por um lado, e o modelo médico--psiquiátrico, por outro, descreveram e avaliaram o paciente essencialmente como uma mônada separada de suas dimensões relacionais, correndo o risco de dividir a unidade familiar em muitos pequenos segmentos.

A TRÍADE COMO UNIDADE MÍNIMA DE OBSERVAÇÃO

A razão pela qual as pessoas não veem as tríades é que elas são assim emocionalmente encurraladas na dança automática da vida que não conseguem ver.

M. Bowen

Na área das teorias sistêmicas, muitos autores propuseram o triângulo como uma unidade de medida da evolução das relações familiares:

Bowen (1978), Framo (1992), Whitaker (1989), Walsh (1982), Haley (1976), Hoffman (1981), Minuchin (1974), Andolfi e Angelo (1987), Andolfi e Mascellani (2010). Ao adotar a tríade como uma unidade de medida, as observações sobre a realidade e a psicopatologia diferem profundamente daqueles que adotam a díade como uma lente de referência. Como consequência, mesmo as perguntas feitas aos membros da família durante uma sessão de terapia terão um registro triádico, como descreveremos mais tarde.

No início da década de sessenta, Bowen foi o primeiro a introduzir o conceito teórico de triângulos, considerando-os as estruturas básicas de todos os relacionamentos, incluindo aqueles que aparentemente dizem respeito apenas a duas pessoas: "O triângulo é um estado natural [...], a forma como as forças emocionais de cada sistema relacional é organizada [...] a relação dual é, sem dúvida, uma visão restrita de um sistema relacional mais amplo"(BOWEN, 1978). A tríade é, portanto, considerada a unidade de observação e compreensão das dinâmicas emocionais e relacionais do sistema familiar.

Próximo ao conceito de tríade encontra-se o de "triangulação", que significa à dinâmica relacional dentro das tríades emocionais. Ao longo do tempo, várias hipóteses triádicas de relações foram formuladas. Haley é um dos principais autores que aprofundou o conceito de triangulação patológica nas famílias. Em seu artigo "Em direção a uma teoria dos sistemas patológicos" (1969), este autor propôs uma definição das características próprias de um tipo específico de triangulação, chamada *tríade perversa*. Nessa situação, uma criança é forçada a fazer coalizão com um dos pais contra o outro, que é desqualificado em seu papel parental; além disso, essa coalizão pode permanecer latente e negada em um nível explícito. Ademais, os elementos salientes da tríade perversa foram retomados recentemente na formulação da *síndrome de alienação parental*, onde o genitor alienante tira a criança dos cuidados do genitor desprezado, especialmente em casos de separação conjugal hostil ou quando o genitor alienado vem de outro país ou de outra cultura. Hooper, L'Abate e colaboradores (2013) falam sobre a alienação em termos semelhantes, acrescentando outra dimensão que eles chamam de *favoritismo,* quando um genitor prefere um filho em detrimento aos outros. Nesse processo, o outro genitor é excluído drasticamente, ou seja, é indiretamente alienado de uma distribuição normal e necessária de tarefas de cuidado de todos os seus filhos.

O estudo de estruturas familiares triádicas foi desenvolvido por Minuchin (1974), interessado nos processos de triangulação, especialmente em termos de ação de desvio do conflito conjugal. Ele parte da hipótese de que as crianças podem ser usadas para ocultar ou desviar um conflito entre os pais e, a partir desta premissa, descreve as seguintes formas de *tríades rígidas*. A triangulação patológica é aquela situação na qual os cônjuges, em conflito aberto ou oculto, tentam garantir a atenção e o apoio da criança, usando-a como uma "arma" contra o outro. A criança, assim, vive um conflito de lealdade. Na *coalizão filho-genitor*, uma aliança estável de um cônjuge é criada com a criança contra o outro cônjuge. No *desvio-ataque*, os pais unem suas forças para controlar o comportamento destrutivo do filho que se torna um bode expiatório, como não concordam com a maneira de lidar com o filho comportam-se de forma incoerente. No *desvio-suporte*, os pais cobrem as tensões entre eles, concentrando-se de forma hiperprotetora no filho que é identificado como *doente*. Selvini Palazzoli, Cirillo e Sorrentino, no texto *Os jogos psicóticos na família* (1988), propuseram duas dinâmicas triádicas disfuncionais ligadas ao início de uma sintomatologia psicótica grave em um filho, descrita como instigação e engano relacional. Na *instigação*, um membro da tríade é implicitamente obrigado a se tornar o "braço armado" de outra pessoa, mas uma vez descoberto o jogo, a aliança será negada. No engano relacional, um membro da tríade vive a ilusão de fazer parte de uma relação de cumplicidade que, na realidade, é apenas uma manobra estratégica usada para enviar mensagens para um terceiro. A parentificação é uma modalidade triádica disfuncional, descrita por vários autores (MINUCHIN, 1974; SELVINI PALAZZOLI, CIRILLO, SORRENTINO, 1988; ANDOLFI, FALCUCCI, MASCELLANI et al., 2007), em que uma criança assume um papel de cuidador de um dos pais ou de ambos, incapazes de cumprir o papel que lhes pertence, e as crianças acabam carregando as responsabilidades dos adultos. Essa "inversão de papéis" leva inevitavelmente ao abuso emocional de uma criança e, ao longo do tempo, pode causar sérios problemas psicossomáticos e relacionais. Apesar disso, deve-se acrescentar que muitas crianças parentificadas podem desenvolver uma resiliência considerável, ao longo do tempo, e se tornarem adultos competentes e sensíveis, e um número significante delas poderá usar a experiência acumulada ao longo dos anos na família para se tornar psicoterapeuta.

Como afirmamos em publicações anteriores (ANDOLFI, ANGEL, DE NICHILO, 1989, ANDOLFI, MASCELLANI, 2010), o processo de triangulação também pode ter uma conotação positiva no caso de uma terceira pessoa atuar como ativadora de recursos relacionais ou como mediador de conflitos ou mal-entendidos para a evolução do sistema.

Nas interações triádicas, de fato, cada um dos participantes pode observar o que acontece entre os outros dois, mediando ou informando os outros. Por exemplo, um pai e uma mãe podem discutir por que possuem opiniões diferentes sobre um tema específico; a criança pode intervir na discussão, adotando uma atitude mais conciliadora, reduzindo o nível de tensão. Um cônjuge pode fazer o mesmo, mediando quando o outro discute com o filho, tornando a situação mais gerenciável e construtiva. Nesta perspectiva, a presença de uma terceira pessoa torna-se um fator importante de crescimento e conhecimento relacional, facilitando a proximidade afetiva e a escuta, especialmente durante as fases de transição familiar, como as relacionadas ao nascimento de uma criança, uma separação conjugal, uma morte repentina ou da saída dos filhos da casa dos pais. Os triângulos relacionais são, portanto, as estruturas básicas de todos os relacionamentos, incluindo aqueles em que, aparentemente, apenas duas pessoas estão envolvidas.

TRIÂNGULOS TRIGERACIONAIS

Definimos trigeracionais os triângulos relacionais em que as partes envolvidas pertencem a diferentes níveis geracionais, por exemplo: avô, pai e filho (figura 4.1).

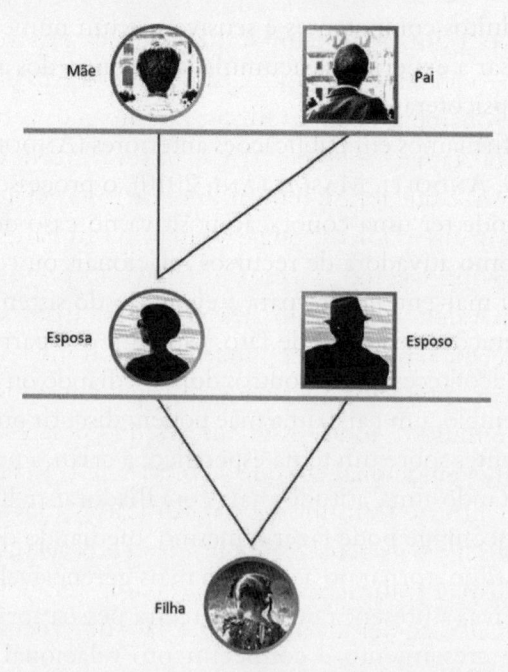

Figura 4.1 – Triângulos trigeracionais.

Se acrescentarmos uma terceira dimensão à nossa observação do funcionamento familiar, poderemos juntar aspectos mais complexos das relações atuais e dos sintomas individuais (ANDOLFI, ANGOLA, 1987). Por exemplo, se uma esposa tem um relacionamento difícil com seu marido ou mãe, e ambos se recusam a aceitar suas demandas emocionais, essas mesmas demandas, provavelmente, serão transmitidas para sua filha. O relacionamento da filha com sua mãe é, portanto, influenciado pela presença de duas exigências de nível superior: uma diz respeito à relação direta entre mãe e filha, mas a outra é o resultado de uma solicitação originalmente dirigida a outra pessoa, à avó materna ou ao pai. Autores como Bowen, Boszormenyi-Nagy, Whitaker e Ackerman descreveram a família como um sistema emocional caracterizado por forças que levam a diferenciação e forças que mantém um estado de coesão. É dentro dessa dinâmica que a história, as relações com figuras significativas do passado e as famílias de origem desempenham um papel central. Esculpir a família dentro de um contexto evolutivo e histórico permitiu ampliar as relações triádicas em um nível trigeracional, permitindo uma releitura mais complexa do indivíduo e de seus relacionamentos atuais.

A atenção à dimensão temporal e histórica nos permite avançar entre o passado, o presente e o futuro, passando dos avós para a relação do casal e do relacionamento com os filhos. Em um eixo vertical, podemos encontrar comportamentos, expectativas, mitos e medos com os quais as pessoas cresceram e que foram transmitidos de uma geração para a outra através de percursos triádicos; por exemplo, na linha de descendência masculina, avô-filho-neto, "sucesso e realização profissional" podem representar um valor transmitido através das gerações, como na linha feminina "o sacrifício pelos filhos" pode constituir uma ordem que deve ser cumprida para preservar a lealdade ao papel feminino. A psicologia relacional deve muito a todos esses autores que descreveram a família como um sistema emocional em que valores, mitos, lealdades e padrões de comportamento são transmitidos e modificados através das gerações; a perspectiva deles foi extremamente útil para a observação do ciclo de vida familiar, para a realização de uma avaliação relacional da psicopatologia individual e na definição das diretrizes do processo terapêutico.

O GENOGRAMA: UMA REPRESENTAÇÃO GRÁFICA DO DESENVOLVIMENTO FAMILIAR

A continuidade das gerações e descendências familiares no tempo, a conexão com o antepassado e a progênie é representada na imagem de uma árvore genealógica que simboliza seus laços com o passado (as raízes), com o futuro (gomos), com a unidade da estirpe original (o tronco) e sua multiplicidade de ramificações (MONTAGANO, PAZZAGLI, 1989). Muitos documentos certificam o interesse pela busca das origens familiares desde a antiguidade. O mundo bíblico, caracterizado por histórias detalhadas de descendentes entre as raças, é um exemplo. A importância atribuída à genealogia ao longo da história do homem baseia-se na ideia de pertencer, especialmente na transmissão hereditária da terra ao longo dos séculos. O peso dos vínculos também é evidente no mundo literário, basta pensar na tragédia mais famosa de Shakespeare, que conta a história de dois amantes infelizes e da rivalidade entre duas famílias nobres de Verona medieval, os Montecchi e os Capuleti.

O genograma é, portanto, a representação gráfica da árvore genealógica e uma maneira de descrever a evolução histórica de uma família considerando pelo menos três gerações. O terapeuta relacional pode usá-lo para obter informações e enriquecer as descrições verbais do paciente através de uma representação visual e gráfica do sistema familiar. No campo sistêmico-relacional, Bowen foi um verdadeiro pioneiro no uso do genograma através do estudo de várias árvores genealógicas familiares e indo até cem anos para trás. Nesse sentido ele detectou uma transmissão de características familiares entre uma geração e aquela consecutiva e mostrou como foi possível destacar diferentes pontos de observação dos fenômenos humanos graças a essa maneira de olhar a evolução familiar. No famoso ensaio *"L'Anonimo"*, relatado em seu texto clássico *Da família ao indivíduo. A diferenciação do self no sistema familiar* (1979), Bowen apresentou detalhadamente o seu genograma familiar, enfatizando a importância dos terapeutas trabalharem a sua história familiar para que aprendam a estabelecer um contato significativo com as famílias em terapia, evitando o risco de projetar nas pessoas as próprias experiências e eventos familiares.

O uso do genograma familiar foi descrito por muitos autores, como McGoldrick e Gerson (1985), Guerin e Pendagast (1976), Montagano e Pazzagli (1989), Byng-Hall (1995), Andolfi (1977), tornando-se um instrumento muito conhecido para avaliar o funcionamento familiar, utilizado por terapeutas familiares em todo o mundo, tanto na prática clínica particular, quanto em contextos institucionais. Os critérios para a representação do genograma através do uso de símbolos, linhas e sinais específicos são universalmente conhecidos e nos limitaremos em expor um modelo na Figura 4.2.

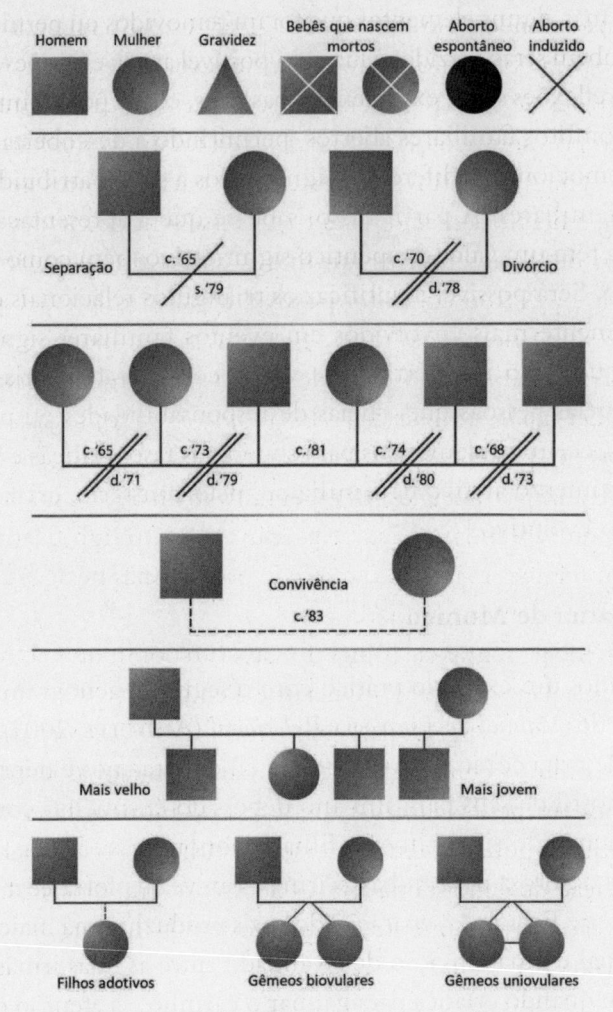

Figura 4.2 – Critérios de representação do genograma.

É, sem dúvida, a ferramenta visual mais completa para nos informar sobre os componentes de uma família, sobre os eventos mais significativos, nascimentos, mortes, casamentos, separações, abortos, entre outros e sobre conexões e desconexões emocionais entre as gerações.

A ilustração do genograma permite informações mais detalhadas sobre atividades de trabalho, educação, background cultural, origem geográfica e muitos outros detalhes relevantes naquela família específica, dando assim uma ordem e uma forma para o que é relatado. Através da apresentação do genograma em sessão, aprenderemos muitos dados familiares, mas alguns elementos que foram removidos ou permaneceram ocultos também serão trazidos à luz; será possível ativar emoções intensas e profundas reflexões sobre experiências passadas, como perdas importantes ou ainda conflitos familiares abertos, permitindo a descoberta de novas conexões emocionais e diferentes significados a serem atribuídos a fatos e eventos familiares. A partir disso, sabe-se que a apresentação de um genograma tem um valor terapêutico significativo, bem como um valor diagnóstico. Será possível identificar os triângulos relacionais que estão emocionalmente mais envolvidos em eventos familiares significativos e pessoas que estão nos vértices de várias configurações triangulares, ou seja, aquelas pessoas que, cheias de responsabilidades ou problemas pessoais, parecem fundamentais para superar as fases críticas e favorecer o desenvolvimento afetivo da família ou, pelo contrário, criar situações de bloqueio evolutivo.

O genograma de Monica

Vejamos um exemplo prático com o seguinte genograma (Figura 4.3) tirado do *Manual de Psicologia Relacional* (ANDOLFI, 2003), em que Monica é descrita como uma mulher de cinquenta anos e deprimida. A separação hostil de seus pais, um ano depois do casamento com Marco e o nascimento de sua primeira filha Eleonora, parece ter sido uma experiência dolorosa para ambas as irmãs. Em vez de fortalecer a relação entre Monica e Fabiola, a separação dos pais produziu uma maior distância emocional e uma sensação de rivalidade entre as duas irmãs. Ambas competiram quando criança para ganhar o carinho e a atenção da mãe e, esse sentimento não se extinguiu, nem mesmo na idade adulta. Monica tentou envolver sua mãe na sua depressão e a tríade mãe-filhas tinha sido carregada por tensões e rancores antigos, excluindo completamente o pai Giuseppe, acusado de ser responsável pela separação conjugal devido à sua atitude machista em relação às mulheres. As duas irmãs ficaram tão absorvidas em obter a atenção materna que negligenciaram até mesmo os seus próprios casamentos, que falharam, um após o outro, deixando-as na posição de mães solteiras com toda uma série de problemas e conflitos para criar os seus próprios filhos. Obviamente, no presente, é difícil entender e gerenciar a depressão de Monica, contaminada por tantos eventos familiares e relações conflituais que abrangem três gerações.

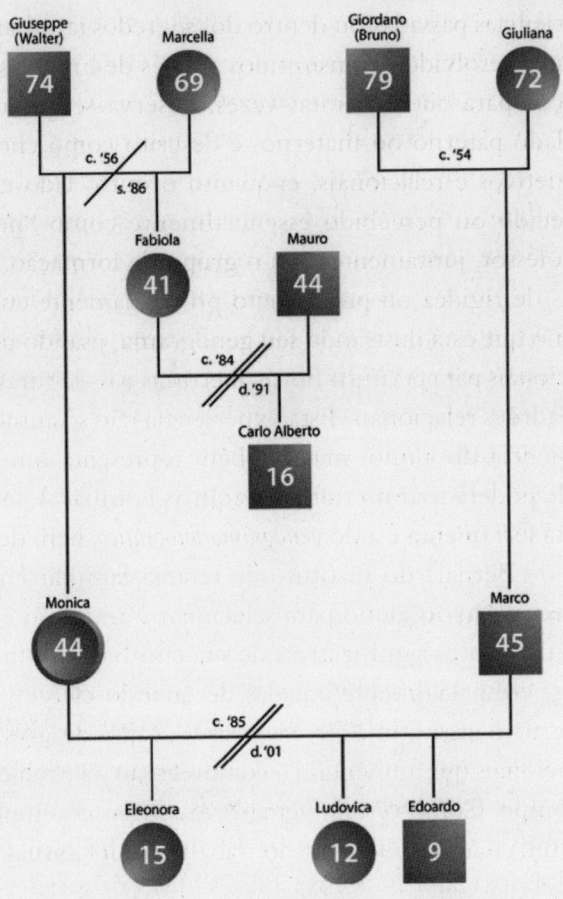

Figura 4.3 – O genograma de Monica.

O GENOGRAMA NA FORMAÇÃO DOS TERAPEUTAS

Durante muitos anos, a *missão* de várias escolas de terapia familiar "centrada nas emoções", incluindo a *Accademia di Psicoterapia della Famiglia*, era garantir que os alunos aprendessem a trabalhar com as famílias através de um trabalho de apresentação e discussão em grupo sobre os seus próprios genogramas familiares. Essa experiência muito intensa e, às vezes, dolorosa pode estimular uma profunda transformação nos níveis cognitivo e emocional.

Apresentar sua própria família não é apenas uma descrição verbal, mas se recria no tempo presente, de maneira simbólica, uma viagem de volta às experiências passadas ou dentro dos segredos familiares: eventos obscuros ou não resolvidos, transmitidos através de histórias e anedotas de uma geração para outra. Muitas vezes, observa-se que um lado do genograma, lado paterno ou materno, é descrito como cheio de vida, de recursos afetivos e relacionais, enquanto o outro lado é silencioso, menos conhecido ou percebido essencialmente como "negativo". A função do professor, juntamente com o grupo de formação, é provocar algumas áreas de rigidez ou preconceito profundamente enraizadas na mente do aluno que está ilustrando seu genograma, usando uma série de questões relacionais para permitir novas aberturas e re-leituras de eventos familiares e padrões relacionais. Esta experiência não só aumenta o nível de autoconsciência do aluno, mas também representa um modelo de análise que ele poderá usar no trabalho com as famílias. Uma excelente aplicação desta ferramenta é a do *genograma fotográfico*, bem desenvolvido por Rodolfo de Bernart do Instituto de terapia familiar em Florença, que consiste em pedir ao aluno para selecionar e trazer ao encontro de formação algumas fotos significativas de sua família, incluindo fotos de avós e irmãos, e especialmente aquelas de quando ele era criança. As fotografias possuem uma ótima força evocativa, capaz de ativar memórias e estados emocionais que aumentam a compreensão da evolução familiar ao longo do tempo. Como veremos em breve com um exemplo, o uso de fotografias é ainda mais significativo no trabalho com famílias em terapia.

O GENOGRAMA NA TERAPIA E NAS CONSULTORIAS

O genograma familiar pode ser usado como ferramenta de avaliação, mas ainda mais no campo da terapia. Muitas vezes, os profissionais que trabalham em contextos institucionais discutem e fazem hipóteses sobre o funcionamento da família e da psicopatologia individual através do uso desta representação gráfica. Eles geralmente coletam informações preliminares através de uma conversa telefônica com um membro da família ou através de dados fornecidos por um colega ou pela equipe de envio. Muitas vezes, o gráfico nesta etapa é parcial e incompleto e deverá ser enriquecido durante as primeiras sessões de terapia, reunindo informações sobre eventos familiares, o que será mais significativo à medida que os membros da família começarão a confiar no terapeuta;

somente então, como Virginia Satir afirma (1967), será possível "olhar para situações antigas com novos olhos". E nós terapeutas estamos lá para oferecer um novo par de lentes através do qual leremos histórias familiares.

Na supervisão, muitos terapeutas descrevem detalhadamente os eventos da família através do genograma, mas "esquecem" de se inserir no gráfico. Como mencionamos anteriormente, uma pergunta importante para fazer a um terapeuta supervisionado é "Onde você se coloca dentro desse genograma?". Muitas vezes, o terapeuta deve pensar sobre isso antes de decidir onde se posicionar. Geralmente, é uma boa ideia pedir-lhe para marcar sua posição com um T para verificar concretamente onde o terapeuta se vê dentro do processo terapêutico; pode ser muito próximo ao cliente ou de uma mãe controladora, aos pais ou ao contrário, equidistante de cada membro da família. Nos últimos vinte anos, minha maneira de usar o genograma em terapia e consultorias mudou muito em comparação com o passado. Eu não coleto a informação de forma estruturada antes de iniciar uma terapia, mas peço aos presentes para desenhar o genograma durante a primeira sessão; isso permite uma avaliação diagnóstica inicial da situação, além de ser uma ferramenta poderosa para estabelecer um vínculo terapêutico com cada um dos membros da família, que "se veem representados no gráfico". Seguindo a modalidade terapêutica, já comprovada por muitos anos de experiência, para considerar a criança ou adolescente para quem a intervenção foi solicitada como um coterapeuta (ANDOLFI, HABER, 1994), peço-lhe que desenhe o genograma com a ajuda de irmãos e outros membros da família. Desta forma, o "paciente" recebe imediatamente uma imagem de uma pessoa competente capaz de representar e descrever eventos familiares e os pais recebem a satisfação de observá-lo no trabalho e colaborar com ele. Não importa muito se a criança não segue regras e símbolos convencionais ao projetar a árvore genealógica; ela se tornará uma representação criativa e original, enquanto o terapeuta poderá desempenhar o papel de um explorador, curioso para saber mais sobre os membros da família e suas histórias. É incrível ver como crianças e adolescentes podem se tornar "historiadores da família", perguntando aos pais uma série de informações sobre suas infâncias, sobre a maneira como seus avós os educaram e os cuidaram, sobre a morte de um importante membro da família ou sobre alguém cujas informações foram perdidas ao longo do tempo.

Quando devo conduzir uma consultoria familiar em um contexto institucional, é costume que, antes da sessão, o terapeuta apresente o genograma da família que ele está seguindo e reflita com seus colegas sobre questões atuais e sobre a utilidade da consultoria; nesses casos, acho útil trazer o gráfico preparado pelo terapeuta para a sessão, colocá-lo em uma mesa no centro do grupo familiar e pedir para que crianças e adultos expliquem os vários aspectos do gráfico e para completá-lo se faltar ou estiver errada alguma informação, dizendo: "Esta é uma representação gráfica da sua família, quem é melhor que você para me ajudar a conhecer sua história?".

O símbolo amarelo de Klevia

Uma vez um terapeuta preparou um genograma perfeito, muito rico em detalhes. A paciente identificada, Klevia, uma menina com fobia grave, foi representada pelo seu nome e idade dentro de um símbolo, o feminino, composto por um círculo pintado de amarelo fosforescente para marcar visualmente que era ela o problema dentro da família. Para melhor destacar a diferença dos outros símbolos gráficos – quadrado para homens e círculo para mulheres, sem nenhuma cor dentro –, comecei a sessão ampliando o círculo amarelo, apontando de forma divertida para a menina: *"Veja Klevia, essa é você, colorida de amarelo, porque você é diferente de todos os outros!"* . Então eu a encorajei a descrever a história de sua família e, seguindo o genograma passo a passo, ela me levou em busca de outros "símbolos amarelos". Em uma hora de sessão, com a ajuda ativa dos outros familiares, veio à tona muitos problemas e eventos dramáticos que marcaram o destino desta família ao longo de várias gerações. Nesse ponto, eu me virei para Klevia, olhei bem nos seus olhos e disse: "Seu círculo amarelo que significa seus sintomas parece relativo e compreensível no final da sessão, enquanto no início parecia-me que era o único grande problema de sua família". Ela olhou para mim, sentindo-se tranquila e apoiada, e disse: "O senhor está certo", e todos entenderam o porquê.

John e Liz e o genograma fotográfico

Antes de encerrar esta parte, gostaria de ilustrar o uso de fotografias familiares em terapia, relatando algumas passagens de uma sessão com uma família, encontrada em um contexto de consultoria há alguns anos na Holanda. Na sessão estavam John e Liz, um casal de meia-idade, os pais de Liz e a mãe de John. Liz teve depressão por muitos anos, enquanto John era um homem muito ocupado com o trabalho e com os esportes e tentava evitar qualquer conflito familiar. Eles tinham três filhos ainda pequenos e o casamento estava passando por uma profunda crise, aparentemente, devido à depressão de Liz. Não vou entrar muito nos detalhes da sessão, porque quero me concentrar, principalmente, no uso de fotografias familiares. No começo, perguntei a Liz se as crianças estavam cientes da reunião e depois pedi para ela me mostrar as fotos de seus filhos, de modo a conhecê-los pelo menos indiretamente. Ela orgulhosamente abriu sua carteira e me mostrou quatro fotografias, mantidas juntas dentro de um bolso de plástico, que retratavam seu marido e os três filhos.

Durante a sessão, apareceu que ela sempre cuidou do John como uma mãe amorosa e protetora, até os últimos anos, quando se cansou dessa parte. Do papel de mãe amorosa, ela passou para aquele de uma mulher sem qualquer apoio emocional de seu marido e a depressão parecia mascarar a falta de intimidade no casal. Usando a sequência das fotos como uma metáfora para a mudança, sugeri que Liz encontrasse outro lugar em sua carteira para a foto do marido, "longe das crianças, para que ele não aparecesse mais na sequência como o quarto filho!".

Era ainda mais interessante descobrir que John tinha apenas uma fotografia em sua carteira, que ele me mostrou com grande satisfação: a de uma linda garota de 19 anos de idade, a foto de Liz quando se conheceram pela primeira vez. Era fácil notar que a foto representava a Liz que ele queria lembrar, em vez de reconhecer e apreciar a mulher madura de hoje. Brincar com as fotografias do casal incentivou todos a se aproximarem da mesa no meio da sala e mostrarem suas fotos. Os pais de Liz mostraram com orgulho uma foto de seu 40º aniversário de casamento e seus netos, enquanto a mãe de John, visivelmente comovida, mostrou a fotografia de seu amado marido, que morreu alguns anos antes.

As relações familiares e os eventos mais importantes estavam lá sobre a mesa, vívidos e claros, graças a este genograma fotográfico espontâneo que demonstrou muito mais eloquência do que uma série de explicações supérfluas.

ESCULTURAS FAMILIARES: UMA FERRAMENTA POTENTE NÃO VERBAL PARA TERAPEUTAS SISTÊMICOS

> *A escultura é a arte e a técnica de criar uma forma ou uma representação plástica de um material; esculpir em um sentido figurativo-simbólico significa marcar indelevelmente: no coração, na memória.*
>
> DEVOTO-OLI, *Dicionário do idioma italiano*

A escultura familiar foi introduzida, no contexto sistêmico relacional, por Virginia Satir (1967) no final dos anos sessenta e consiste em uma representação não verbal, visual e espacial das relações familiares/de casal. O escultor, um membro da família ou terapeuta, deve criar uma imagem-escultura posicionando cada membro da família com base no grau de proximidade e distância mútua percebida, atribuindo gestos, posturas, movimentos característicos e uma maneira específica de olhar que represente diferentes emoções como felicidade, tristeza, retiro, isolamento e, assim, por diante, bem como a qualidade das conexões-desconexões emocionais com os outros. Neste retrato simbólico, muito sugestivo é possível incluir também membros ausentes ou mortos da família, se considerado importante pelo escultor, que também deve colocar-se no cenário, mostrando através de sua postura e olhar suas relações com os outros. Quando todos forem colocados na escultura, deverão permanecer em silêncio por alguns segundos na posição atribuída, de modo a "sentir" o que está sendo representado no espaço cênico. Depois, se realiza uma sessão de feedback em que todos, incluindo o escultor, dão voz às emoções experimentadas por cada um no papel interpretado. Esta segunda fase é muito importante, porque permite um compartilhamento muito intenso e autêntico de sentimentos pessoais e relacionais profundos.

Esta poderosa ferramenta não verbal foi descrita por vários autores em diferentes settings, com diferentes significados e diferentes variações (SATIR, 1967; DUHL, KANTOR, DUHL, 1973; PAPP, SILVERSTEIN, CARTER, 1973; CONSTANTINE, 1978). Na Europa, a escultura familiar foi introduzida por Maurizio Andolfi, que aprendeu esta técnica com Peggy Papp e Kitty La Perriere na Ackerman Family Therapy Institute no início dos anos setenta, descrevendo-a em seu livro *A terapia com a família* (1977);

posteriormente reformulada por Caillé (1990) e Onnis (ONNIS, DI GENNA, CESPA et al., 1994), e reapresentada de forma bem direcionada por Hellinger em seu trabalho sobre constelações familiares (2012). Todos concordam em definir a escultura familiar como uma forma de *art therapy*, na qual as relações familiares são dramatizadas sem o uso de palavras. Enquanto o genograma é baseado em uma descrição verbal das histórias familiares, a escultura familiar favorece um canal analógico de comunicação, através do qual emoções mais profundas e implícitas são exploradas por meio da linguagem corporal, evitando a barreira defensiva da expressão verbal.

A intensidade da experiência produzida pela escultura familiar permite ver com surpresa e, eventualmente, com amargura conexões emocionais diferentes daquelas habituais, sentir novas emoções, escutar e ser escutado em um registro diferente; para aumentar a autoestima e gerar maior autenticidade na observação dos problemas relacionais. A escultura, portanto, é uma ferramenta poderosa para a avaliação, assim como um instrumento de envolvimento no processo terapêutico, uma vez que se estabeleceu uma sólida aliança com os membros da família. Falar de problemas e conflitos não leva a uma exposição tão pessoal e relacional como aquela produzida com a representação no espaço terapêutico através da linguagem do corpo.

A ESCULTURA FAMILIAR NA TERAPIA

Por mais de quarenta anos, usei a escultura familiar em terapia com famílias, casais e em setting individual. Pude experimentar um grande número de variantes desta representação não verbal de relacionamentos familiares, visando reunir momentos-chave do ciclo de vida da família ao longo do tempo dentro do espaço terapêutico. Eu também usei a técnica de escultura em grupos de formação, particularmente, no trabalho com o *handicap profissional* (HABER, 1990), que discutirei mais adiante neste capítulo.

Retorno ao passado

Neste sentido, a escultura permite a reedição de memórias e imagens, extremamente, vívidas na narrativa familiar em uma dimensão multigeracional, por exemplo: na presença da família de origem em sessão, o terapeuta pode pedir a um pai preocupado com seus filhos para esculpir relacionamentos familiares relacionados a um momento específico de sua vida, quando era criança. O homem retorna em sua memória quando tinha oito anos, em um período muito dramático para a família e se esculpe no ato de proteger sua mãe de um marido violento. Representa o triângulo formado por ele, uma criança, de pé entre os dois com os braços estendidos e as duas mãos abertas na intenção de proteger sua mãe, assustada e olhando para baixo, enquanto o pai está representado em uma postura muito agressiva e com um olhar furioso.

O objetivo desta dramatização é recriar, em um contexto protegido, uma reedição de tensões passadas e sofrimento familiar profundos para descarregar o peso emocional suportado por essa criança muitos anos antes, mas ainda presente no "roteiro familiar" e, assim, permitir uma mudança nos padrões familiares e uma *reconciliação intergeracional*. Para os filhos deste homem, esta escultura, mesmo em sua crueza, poderia ajudá-los a ter um conhecimento mais completo e entender melhor a dor e as dificuldades experimentadas pelo pai quando ele tinha a mesma idade deles, enquanto para os pais, ativados como protagonistas de um drama familiar do passado, poderia ser uma maneira de fechar um doloroso capítulo da vida do casal.

O momento presente

Em outra situação, uma mulher de meia idade, sozinha e triste por sua vida atual, começa uma terapia. Da sua história, surge que, durante a infância, sentiu-se negligenciada e desprotegida pela família; em uma sessão na qual sua mãe era presente, escolheu esculpir uma imagem ideal da relação mãe-filha. Sentou-se no colo da mãe, como uma menina de três anos, enquanto a mãe a abraçava e acariciava seus cabelos. No final, no silêncio da escultura, finalmente conseguiu chorar e libertar sua dor antiga, enquanto a mãe a abraçava com ternura. Como neste exemplo, a escultura pode favorecer uma regressão muito positiva e um salto temporal, possibilitando retornar ao passado, simbolicamente, imaginando uma infância diferente. O abraço e o carinho da mãe naquele momento presente tiveram um efeito de forte reconciliação, na relação afetiva, entre as duas mulheres, reparando velhas feridas e dando à filha uma carga de coragem para enfrentar a realidade da vida.

Na terapia de casal

A escultura é frequentemente usada em terapias de casal como uma ferramenta para avaliar a dinâmica relacional e explorar novas formas de relacionamento. Portanto, é possível pedir aos parceiros que representem a forma como cada um percebe o relacionamento de casal. É incrível ver como os dois podem ficar surpreendidos ou irritados pela imagem escolhida pelo outro para descrever seu relacionamento, como é difícil realmente para cada um deles "colocar-se no lugar do outro".

Em uma sessão, uma esposa construiu uma escultura muito simples e poderosa, pedindo que seu marido ficasse perto da porta e olhasse para fora completamente distraído, enquanto ela sentada no meio da sala olhava para baixo, sentindo muita solidão. Durante a fase de devolução, o marido expressou um profundo sentimento de raiva em relação à sua esposa por colocá-lo tão longe, fazendo-o sentir-se, completamente, desconectado dela. A esposa disse que tinha escolhido aquela posição, porque ele sempre colocou uma grande distância entre eles e ela ficou ali sentada sozinha no meio esperando que ele a visse. No final, a escultura deixou claro que ambos se sentiam igualmente "rejeitados" e que tinham a necessidade de redefinir suas posições e satisfazer o desejo mútuo de cuidar um do outro e serem amados. Após vários anos de rígida complementaridade, é muito difícil entender quem rejeita ou quem é rejeitado no relacionamento. A terapia pode ajudar a mudar os papéis negativos e os padrões de comunicação que impedem o encontro em um nível de intimidade e compreensão mútua – a escultura pode ser um ponto de partida muito poderoso.

Em outro caso, um casal que enfrentava uma situação de conflito esculpiu o que eles descreveram como *tortura conjugal*. A esposa se representou deitada no chão de barriga para cima numa atitude de proteção de seu corpo com uma cadeira virada para baixo, enquanto seu marido tinha que fazer o ato de empurrar uma caneta dentro de seu ouvido. Durante a terapia, a mulher contou como seu marido a "torturou" com palavras, nunca a deixando falar e sem lhe dar espaço para responder. O marido, que sempre se sentiu rejeitado por sua esposa, especialmente do ponto de vista sexual, representou-a de pé no meio da sala, enquanto a envolvia da cabeça aos pés com papel higiênico, como uma múmia. Representar a pior percepção do relacionamento em sessão é uma maneira poderosa, direta e explícita de visualizar o principal problema na vida conjugal. Isso permite que o terapeuta acesse o drama conjugal com a esperança de ajudar os parceiros a superá-lo, uma vez que ambos confiaram nele e consentiram que ele entrasse em seus dilemas.

Esculpir o futuro

Nós já falamos sobre a utilidade de avançar ao longo do tempo, para permitir que membros de uma família ou casal se reconectem em experiências passadas ligando-as às experiências atuais. É igualmente útil fazer isso propondo a realização da *escultura do futuro*. Ou seja, imaginar como os relacionamentos podem mudar no futuro, especialmente no que se refere a eventos familiares significativos e representá-los. Poderia ser a escultura da família que enfrenta a morte iminente de um membro importante, a saída de casa de um filho amado, um processo de emigração ou mudanças profissionais e assim por diante. Todo tipo de medo, corte emocional, todas as expectativas para o futuro podem ser representadas e solicitar uma quantidade de insights nas famílias, bem como nos terapeutas.

A escultura na terapia individual

Passar para um registro não verbal é sempre útil, porque sabemos com que frequência os canais de comunicação verbal aumentam as defesas e a reiteração de conteúdos estereotipados. Uma pessoa pode falar sobre o peso de um determinado trabalho ou o medo de perder um membro da família, ou o fim de um casamento, mas é muito diferente quando o terapeuta pede que ela *mostre* a situação, utilizando seu corpo para representar o que sente através de gestos, posturas e olhares. É como criar um retrato de si mesmo, condensando-o em uma imagem, um poderoso conjunto de emoções e sentimentos profundos. Fazer isso com a orientação e apoio do terapeuta contribui para a criação de uma forte aliança terapêutica que é fortalecida através da experiência compartilhada e cujas reverberações positivas terão longa duração.

A ESCULTURA NA SUPERVISÃO E NA FORMAÇÃO PESSOAL DO TERAPEUTA SISTÊMICO

Como já mencionado, o genograma pode ser usado como uma forma de apresentar um caso clínico em um grupo de supervisão. Não há dúvida de que a informação verbal destinada a ilustrar os sintomas individuais e a evolução familiar possui um resultado muito diferente do que seria apresentado, se os mesmos sintomas e a mesma família fossem representados com uma escultura.

A primeira condição fala em relação à razão e nos informa sobre sintomas e desenvolvimento familiar, enquanto o segundo vai direto para o coração. A descrição verbal pode ser muito articulada, oferecendo informações e detalhes sobre eventos familiares, enquanto a escultura das relações familiares é mais imediata, menos exaustiva, mas abre um campo de observação mais definido e circunscrito que passa por uma experiência. Provavelmente, a maior diferença diz respeito à posição do terapeuta, visto que a apresentação do genograma familiar pode causar um envolvimento emocional escasso ou relativo por parte do terapeuta, enquanto a escultura exige um compromisso ativo e criativo de sua parte. O terapeuta deve escolher o que quer representar, ele deve atribuir os diferentes papéis aos colegas do grupo, quem fará o pai, a mãe, o cliente/paciente, etc., e depois organizá-los na escultura com base em sua percepção das relações familiares. Eventualmente, ele poderá colocar-se no lugar de um membro da família para representá-lo. No final da escultura, ele receberá devoluções importantes dos membros do grupo, que falarão sobre sua própria experiência na escultura e o que sentiram no papel que lhes foi atribuído. Tudo isso ampliará a visão que o terapeuta tem da família em tratamento, superando opiniões estereotipadas e rígidas sobre os seus vários membros e sobre suas disfunções relacionais. Essa experiência ajuda a mostrar problemas e dificuldades de um ponto de vista diferente, menos criterioso e mais benevolente com os limites das pessoas. O supervisor pode perguntar ao terapeuta o que ele sentiu no papel desse ou daquele membro da família, especialmente quando representou o paciente. Às vezes, a situação relacional daqueles que trazem a família em terapia através de seus sintomas é tão dramática e dolorosa que o terapeuta que a representa pode experimentar estados emocionais muito intensos, cheios de significado.

Em outras ocasiões, o supervisor pode pedir ao terapeuta que faça uma segunda escultura em que os protagonistas do sistema terapêutico serão representados, incluindo ele mesmo, e não apenas a família. Incluir-se na escultura mostrará a sua posição como terapeuta em relação aos diferentes membros da família; é uma experiência intensa e muito útil, que evita qualquer defesa profissional e ajuda o terapeuta perceber, de dentro e de forma muito mais direta, sua posição no campo e "ver os relacionamentos familiares", sentindo mais empatia e proximidade afetiva ao sofrimento da família.

A escultura do handicap profissional

Por mais de 35 anos, organizei cursos intensivos para terapeutas oriundos de vários lugares do mundo, para trabalhar seus recursos pessoais e profissionais, a partir da descrição de suas dificuldades na terapia. Vamos começar com a definição de alguns tipos recorrentes de *impasse* terapêutico apresentado como "handicap profissional": "não sei como trabalhar com pessoas violentas na família; tenho a tendência a ser protetor das crianças que têm pais abusivos; sou muito sensível à depressão das mães; não sei como envolver os pais em terapia, se eles se mostrarem destacados e desinteressados; não posso provar empatia pelos maridos violentos; não sei como envolver crianças pequenas em terapia; tenho dificuldade de aprofundar situações de mortes repentinas etc.".

O objetivo deste tipo de formação é explorar as repercussões emocionais do terapeuta diante de situações específicas, como as descritas acima, ao trabalhar com as famílias. Violência, abuso, depressão, ausência paterna, proteção de crianças, perdas repentinas são alguns dos conteúdos emergentes, nos quais o limiar emocional entre as experiências relacionadas ao desenvolvimento pessoal e familiar do terapeuta e sua dimensão profissional é muito sutil; isso me fez incentivar profissionais competentes e flexíveis a um trabalho experiencial de formação sobre eles mesmos. Desta forma, eles foram capazes de representar momentos específicos de seu desenvolvimento na família, usando os membros do grupo para interpretar os vários papéis familiares para visualizar em suas histórias bloqueios ou cortes emocionais, separações dolorosas, deficiências precoces no cuidado, perdas repentinas e assim por diante.

No final deste trabalho experiencial, o processo paralelo do terapeuta torna-se claro e visível. Por um lado, existem as dificuldades reais experimentadas com as famílias em terapia e, por outro lado, as questões não resolvidas e as projeções relacionadas a conflitos pessoais/familiares ainda ativos e dolorosos. Seguindo esta forma específica de *art therapy*, dezenas de esculturas diferentes, muitas vezes bizarras, foram criadas; por exemplo, um terapeuta sentia o limite de não saber explorar o contexto cultural dos clientes, que sofreram as consequências de uma dolorosa erradicação familiar e social. Na verdade, ele também tinha vivido um processo semelhante na sua infância e, ainda, sentia um contraste aberto entre suas diferentes identidades. Criando, com a ajuda de colegas, uma escultura que destacou essas experiências pessoais, o terapeuta conseguiu representar, através da linguagem do corpo, os dois países, o de origem e o de afiliação, que mostravam a sua ambivalência cultural. Duas nações foram representadas através da escultura; cada uma delas recebeu do escultor um olhar, uma postura e uma distância/desconexão emocional, como se fossem pessoas. Uma vez focada a ambivalência cultural, será útil que o terapeuta enfrente e realize uma "reconciliação interna" entre duas partes importantes de si mesmo. Esta nova consciência o ajudará a trabalhar com mais serenidade os dilemas culturais da família em terapia.

Em outras situações, quando um terapeuta tem dificuldade em integrar suas ideias com seus próprios sentimentos e apresenta reações psicossomáticas a situações estressantes em terapia, pode-se sugerir que ele faça uma *escultura de seus próprios órgãos*. O terapeuta pode então criar uma representação de seus órgãos e destacar a conexão/desconexão de partes de seu corpo. O escultor é, portanto, convidado a escolher quem no grupo poderá "ser" sua cabeça, quem será o coração, seus pulmões, a barriga e assim por diante. Também neste caso, cada órgão será personificado por um colega e o escultor terá a tarefa de colocar cada órgão-pessoa em relação com o outro. O resultado será um retrato criativo e cheio de significados simbólicos que visa destacar através da ação e do movimento a maior ou menor integração e harmonia entre os órgãos vitais do terapeuta. Além disso, o feedback das pessoas-órgãos será preciso no processo pessoal-profissional para uma integridade e coerência, cada vez maior, do terapeuta.

O objetivo dessas dramatizações é permitir que o terapeuta tenha mais consciência sobre suas respostas emocionais ao trabalhar com famílias problemáticas e adquira mais segurança pessoal e aumente sua capacidade de autorreflexão no relacionamento com os clientes, bem como possa viver mudanças importantes na esfera pessoal e profissional. O grupo de formação é um recurso essencial na escultura, porque oferece uma contenção emocional durante a exposição pessoal de cada participante, além de produzir um verdadeiro efeito terapêutico através das reflexões verbais e não verbais oferecidas por colegas que se experimentam em vários papéis familiares.

ROLE-PLAYING E USO DE SIMULAÇÃO NA TERAPIA E NA FORMAÇÃO

Nascido com o *psicodrama moreniano*, o role-playing na terapia familiar e de casal é uma ferramenta excepcional para famílias e indivíduos que enfrentam diferentes problemas. Quando você tem a oportunidade de "interpretar" um papel desconhecido, seja relativo a você mesmo ou a outros, você pode descobrir novas ideias e sentimentos diferentes. Interpretar uma pessoa diferente, explorando gestos e motivos inéditos, observando diferentes maneiras de interagir entre os membros da família, é uma experiência fascinante. É uma maneira especial de adquirir mais consciência de si mesmo e dos outros, uma verdadeira capacidade autorreflexiva, que ajuda a tornar-se mais sensível aos pontos de vista e às necessidades dos membros da família ou do parceiro/a.

Na terapia de casal, pode ser muito útil pedir a cada parceiro que mude de cadeira e papel e, por um curto período de tempo, interprete a parte do outro, com palavras ou através da linguagem corporal. O terapeuta também pode participar e, em alguns casos, assumir o papel do paciente identificado ou de um membro da família, preocupado com problemas dos filhos. Esta técnica simples e, muitas vezes, divertida, eventualmente, é capaz de produzir insights importantes, dando ao terapeuta a oportunidade de experimentar-se "na pele dos outros" e observar como os outros o veem através de uma simulação.

Um papel pode ser interpretado com palavras ou através de ações e posturas corporais. Numa situação terapêutica, duas crianças afrodescendentes, muito brabas, muito bem vestidas, foram trazidas forçadas à sessão por sua mãe por causa do comportamento na escola. Naquela ocasião, em vez de me relacionar diretamente com eles – correndo o risco de ser rejeitado – tentei incorporar suas expressões corporais e seus estados de espírito. Eu coloquei um terno e uma gravata como a deles, sentei-me ao lado deles e fiquei olhando para frente com uma expressão de raiva e em silêncio total. Depois de um tempo, olhando para o espaço vazio na minha frente, eu disse: *"É muito ruim ser forçado a ir num lugar em vez de ficar brincando com os amigos"*. Assim que essas palavras foram ditas, ambas viraram os olhos para mim, curiosas e sorridentes, e isso me deu a oportunidade de acrescentar: *"Como posso ajudá-los hoje?"*.

Na minha experiência clínica, encontrei-me trabalhando com casais de profissionais, terapeutas, psicólogos, psiquiatras que vinham para terapia para lidar com conflitos incuráveis, inúmeras vezes, paralisados por um rancor mútuo e por uma competição desenfreada.

Uma vez encontrei dois competentes terapeutas que, na sessão, infelizmente, estavam fazendo um trabalho terrível com eles próprios. Então eu lhes disse para que fizéssemos uma sessão especial, coloquei duas cadeiras vazias na frente deles para representá-los. Sentados em frente às cadeiras vazias, nós três profissionais precisávamos juntos encontrar uma solução para ajudar esse casal em crise. Eu desempenhava o papel de consultor e eles o papel de coterapeutas de casal. Dividindo-os em duas equipes distintas, o "casal de clientes" e "os terapeutas especialistas", eu estava permitindo que eles adquirissem uma perspectiva diferente sobre sua crise conjugal, usando sua experiência profissional. Procedemos como se fosse um encontro de supervisão direta: os conselhos que eles davam aos "clientes" eram muito concisos e meticulosos e, de vez em quando, eu fazia perguntas específicas sobre a dinâmica do casal à nossa frente e os elogiava pela capacidade e sensibilidade como coterapeutas. No final, os dois profissionais conseguiram levar todas essas sugestões para casa, além de termos nos divertido muito criando essa situação paradoxal.

Criar uma simulação das dinâmicas familiares através do role-playing é uma antiga tradição na formação de terapeutas sistêmicos. Mostrou-se uma ferramenta excepcional para ensinar aos jovens terapeutas como trabalhar com famílias que apresentam uma variedade de dificuldades pessoais e relacionais. É uma técnica lúdica de representação que implica um elemento de ficção que, através de palavras e ações, facilita a dramatização dos desejos, necessidades, medos e experiências dolorosas próprias do ciclo de vida familiar. Também mostra quão eficaz é a sessão de terapia familiar ao ensinar a teoria que está por trás da prática clínica. A primeira simulação familiar foi feita no final dos anos cinquenta por Bateson, Jackson, Haley e Weakland no Mental Research Institute em Palo Alto na Califórnia. Eles observaram que "representar os papéis dos membros da família provocava um forte envolvimento emocional com os comportamentos das pessoas representadas". Virginia Satir declarou que "a capacidade das pessoas de assumirem papéis específicos em um grupo de simulação e fazê-los de maneira incrivelmente realista apoia a crença de que as pessoas podem mudar" (DONINI, DE SANTIS, GALANTE et al., 1987). Como na escultura, no final de uma sessão de simulação familiar é muito importante permitir que cada "ator" reflita e compartilhe com o grupo a variedade de emoções e pensamentos solicitados pelo papel desempenhado – pai, mãe, filho/a – no role-playing. É incrível ver quantos sentimentos, emoções, pensamentos, um ator pode incorporar através de seu papel, simplesmente observando quanto tempo ele levará para sair desse papel no final da simulação.

Capítulo 5
AVALIAÇÃO DO FUNCIONAMENTO FAMILIAR

A CASA DE TRÊS ANDARES

A psicologia relacional tem como objetivo observar o comportamento individual e a sintomatologia dentro das dinâmicas complexas subjacentes às relações humanas; seu objetivo é compreender os processos que influenciam o desenvolvimento da identidade e da personalidade individual dentro do contexto relacional de referência, a partir da família e, em seguida, expandindo o foco para compreender a escola, as amizades, os ambientes de trabalho e, não menos importante, a comunidade mais ampla. A observação relacional, portanto, busca conexões entre problemas e desconfortos atuais, manifestados por crianças e adolescentes e eventos familiares relevantes como traumas, cortes emocionais, crises conjugais e perdas repentinas. Portanto, a atenção é dirigida a uma arquitetura familiar complexa, que abrange o passado transmitido pelas gerações ascendentes, bem como a realidade do presente, as expectativas e os projetos futuros.

Podemos partir do processo de formação do casal, a estrutura que constrói os alicerces da nova família; nós concordamos com Whitaker (1989), quando afirma que, para um casal, o passo mais difícil é fundir duas culturas em uma, uma vez que, além de seu pacto conjugal, os parceiros têm que lidar com um "contrato implícito" entre duas famílias. Que estas estejam explicitamente e conscientemente envolvidas no projeto de casal não faz muita diferença, porque cada parceiro carrega dentro de si a bagagem cultural de sua família de origem e, imediatamente, começa uma árdua e difícil tentativa de mediar e integrar os respectivos *dotes de família*. Esta "herança familiar" nem sempre é apreciada e compartilhada pelos parceiros, no entanto, é inevitável que ela acabe influenciando suas vidas de uma forma ou de outra. O nascimento de um casal, portanto, não é apenas o início de um novo projeto existencial, mas representa a continuação de dois *enredos* que se entrelaçam, gerando uma narrativa familiar inédita e antiga ao mesmo tempo. De acordo com o que acabamos de dizer, será útil adotar lentes multigeracionais para formular uma avaliação relacional e a metáfora de uma casa de três andares pode ser útil para entender as dinâmicas familiares (figura 5.1).

Figura 5.1 – Casa de três andares.

Imaginemos, portanto, que o casal parental ocupa o andar do meio, as crianças o térreo e a família de origem o terceiro e último andar. Os residentes de cada andar diferem em idade, gênero, identidade geracional, linguagem verbal e corporal, bem como em experiências de vida, papéis familiares e sociais, além de diferentes maneiras de enfrentar ou lembrar eventos, viver o presente e planejar o futuro.

Subir e descer de um andar para outro permite que cada membro acesse um mundo diferente do seu. O chamado "hiato geracional" indica o sentimento de profunda transformação intergeracional que ocorre no âmbito individual, familiar e social ao longo do tempo. Dentro de cada andar, devemos também observar as dinâmicas horizontais do casal e dos irmãos e a maneira como eles influenciam e são influenciados pelos eixos verticais.

Para formular um diagnóstico relacional, é necessário, portanto, ampliar o foco da observação, deslocando a atenção de um eixo para o outro, fazendo "saltos temporais" e examinando cuidadosamente a qualidade das fronteiras intergeracionais e o quanto é sólido o nós do casal. Como já dissemos, falando das tríades rígidas, muitas expressões psicopatológicas que se manifestam na geração dos filhos são uma consequência direta da confusão e da inversão das fronteiras, brilhantemente descritas por Minuchin em sua extraordinária *Teoria Estrutural* (1972).

CONFIGURAÇÕES DE CASAIS

A exploração do relacionamento do casal requer a entrada na área mais vulnerável de toda a estrutura familiar, muitas vezes, sobrecarregada por grandes responsabilidades, colisões intergeracionais e separações parciais ou incompletas das respectivas famílias de origem, expostas à pressão de modelos culturais e educacionais diferentes e de formas singulares de planejar e organizar a vida. Os membros de um casal estão numa relação de reciprocidade, mas, foram também filhos no relacionamento com seus pais e, por sua vez, se tornaram pais quando criaram a própria família (ANDOLFI, 1999). Esta rede de funções e papéis está estruturada ao longo de dois eixos, um vertical que inclui os diferentes níveis hierárquicos, avós, pais, filhos, e um horizontal que representa as relações paritárias no mesmo nível hierárquico: cônjuges, irmãos e amigos.

Um terapeuta relacional, portanto, não pode reduzir sua observação a um único nível, limitando-se a explorar a qualidade do relacionamento do casal ou das interações entre pais e filhos; é importante ampliar o horizonte para observar a evolução da organização familiar ao longo do tempo e através das gerações. Nós identificamos tipos diferentes de funcionamento familiar baseados em como a formação e a evolução do casal são influenciadas pela qualidade dos laços intergeracionais, que também determinam a maneira como o casal encara o papel genitorial.

As figuras a seguir mostram configurações familiares que diferem de acordo com a posição mais ou menos equilibrada do casal entendida como uma unidade dinâmica, em relação ao processo de emancipação pessoal de cada um dos parceiros dos pais e da família de origem. Essas tipologias são úteis como esquemas gerais, mas, obviamente, representam, apenas, os extremos de uma linha *contínua* formada por níveis crescentes/decrescentes de autonomia e individuação emocional que caracterizam os membros de cada família.

O CASAL HARMÔNICO

O primeiro tipo de configuração, o casal harmônico, é composto por dois parceiros capazes de compartilhar as experiências de vida e respeitar-se mutuamente em uma relação estável e íntima. Ambos conseguiram obter uma emancipação satisfatória das respectivas famílias de origem; o que pertence ao passado, expectativas, mitos, tradições, valores, etc, não invade o espaço e o território do casal, mas representa um precioso valor que cada um deles traz dentro de si e na relação, como uma espécie de dote afetivo. Um casal harmonioso, portanto, alcançou o equilíbrio certo entre sentimento de pertencimento e separação: como pode ser visto na Figura 5.2, há linhas diretas e claras de conexão entre as famílias de origem e cada um dos parceiros, sem interferência significativa entre os laços do passado e a relação atual do casal.

Posição equilibrada
Casal harmônico com equilíbrio suficiente
entre pertencimento e separação

Andar
das famílias
de origem

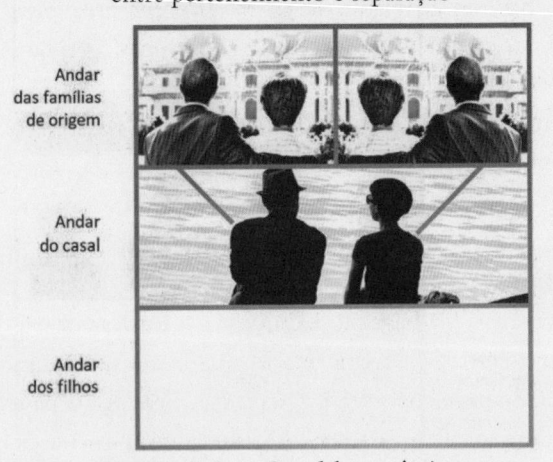

Andar
do casal

Andar
dos filhos

Figura 5.2 – Casal harmônico.

Ambos descrevem seus processos de crescimento dentro de suas famílias de forma positiva, sem terem sofrido nenhuma pressão ou interferência de sua parte na vida do casal e, ao mesmo tempo, são capazes de ter um olhar crítico sobre essa e preservar sua própria liberdade, respeitando a sua própria história familiar. Eles passaram com sucesso os estágios evolutivos e foram capazes de assumir novos papéis e responsabilidades, como cônjuges e pais, com o reconhecimento e a legitimidade de suas famílias de origem. Eles foram capazes de construir relacionamentos saudáveis e positivos com seus irmãos, uma vez que suas infâncias foram livres de triangulações negativas e eles têm uma rede social e de amizades satisfatória.

O CASAL EM CONFLITO

A Figura 5.3 ilustra um casal que está em forte conflito, que encontramos frequentemente em terapia. A tensão e o sofrimento experimentados diariamente trazem os cônjuges para o tratamento. É evidente que não há harmonia e que existem contrastes e discordâncias em muitos níveis.

Não é incomum que esse tipo de casal desenvolva um modo de relacionamento pais-filho, e pode-se observar com frequência como o vínculo do casal é profundamente influenciado por questões não resolvidas nas respectivas famílias de origem.

Posição desequilibrada
Casal em conflito adotado pela família de origem de um dos dois

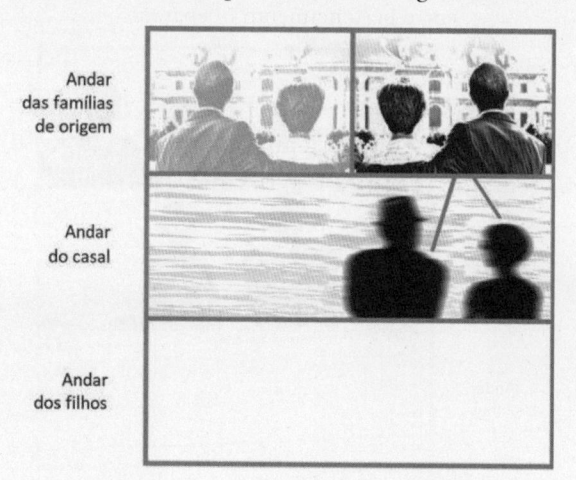

Figura 5.3 – Casal em conflito.

Por um lado, encontramos um cônjuge que nunca se separou de sua família de origem, mas sofreu um corte emocional precoce, evitando qualquer tipo de vínculo familiar, alimentando sua raiva sobre as questões pendentes com seus pais e irmãos. O outro parceiro, no entanto, não conseguiu se separar/emancipar de sua família, com quem ele/ela ainda possui uma forte relação de dependência emocional. Para os casais cujos componentes vêm de tais histórias, a consequência, muitas vezes, resulta em uma espécie de *adoção do casal* pela família do parceiro indiferenciado, já que nenhum dos dois foi capaz de nutrir e proteger a unidade conjugal da intrusão da família de origem. Um está muito emaranhado e o outro muito *distante*. Na realidade, o parceiro que experimentou uma condição de privação emocional das primeiras figuras de apego pode inconscientemente desejar uma relação de dependência da família do outro, para compensar a falta de cuidado em sua família de origem.

O CASAL INSTÁVEL

Este tipo de casal (figura 5.4) é geralmente composto por duas pessoas muito inseguras e solitárias que experimentaram uma condição semelhante de negligência ou desapego em suas famílias de origem e, consequentemente, a atração entre os parceiros parece muito centrada na condição comum de privação afetiva. Na tentativa de satisfazer as necessidades de cuidado e afeto, frustradas dentro de suas famílias, cada um pede ao outro que se torne o pai/mãe que ele/ela nunca teve, criando uma grande confusão sobre expectativas e demandas dentro do casal. Isso induz ao uso instrumental da relação que não leva a uma verdadeira intimidade e cumplicidade no casal, mas sim a um pedido constante e urgente de presença e aproximação emocional que limita a liberdade de ambos, sendo o resultado de uma incapacidade mútua de tolerar a distância.

Posição desequilibrada
Casal instável entre dois órfãos psicossociais
à espera de segurança dos andares inferiores

Andar das famílias de origem

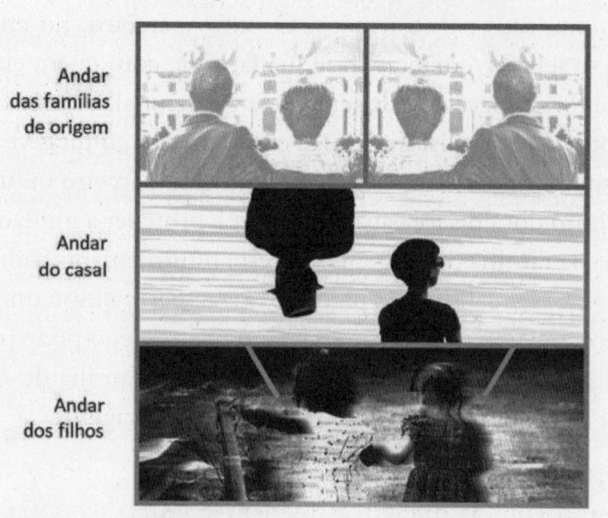

Andar do casal

Andar dos filhos

Figura 5.4 – Casal instável.

A falta de segurança e instabilidade são os ingredientes essenciais desse tipo de casal, em que ambos se comportam como órfãos, mesmo que os pais ainda estejam vivos, mas não disponíveis para seus pedidos. O que definimos usando a expressão órfãos psicossociais é uma condição muito dolorosa de incerteza e confusão na busca constante por segurança. Se essa não vier dos andares superiores da geração anterior ou, ainda menos, do relacionamento entre o casal, eles vão procurá-la no andar de baixo, naquele de seus filhos. Não é difícil entender que uma criança trazida ao mundo para preencher um vazio será prematuramente privada de cuidados e de genuínas atenções para crescer bem.

O CASAL "SANDUÍCHE" ESMAGADO ENTRE DUAS GERAÇÕES

O aumento da longevidade é um fenômeno social que requer uma adaptação complexa e novas e inesperadas modalidades relacionais que influenciam, significativamente, a dinâmica do casal. A geração mais velha está mais presente no desenvolvimento do casal e no crescimento dos netos, com modalidades que correspondem a modelos e tradições culturais muito diferentes. Basta pensar em quão diferente é o cuidado de um idoso doente ou mentalmente incapacitado no mundo ocidental em comparação com o mundo oriental. No primeiro, será muito frequente recorrer a instituições de apoio como asilos ou contar com o auxílio integral de cuidadoras, no segundo será muito mais comum a família sentir o dever de cuidar dos idosos em casa, exigindo grandes sacrifícios às gerações mais novas. Ou ainda, os idosos, em boa saúde, podem redescobrir o valor da quarta idade e desfrutar plenamente desta nova fase da existência, vivendo experiências novas e gratificantes no âmbito pessoal e social; ou, ao contrário, eles podem se sentir realizados no papel de avós, acabando engajados em tempo integral na gestão emocional e educacional dos netos, tornando-se um recurso fundamental para os pais, ainda mais em situações de crise conjugal, em que eles podem se tornar um ponto de referência essencial para a estrutura familiar.

Mesmo com as diferenças mencionadas acima, cuidar dos pais idosos quando incapacitados torna-se para casais, ou para a geração do meio, um compromisso muito pesado por muitos anos, tanto do ponto de vista emocional quanto daquele organizacional.

Além desta situação, devemos considerar outro fenômeno, cada vez mais frequente, especialmente em países onde a crise econômica e as dificuldades de trabalho levam a uma saída tardia dos filhos do núcleo familiar.

Nesses casos, estamos presenciando o fenômeno que poderíamos chamar de *ninho cheio*, que se opõe à experiência evolucionária de famílias em outros contextos socioeconômicos, em que a saída de casa dos jovens corresponde à fase oposta do *ninho vazio*; nesse segundo caso, o casal terá que encontrar uma nova compreensão e um novo equilíbrio emocional, visto que o interesse dos pais, durante anos, se concentrava, principalmente, no cuidado e acompanhamento do crescimento dos filhos. Caso contrário, o risco será de que, uma vez que os filhos estejam ausentes, as razões pelas quais o casal permanecia junto não existam mais. Mas no caso do ninho cheio, se os filhos já não saem de casa e os anciãos vivem muito mais tempo, o casal, mesmo aquele que é mais sólido, conseguirá ter uma vida "a dois" e manter uma fronteira conjugal clara?

Para muitos casais contemporâneos, com idade entre 50 e 60 anos, pode tornar-se, cada vez mais, difícil manter vivo e vital o próprio espaço de intimidade. Em trabalhos anteriores (ANDOLFI, FALUCCI, MASCELLANI et al., 2006, ANDOLFI, MASCELLANI, 2010) já descreveram o fenômeno dos *casais sanduíches* (figura 5.5), esmagados entre duas forças que os comprimem: por cima a geração dos anciãos e por baixo a dos filhos: quantas pessoas estão alojadas no quarto conjugal, quantos pensamentos, quantas presenças.

Figura 5.5 – Casal sanduíche.

Muitos casais entram em crise nessas situações; inúmeras vezes surgem fenômenos depressivos em um ou em ambos, ou o relacionamento piora, progressivamente, podendo levar a fenômenos de desagregação: estes se originam de uma situação pesada que, infelizmente, tem pouco a ver com a qualidade da relação conjugal e que diz respeito a toda a arquitetura social em que muitos casais de hoje estão inseridos.

DIAGNÓSTICO SOCIAL DO FUNCIONAMENTO DO CASAL

Após discutir a dinâmica intergeracional relacionada ao desenvolvimento do relacionamento do casal, será útil considerar o funcionamento social do casal, ou melhor, a dimensão extrafamiliar das relações que ele possui. O primeiro parâmetro a ser levado em consideração é aquele relacionado ao *sistema de amizade*. Em um casal harmônico, será fácil perceber como os amigos são agradavelmente compartilhados pelos dois parceiros e, até mesmo, as amizades mais pessoais de cada um serão um enriquecimento na vida do casal, sem interferir nas decisões e no mundo emocional dos parceiros. Pelo contrário, casais altamente em conflito, em que a confiança mútua parece ter desaparecido, terão muito mais dificuldade em manter amizades comuns e compartilhadas e os amigos tenderão a se alinhar com um ou outro parceiro. Durante a terapia, será suficiente perguntar aos dois parceiros se eles têm e frequentam amigos comuns para avaliar seu funcionamento como um casal; em um casal disfuncional, os amigos serão, cada vez menos, compartilhados e se alinharão com um ou outro cônjuge; justamente pelo fato de que os amigos são facilmente envolvidos nas dificuldades do relacionamento e, muitas vezes, se tornam os "confidentes" de um ou de outro, será muito útil convocá-los na sessão como consultores do terapeuta. Suas contribuições serão fundamentais para entender mais profundamente as frustrações, o sofrimento, o sentimento de fracasso de um ou de outro em um contexto colaborativo e não julgador (ANDOLFI, HABER, 1994).

Normalmente, os amigos que realmente "contam" são aqueles de longa data, isto é, pessoas que compartilharam processos de crescimento comuns ou aspectos de desenvolvimento familiar de um ou de outro parceiro e, neste caso, a participação deles na sessão será esclarecedora à medida que destacarão eventos familiares ou dificuldades relacionais que não afetam diretamente os conflitos atuais do casal, mas que facilitam a compreensão de outras dimensões emocionais.

Um segundo parâmetro igualmente importante para entender a identidade social de cada parceiro e os respectivos processos de compartilhamento/conflito extrafamiliar é aquele relacionado ao *mundo do trabalho*. Numa sociedade, cada vez mais, focada na "dupla carreira" é muito comum que cada parceiro passe mais tempo no trabalho do que em casa e que as relações com os colegas de trabalho sejam importantes não apenas em termos de trabalho, mas também como funções de apoio emocional e troca pessoal. Em um casal harmonioso, a experiência de trabalho de cada um pode enriquecer o relacionamento e o conhecimento mútuo; em situações de conflito aberto, até mesmo o ambiente de trabalho pode ser considerado uma ameaça ou um inimigo do qual precisa se defender. Não é raro que, em situações de baixa vitalidade do casal, o mundo do trabalho possa representar uma oportunidade para que um ou outro tenha relações sexuais ou extraconjugais que, geralmente, acabam prejudicando ainda mais a compreensão e a confiança do casal.

O NASCIMENTO DE UM FILHO: UMA TRANSFORMAÇÃO NA RELAÇÃO DO CASAL

A transição da dimensão conjugal para aquela familiar representa um evento especial que produz uma mudança profunda nos níveis cognitivo, emocional e relacional. A paixão e a intimidade vivenciadas pelos dois parceiros numa condição de exclusividade devem ser transformadas de modo a acolher o recém-chegado, o filho, que se torna uma prioridade em termos de cuidado e amor. Durante esta transição, os adultos terão que ser capazes de preservar sua intimidade e cumplicidade e, ao mesmo tempo, redefinir e transformar regras, papéis e espaços interpessoais dentro da nova tríade. Além disso, tornar-se pai ou mãe envolve uma mudança de papéis, responsabilidades e vínculos dentro das respectivas famílias de origem, em que os avós e tios desejarão encontrar um espaço emocional com o neto/sobrinho.

Em um *casal harmônico*, a chegada de um filho não representa uma ameaça à intimidade e à compreensão do casal, ao contrário, representa um enriquecimento tanto no que se refere ao emocional quanto no que diz respeito ao conhecimento mútuo e ao amor, e a atenção reservada para o filho é compartilhada e vivida com alegria, também, pelas famílias de origem. Estamos, talvez, descrevendo um casal ideal, perfeito demais para ser verdade? Nós realmente encontramos esse tipo de família em terapia? Precisamente porque encontramos muitos casais como estes em terapia, estamos certos de que não idealizamos essa dimensão do casal. Como a adversidade e os eventos dramáticos ocorrem na vida de todo casal em todas as partes do mundo, o que realmente faz a diferença é representado pelo *sistema de coping* e pelos recursos que os casais harmônicos e suas famílias são capazes de ativar em situações de grande sofrimento ou perigo. Tendo trabalhado, extensivamente, em contextos de emergência, apreciamos a maneira como as famílias desse tipo enfrentam questões críticas relacionadas a perdas repentinas ou doenças crônicas.

Lembro-me de uma família cujo filho adolescente morreu de repente, enquanto tomava banho, devido ao mau funcionamento do sistema de aquecimento; ou um casal cujo filho nasceu com uma malformação cardíaca muito grave e os pais fizeram todo o possível para mantê-lo vivo, enquanto a criança era submetida a uma série prolongada de procedimentos cirúrgicos. Estas não são famílias heróicas, são casais e pais capazes de demonstrar extraordinária força e coesão para enfrentar situações dramáticas e dolorosas, pedindo e aceitando a ajuda das famílias e dos amigos e, às vezes, de nós psicoterapeutas. Ao contrário de muitos outros casais, menos coesos, que se sentem perdidos, incapazes de lidar com a adversidade e que, em momentos de grande sofrimento, provavelmente, se separarão ou se dispersarão sem poderem encontrar recursos vitais.

Os *casais em conflito* têm mais dificuldades em aceitar um filho de maneira serena e alegre; muitas vezes, não conseguem compartilhá-lo por causa de suas frequentes brigas ou, pior ainda, podem acabar triangulando-o em seus conflitos. Também pode acontecer que com a chegada de um filho, uma relação de casal disfuncional estore, e culmine com a separação, porque um dos cônjuges desempenha o papel de genitor do outro parceiro, ou seja, quando "um é o pai do outro". Muitas vezes, é após o nascimento do filho que os cônjuges buscam uma terapia de casal diante de uma crise profunda, devido a aspectos competitivos, incompreensões mútuas, possíveis traições, etc. Às vezes, serão os problemas psicossomáticos, comportamentais ou relacionais manifestados por uma criança pequena que levarão o casal a solicitar a intervenção. Nestes casos, trata-se de uma *terapia de casal mascarada* (ANDOLFI, HABER, 1994, ANDOLFI, FALUCCI, MASCELLANI et al., 2007), em que o pedido inicial é baseado nos sintomas da criança enquanto, na realidade, a dificuldade diz respeito ao aumento do conflito do casal, sobrecarregado pelos problemas não resolvidos com suas famílias.

O fugitivo e a esposa dependente

Um casal preocupado com o comportamento de sua filha de 13 anos faz um pedido de ajuda. O casamento está em crise: o marido, John, teve um recente caso extraconjugal e está zangado com a esposa porque ela só controla sua vida desde que ambos eram dois adolescentes, colegas de escola. A esposa, Carol, por mais de vinte anos desempenhou um papel materno com o marido, afirmando que ele "nunca cresceu". John é um profissional bem-sucedido, mas em casa ele está sempre mal-humorado e indiferente. Seu recente caso extraconjugal é descrito por John como "uma maneira de escapar de uma prisão". John disse que saiu de casa quando era adolescente e nunca restabeleceu qualquer tipo de vínculo com seus pais e irmãos. Ele os encontra, de vez em quando, mas não sente nada por eles, nem mantém qualquer tipo de vinculação. Obviamente, estes ignoram completamente sua situação atual e a importante crise pela qual ele está passando com a sua família. Por outro lado, ele foi bem recebido pela família de sua esposa que, praticamente, o adotou. John afirma não ter uma mãe de verdade, mas que de uma maneira paradoxal acabou tendo "duas mães adotivas". Carol sempre se mostra calma, sensível e nunca perde o controle e nem sequer leva em conta o caso extraconjugal de John "porque é apenas a façanha de um adolescente". Ambos são muito solitários, porque John é um "profissional em fuga" e Carol aprendeu muito cedo com sua família a se adaptar e permanecer em silêncio, confiando sempre nos conselhos sábios da mãe ... os mesmos que ela sempre usa com John. A filha, Rebecca, é completamente triangulada no sistema. Ela está adquirindo o papel materno da jovem sábia e madura, mas, ao mesmo tempo, também o espírito rebelde do pai, e descarrega a tensão na escola com vários comportamentos problemáticos.

O vínculo entre *casais instáveis* baseia-se na insegurança e na solidão de ambos que, dificilmente, concebem a separação, mas que estão sempre e, constantemente, à procura de uma segurança que, se não chegou das famílias de origem e nem da relação do casal, será necessário pedir para os filhos, quando estes nascerem. Estes casais costumam ter um histórico de incúria ou doença mental em suas famílias, como no caso de Steve e Jenny, casados há 15 anos: durante os últimos 8 anos eles sofreram muito para tentar ter um filho, fazendo, várias vezes, sem sucesso, a fertilização *in vitro*. No fim eles adotaram uma criança de origem asiática. Eles vieram à terapia para receber conselhos sobre como criar, uma criança "estranha", tanto na aparência como no comportamento e com certa lentidão no desenvolvimento. O que imediatamente chamou a atenção foi a definição muito crua do casamento: "Nosso casamento está morto há muito tempo, tudo o que importa para nós é Ray." Essa criança é, na verdade, o centro de todo pensamento e toda atividade diária em casa. Jenny, constantemente, reclama que Steve não faz nada além de mimar Ray, comprando-lhe os brinquedos e aparelhos eletrônicos que ele nunca pôde ter quando pequeno, tendo sido uma criança totalmente negligenciada. Steve, por sua vez, diz que Jenny é muito rígida e desapegada, repropondo a mesma condição emocional que experimentou em sua infância, caracterizada pela falta de afeto e atenção da família. O que os liga é uma atitude mútua de crítica e desaprovação. Ray, incrivelmente mimado, preenche completamente suas vidas com uma centralidade absoluta que o expõe ao risco de vulnerabilidade social adicional. Na verdade, ele já é considerado o "palhaço" de sua turma na escola.

A AVALIAÇÃO DA RELAÇÃO ENTRE IRMÃOS

Os irmãos crescem, amadurecem e envelhecem juntos. O vínculo fraterno percorre todas as fases do ciclo de vida familiar e, justamente, por isso faz deles uma testemunha e parte ativa de cada acontecimento familiar. A esse respeito, Minuchin (1974) definiu a relação entre irmãos "o guardião da fronteira familiar", afirmando que ela representa o primeiro laboratório social em que as crianças podem experimentar-se nas relações entre pares. Nesse contexto, as crianças apoiam umas às outras, isolam-se, se acusam mutuamente e aprendem umas com as outras. Neste mundo de pares, as crianças aprendem a negociar, cooperar e competir. Os irmãos são frequentemente negligenciados na terapia, especialmente se for adotado um modelo médico que se concentre quase exclusivamente nos sintomas individuais e muito pouco na evolução da família. Um diagnóstico relacional, de outro modo, pode se beneficiar da presença do subsistema dos irmãos em sessões familiares, quer o cliente seja uma criança ou um adulto. Sua participação é uma extraordinária oportunidade para avaliar a permeabilidade das fronteiras familiares, a presença de triangulações positivas ou negativas na história da família, para explorar alianças geracionais, processos de parentificação ou desconexões emocionais, muitas vezes, causadas por ambiguidade e favoritismo na família, relacionados à idade, gênero, diferenças físicas, de caráter, etc.

Um aspecto muito importante para avaliar a qualidade da relação entre irmãos é o que Bank e Kahn (1982) definem como o *nível de acesso*. Pertencer ao mesmo gênero e a proximidade da idade determinam um alto acesso: por exemplo, quando os irmãos brincam juntos, frequentam a mesma escola, compartilham amigos e eventos do cotidiano, a relação é caracterizada por reciprocidade, simetria e empatia (Dunn, Plomin, 1991) e um compartilhamento de experiências emocionais que constroem um relacionamento íntimo e próximo, baseado em um forte senso de lealdade, ainda mais profundo na presença de pais inadequados ou disfuncionais. No outro extremo, os irmãos com acesso reduzido geralmente pertencem a gêneros diferentes ou têm uma diferença de idade que não lhes permite compartilhar eventos familiares; às vezes eles nem moram na mesma casa e se comportam como se pertencessem a diferentes gerações. O acesso reduzido também pode ser associado a uma divisão entre irmãos após o divórcio dos pais e uma coalizão com um dos pais contra o outro. Atualmente, o crescente número de famílias reconstituídas produziu um aumento de irmãos caracterizados pelo acesso reduzido, com grandes diferenças de idade entre os filhos do primeiro casamento e aqueles nascidos do casal recém-formado e, às vezes, de sentimentos de ciúme alimentado pelos filhos mais velhos em relação aos irmãos mais novos. Como escrevemos em uma publicação anterior (Andolfi, Mascellani, 2010), em nossa prática clínica também encontramos situações opostas: aqueles de irmãos quase contemporâneos, mas totalmente incapazes de colaborar e compartilhar experiências de vida, bem como de irmãos de diferentes idades em que os mais velhos representavam uma espécie de herói para os mais novos, um guia para seguir em momentos de dificuldade. Em resumo, as relações horizontais entre irmãos, independentemente, do sexo e da idade dependem fortemente de como os pais permitem que seus filhos se tornem irmãos, sem triangulá-los negativamente e sem envolvê-los em suas dinâmicas de casal ou em "mandatos familiares" que enfraqueçam a aliança geracional entre irmãos.

Quando observamos os irmãos durante uma sessão de terapia familiar, é muito fácil fazer uma avaliação do funcionamento da família. A partir do modo como as crianças podem brincar livremente ou se distanciar, recusando-se a participar de atividades comuns, podemos fazer hipóteses sobre o funcionamento familiar. Melhor ainda com irmãos adolescentes, quando podemos observar a linguagem corporal e a qualidade das interações entre eles e os adultos. Ao adotar nosso modelo de intervenção multigeracional, frequentemente convidamos os irmãos adultos para uma sessão especial com a família nuclear de um deles. É incrível ver como o primeiro *imprinting* relacional e os diferentes papéis desempenhados pelos irmãos desde a infância, em prol da família, podem ser reencenados e atuados novamente muitos anos depois.

Capítulo 6
A CONSTRUÇÃO DA HISTÓRIA TERAPÊUTICA

A ALIANÇA TERAPÊUTICA COM A FAMÍLIA

Como afirmamos desde o primeiro capítulo, nosso modelo de intervenção terapêutica é experencial e nosso objetivo é ativar os recursos pessoais e relacionais da família por meio de uma redefinição da patologia e de uma conotação positiva dos distúrbios apresentados pelo indivíduo.

Ao contrário da terapia individual, em que a aliança vai se formando dentro da díade paciente-terapeuta, quando temos que criar uma aliança com a família como um grupo, a situação fica mais complexa. Quando um cliente faz um pedido de ajuda, ele sabe o que está procurando, tem uma motivação pessoal e uma ideia do que obter de uma terapia. Quando um casal pede uma intervenção, a primeira atitude é entender se um dos dois parceiros trouxe o outro para a terapia – pedindo ou forçando-o a vir – ou se eles compartilham uma motivação comum. Logo após, devemos compreender a natureza e a definição do problema dado por cada um e, já neste ponto, podemos esperar opiniões discordantes. A pergunta simples: "Há quanto tempo vocês estão passando por essa dificuldade no relacionamento?". Alguém poderia responder: "Nos últimos seis meses" e o outro "Por mais de 15 anos"! A situação é ainda mais complicada quando encontramos duas gerações na sala de terapia, como os pais e uma criança que têm alguma forma de desordem. É provável que um dos pais insista em iniciar o tratamento, enquanto o outro é contrário, ou veio apenas para acompanhar o parceiro ansioso. Ou um dos dois considera a terapia como uma ajuda concreta para a criança, enquanto o outro imagina que, através do problema da criança, as dificuldades do casal serão enfrentadas e o casamento poderá ser salvo; sem mencionar a possibilidade de que o filho problemático esteja totalmente em desacordo com a ideia dos pais de buscar apoio através da psicoterapia, negando, veementemente, que precisa de ajuda.

Então, como podemos construir uma aliança com toda a família que possa transformar a competição e o desacordo em uma colaboração ativa e uma verdadeira confiança em um projeto terapêutico? E como, nós terapeutas, podemos evitar o risco de nos aliarmos a um segmento da família, ouvindo apenas as razões de alguém, como frequentemente acontece com as crianças quando elas são trianguladas ou divididas? Essas são questões cruciais que nos acompanharam por muito tempo em nossa prática clínica. No início (ANDOLFI, ANGELO, MENGHI et al., 1982) nós assumíamos, como terapeutas uma posição central na sessão, na tentativa de "proteger o paciente do risco de ser transformado em uma espécie de bode expiatório"; então nos substituíamos a ele nas interações familiares rígidas, virando o alvo temporário das projeções dos membros da família, feitas de raiva e frustração diante de situações difíceis ou desesperadas. Mais tarde, graças aos nossos erros e uma melhor compreensão do modelo triádico e do nosso papel terapêutico, conseguimos criar rapidamente uma aliança com todos os membros do sistema familiar e uma sólida *meta-aliança* com a família como um grupo. Em vez de nos colocarmos como o "terceiro vértice do triângulo primário", aprendemos como entrar e sair das interações e, assim, nos tornarmos um elo relacional capaz de ativar as mais diversas configurações familiares ao longo de várias gerações. Já há muitos anos escrevemos: "Através de suas modalidades específicas de se relacionar com a própria família trigeracional, cada indivíduo aparece como uma entidade complexa, cheia de contradições e conflitos, mas que se tornam elementos de compreensão de seu mundo interior para um terapeuta capaz de compreender as conexões implícitas entre comportamentos e experiências atuais e necessidades não atendidas do passado, que de outra forma seriam percebidas como fragmentadas e desconectadas" (ANDOLFI, ANGELO, 1987).

A relação terapêutica cria, assim, um movimento dinâmico entre a singularidade de cada indivíduo e a família como um todo, entre o passado e o presente. É necessário, portanto, compreender e levar em conta a realidade/verdade apresentada por cada membro da família/casal, e o terapeuta terá que se considerar um "malabarista" que mantém três ou quatro bolas em equilíbrio dinâmico ao mesmo tempo com desenvoltura e muito cuidado para evitar que caiam. Partindo da consciência de que não será possível acessar as experiências anteriores de uma família e seus membros para transformar a história passada, torna-se possível *construir uma nova história com a família*. Usamos uma metáfora visual, a do *terceiro planeta* (ANDOLFI, ANGELO, 1984), para descrever um espaço aberto no qual a família e o terapeuta podem se encontrar para descobrir juntos novos significados relacionais para eventos passados e problemas atuais e, assim, compartilhar uma experiência de crescimento interior destinada a desencadear uma mudança. Os membros da família serão parte ativa do sistema terapêutico, assim como o terapeuta que utiliza a si mesmo de maneira criativa e livre; nesse contexto, o encontro se dará com base na influência e no investimento emocional recíproco, de maneiras completamente diferentes daquelas de uma *terapia familiar narrativa* nascida dos pressupostos do *construtivismo social*, na qual o terapeuta deve manter uma posição neutra. Nesse sentido, concordamos com a posição descrita por Minuchin no artigo "Onde está a família na terapia narrativa?" (1999). Neste trabalho critica-se o pressuposto político do construtivismo social, segundo o qual o indivíduo e o meio social são os principais interlocutores, enquanto a família, como elemento de mediação entre os dois, parece, de fato, desaparecer. Ao contrário, em nossa opinião a família é a ponte natural entre o indivíduo, as suas necessidades e o contexto social mais amplo. Sem dúvida, os estudos sobre a diferenciação do Self da família de origem, a exploração de eventos familiares do passado e sua conexão com as dificuldades do presente representaram uma base importante para nossa evolução como terapeutas, mas a parte mais original do nosso modelo reside no significado que atribuímos ao problema da criança e/ou do adolescente no cenário familiar.

A CRIANÇA COMO COTERAPEUTA

Após anos de trabalho com famílias, nos distanciamos do modelo médico e da abordagem psiquiátrica predominante para lidar com os problemas do desenvolvimento. Isso não significa negar a utilidade de uma avaliação diagnóstica da psicopatologia infantil, do tratamento individual e farmacológico para crianças com transtornos graves e da necessidade eventual de internação. O que nos parece prejudicial para a criança e limitante para as profissões de ajuda é o fato de concentrar-se apenas na patologia, reduzindo-a a um objeto de investigação e privando-a, como tal, de toda competência pessoal e relacional. Os mesmos sentimentos de incompetência e perda de orientação são vivenciados pelos pais e pela família extensa que se tornam recipientes passivos das decisões médico-psiquiátricas. Em muitos hospitais, é prática comum que os profissionais encontrem as crianças em sessões individuais, enquanto as mães ou ambos os pais permanecem na sala de espera, passivos à situação. Durante anos, ao supervisionar o trabalho com profissionais de hospitais ou serviços de psiquiatria infantil, ficamos surpresos com a falta de conhecimento e interesse de muitos deles em relação ao que não está estritamente relacionado à patologia específica ou disfunção infantil. Os problemas do *paciente* podem ser discutidos em profundidade, com a ajuda de uma rica documentação médica e psiquiátrica, mas não é considerado relevante investigar os recursos da criança além de seus sintomas e, menos ainda, sobre a história da família e sobre o que os pais pensam sobre seu filho. O desafio fundamental que encontramos, ao longo do nosso caminho, tem sido libertar crianças e adolescentes do rótulo de *pacientes* e pais do processo de delegação ao especialista.

Em várias publicações (ANDOLFI, HABER, 1994; ANDOLFI, ANGELO, 1987; ANDOLFI, FALUCCI, MASCELLANI et al., 2007; ANDOLFI, MASCELLANI, 2010) descrevemos como a criança "problemática" pode se tornar um coterapeuta válido. A melhor e mais rápida maneira de "tirar o rótulo" da criança é torná-lo um sujeito competente desde os primeiros momentos das sessões familiares; da pergunta óbvia e previsível que o terapeuta pode fazer aos pais: *"Qual é o problema do filho de vocês e como posso ajudá-los?"*, pode-se substituir para uma outra, que imediatamente ativa a criança: *"Como podemos (você e eu) ajudar sua família hoje?"* A criança, surpresa, poderá responder: *"Eu não sei, eles (os pais) me trouxeram aqui!"*. O terapeuta pode responder: *"É verdade, mas são os seus problemas que trouxeram seus pais aqui, então como podemos ajudar sua família?"*.

Essa maneira de redefinir o problema e transferir o foco do encontro para uma exploração familiar pode oferecer muitas vantagens: em primeiro lugar, a curiosidade da criança em relação ao terapeuta que está pedindo ajuda a ela, mas, implicitamente, convida os pais à colaboração ativa, que encontram um terapeuta diferente que examina positivamente as dificuldades de seu filho. A busca de um significado relacional nos sintomas da infância é uma das operações terapêuticas mais criativas e emocionantes. Na realidade, podemos procurar uma conexão entre comportamentos sintomáticos, expressões faciais ou aspectos posturais da criança e características de um dos pais, dinâmica do relacionamento de um casal ou entre irmãos; uma encopresi infantil pode ser transformada em uma "cola especial" para manter os pais juntos, um comportamento anoréxico pode se tornar um pedido extremo de amor materno, uma fobia escolar pode se tornar um mecanismo de proteção em relação à mãe diante do comportamento violento do marido, um comportamento agressivo de um menino pode ser considerado um "grito" para chamar a atenção dos pais; ou, ainda, para uma criança deprimida pode-se perguntar se ele herdou os olhos tristes do pai ou da mãe; uma enurese pode ser traduzida em um *pênis que chora*, uma metáfora bizarra para conectar um transtorno psicossomático de uma criança à total incapacidade de chorar do pai, um homem que nunca conseguiu mostrar suas fragilidades.

A criança e seus sintomas representam um canal preferencial para acessar a família e identificar os pontos nodais do desenvolvimento familiar, explorar a qualidade das relações interpessoais, revelar a presença de distorções intergeracionais e buscar recursos e esperança dentro do grupo familiar. Fazer juntos o genograma, usar o jogo como forma de comunicação, fazer perguntas relacionais são ferramentas para construir uma aliança com toda a família, uma premissa essencial para resolver os problemas trazidos pela criança e transformar as relações familiares.

Mesmo quando o problema está relacionado a uma crise de casal, a presença física ou simbólica das crianças durante as sessões pode ajudar a estabelecer uma aliança melhor com o casal. As crianças são testemunhas dos relacionamentos adultos desde o momento em que nascem e até mais cedo, se pensarmos que a formação da tríade primária começa durante o período da gravidez. As crianças aprenderam a conhecer bem seus pais e são capazes de comunicar ao terapeuta seu ponto de vista sobre eventos familiares, na medida em que nós conseguimos lhes dar voz na sessão. Muitas vezes, as vozes das crianças são ignoradas quando seus pais estão preocupados e agitados e, infelizmente, muitos terapeutas e instituições de "proteção à criança" coludem com o pensamento comum dos pais, que acreditam que é melhor que as crianças sejam mantidas fora do "campo de batalha da família". Em nossa experiência, descobrimos que essa "exclusão protetora" baseia-se, de fato, em preconceitos enraizados nos adultos e na incapacidade de muitos profissionais de solicitar os recursos autênticos das crianças, brincar com eles e aprender com sua linguagem simples e imediata. Se estivermos disponíveis para ouvir as crianças e respeitar suas opiniões, elas, em troca, nos darão informações valiosas, bem como um senso de esperança e um desejo genuíno de ajudar os pais a encontrar uma harmonia maior.

O MUNDO INTERNO DO TERAPEUTA

Nos anos setenta, trabalhei com a supervisão direta de Haley na *Child Guidance Clinic* na Filadélfia, um prestigioso centro de terapia familiar administrado por Minuchin, apreciando as sugestões agudas e criativas de um famoso e respeitado supervisor.[1]

O que eu menos gostava dessa experiência era a crença de Haley de que qualquer coisa que acontecesse no mundo interior do terapeuta era irrelevante para o sucesso terapêutico. Naturalmente, esse foi também o período das "terapias diretivas" e as intervenções prescritivas eram mais apreciadas do que uma participação emocional e empática do terapeuta. No entanto, foi durante esse período que eu estava conduzindo uma terapia na Child Guidance Clinic com uma mãe solteira, Alex, um menino afro-americano de 11 anos de idade, que tinha uma encoprese secundária e dois irmãos mais novos. Lembro-me bem de como me senti, profundamente, envolvido com aquela família. De fato, a solução para seu distúrbio psicossomático não foi o resultado de prescrições ou mudanças comportamentais, mas sim de sua busca pelo pai, cujas informações foram perdidas há muito tempo atrás. Ainda lembro detalhadamente do plano, discutido em conjunto na cafeteria da clínica, para procurar o pai que havia desaparecido da vida familiar há vários anos antes. Alex com sua encoprese certamente manifestava um comportamento regressivo, mas sua mente era extremamente madura e sua motivação era muito forte.

---

[1] Maiores detalhes desse trabalho são descritos em meu primeiro livro, *Terapia com a Família* Andolfi, 1977.

Depois de obter permissão de sua mãe, que havia criado os filhos com responsabilidade e sacrifício, Alex começou sua busca nos subúrbios de Filadélfia, indo a postos de gasolina e estacionamentos de caminhões, porque sabia que seu pai tinha sido um motorista de caminhão no passado. No final, Alex conseguiu encontrá-lo e, por sugestão minha, o convidou para a sessão; este homem aceitou, veio à terapia, cheio de vergonha e culpa, mas conseguiu encontrar coragem para restabelecer um vínculo com seus filhos abandonados por muito tempo e "magicamente" os sintomas encopréticos desapareceram.

Nós poderíamos falar sobre *intervenções indiretas* em casos como esses, em que as crianças podem transformar seus distúrbios, se algo realmente importante e inesperado se concretizar em sua vida individual e familiar. Pessoalmente, eu estava sintonizado com esse garotinho em sua busca tenaz por seu pai numa época da minha vida em que eu estava lutando com o desejo de ser pai e, imediatamente, eu estabeleci uma aliança implícita com ele. O reconhecimento de algo meu no processo terapêutico levou a um crescimento da minha autoconsciência e isso certamente teve um impacto poderoso na decisão de Alex.

Whitaker e Simons escreveram um belo ensaio literário sobre "A vida interior do consultor" (ANDOLFI, HABER, 1994), no qual falavam das *sombras do contexto*, descritas como fragmentos de experiências passadas do terapeuta e do cliente que, uma vez surgidas à consciência, projetam suas sombras sobre o que foi sentido e dito durante a terapia. Whitaker, em relação ao seu Self interior, afirmou o seguinte: "Eu estou encenando a parte que os membros da família representam na minha família, interpretando aquela parte de *mim* em termos do pai, da mãe ou do filho adolescente da família. Na verdade, estou agindo a minha internalização pessoal de cada um desses papéis, desencadeando um processo de cura na consulta" (*ibidem*).

Conforme o que foi dito, fica claro o quanto as respostas emocionais do terapeuta são relevantes no encontro com a família. Entretanto, como reiterado no volume *Sentimentos e sistemas* (ANDOLFI, ANGELO, DE NICHILO, 1997), por muito tempo as teorias sistêmicas não foram capazes de contemplar os sentimentos da família e, muito menos, as respostas emocionais do terapeuta, ou seja, suas ressonâncias afetivas, repetindo o mesmo erro da psicanálise, quando por muito tempo não conseguiu dar atenção adequada ao fenômeno da contratransferência. Vindo da tradição psicanalítica, Whitaker descreveu bem a contratransferência familiar e fez uso extensivo de *associações livres* e *ideias malucas* (como ele definiu toda fantasia ou imaginação que emergia durante a terapia) para acessar o mundo interno de seus clientes, a fim de destacar distorções familiares e criar momentos de profunda conexão com a dor e o sofrimento da família. Seu objetivo terapêutico era entrar profundamente no mundo interior de seus clientes, levando-os a explorar conteúdos considerados *impensáveis* e indo além até do que era *inimaginável*.

Whitaker, Satir e os seguidores da abordagem simbólico-experiencial (WHITAKER, KEITH, 1981) usaram a *self-disclosure*, uma forma de revelar o próprio Self, como uma maneira de compartilhar fragmentos do seu mundo interior com casais e famílias. Naturalmente, é importante que o terapeuta saiba quando e como é apropriado e pertinente compartilhar eventos pessoais, fragmentos de experiências passadas relacionadas à sua vida familiar ou breves referências a eventos de outras famílias encontradas no trabalho terapêutico. Mas, para fazer isso, será necessário libertar-se da "máscara profissional" e desempenhar seu papel de terapeuta utilizando plenamente seu próprio mundo interior e sua própria humanidade. Às vezes, os terapeutas ficam tão absortos em ouvir as palavras e compreender os conteúdos verbais que correm o risco de perder um aspecto central da terapia, ou seja, sua própria ressonância pessoal no processo terapêutico. Uma vez que somos capazes de passar da posição de *fazer terapia* para *ser terapeutas*, será muito mais fácil "sentir-se" na sessão e permitir-se a liberdade de se juntar ao fluxo de emoções dos clientes. Como mencionado anteriormente (ANDOLFI, MASCELLANI, 2010), devemos ter muito cuidado ao abordar emoções familiares profundas, como dor, raiva, lutos, etc. O terapeuta pode não estar pronto para entrar em contato com a intensidade de tais sentimentos, arriscando inconscientemente de projetar partes de si mesmo na terapia. Esta é a razão pela qual a coterapia e o trabalho em equipe sempre foram recomendados na terapia familiar.

Com tempo e experiência, um terapeuta maduro pode criar um *supervisor interno*, ou seja, adquirir uma capacidade autorreflexiva que permite que uma parte de si mesmo observe a outra, enquanto interage com este ou aquele membro da família à sua frente. Provavelmente, é a bagagem emocional de experiências profundas vividas com as famílias, o elemento que promove o crescimento pessoal e dá sentido ao papel profissional do terapeuta. A força moral adquirida através do sofrimento humano dá ao terapeuta essa serenidade, tão bem descrita por Roustang (2004), que lhe permite entrar em contato profundo com a dor dos outros, sem levá-la para dentro de si.

AS COMPETÊNCIAS RELACIONAIS DO TERAPEUTA FAMILIAR

Nas primeiras fases da minha carreira profissional, eu fiz terapia com uma psicanalista neofreudiana durante anos e fui especializando no Karen Horney Psychoanalytic Institute em Nova York. Passei muitas horas deitado no divã com minha psicanalista sentada imóvel atrás de mim, que fazia intervenções verbais curtas e raras. Não quero discutir aqui a utilidade dessa experiência para o meu crescimento pessoal, quero apenas referir-me aos limites e restrições do setting imposto pela escolha de um modelo específico de intervenção terapêutica, mas, ao mesmo tempo, refletir sobre o quanto também se possa aprender dentro de "estruturas rígidas", enriquecendo nosso repertório de competências relacionais.

Escuta ativa e autorreflexividade

Da minha experiência com a psicanálise, desenvolvi paciência para tolerar longas pausas e momentos de silêncio emocionalmente intensos. No último capítulo deste livro, descreverei a dificuldade que muitos terapeutas encontram em silenciar quando algo emocionalmente relevante pode emergir do "vazio de palavras" produzido na sessão. Também amadureci a capacidade de *ouvir atentamente*, não apenas os comentários raros, mas significativos, feitos pela minha psicanalista, mas a minha própria voz e as pausas entre uma frase e outra. Essa capacidade de ouvir a si mesmo enquanto se fala é um aspecto que, no pensamento sistêmico-relacional, é definido como *autorreflexão*. No entanto, o ensino mais importante resultante de horas e horas de sessões de psicanálise, aparentemente monótonas e sem nenhuma mudança, foi poder enfrentar e tolerar meu *sentimento pessoal de fracasso e impotência*. Experimentar tudo isso na minha pele permitiu-me adquirir mais disposição empática e compreensão do sofrimento das famílias que, provavelmente vivem emoções semelhantes na terapia; com o passar do tempo, esse "senso de limite" transformou-se numa importante habilidade terapêutica, fundamental para contrabalançar esse sentimento de grandeza e onipotência tão facilmente alimentado por nosso papel e por uma profissão que nos define como "especialistas" dos problemas das pessoas. Na minha longa trajetória como terapeuta familiar, sempre que me via em um estado de total *impasse* com as famílias, a capacidade de "ficar parado" me permitia entrar em contato com a minha sensação de inutilidade e, como consequência disso, eu percebia uma inesperada vitalidade aparecer na família.

Joining

Joining[2] é um conceito chave no repertório de um terapeuta familiar. Descrito por Minuchin desde os anos setenta (1974), por muito tempo, foi adotado pelos terapeutas familiares de forma redutiva, essencialmente como forma de acolher as famílias, deixando todos à vontade, principalmente no início da sessão, quando os clientes podem sentir-se ansiosos ou tensos. Em seu último livro (MINUCHIN, BORDA, REITER, 2013), quatro décadas depois, Minuchin reafirma a importância desse pressuposto, afirmando que: "Não é uma técnica, mas, ao contrário, é um estado da mente feito de respeito, empatia, curiosidade e compromisso com o tratamento, que deve estar presente desde o início até o fim da terapia".

Tenho repetidamente argumentado minhas ideias pessoais sobre o conceito de *joining* (ANDOLFI, 1977, ANDOLFI, ANGELO, MENGHI et al., 1982, ANDOLFI, ANGOLA, 1987, ANDOLFI, HABER, 1994), que refletem muitos dos pontos que Minuchin se refere em seu último trabalho. A principal questão que me coloquei, ao longo dos anos, é em que nível me associo às pessoas para provocar a mudança. Às vezes é possível fazer *joining* com as esperanças e expectativas positivas que as pessoas têm sobre suas vidas e sobre a situação atual. Em outras ocasiões, será mais útil acostar-se a dor e a raiz profunda do sofrimento deles e ficar lá. Observar, desde o início, a maneira como cada membro da família escolhe um lugar e interage com os outros, usar curiosidade e imaginação para fazer perguntas, aproximar-se e afastar-se de alguém, são todas

---

[2] **Nota do tradutor:** O autor utiliza o termo em inglês por entender que a tradução para o italiano "associarsi" não dá a ideia exata. No português, o termo corresponde à coparticipação.

competênias relacionais que podemos empregar para quebrar a "barreira familiar" e a pressão exercida pelo problema contingente para o qual eles vieram. O *joining* é o primeiro passo para conquistar a confiança dos membros da família que testarão a autenticidade de nosso interesse e nossa experiência em lidar com seus problemas. As famílias entendem imediatamente se realmente nos interessamos por elas; sua avaliação de nossa autenticidade é baseada mais em detalhes, em pequenos gestos e trocas de olhares do que em descrições verbais com um sabor acadêmico ou em projetos terapêuticos oficiais.

Juntar-se a eles não significa ser conivente com o que a família espera que façamos. Os membros da família confiarão em nós por nossa capacidade de permanecer firmes e oferecer contenção sólida e uma estrutura coerente para ajudá-los a lidar com seus problemas. Whitaker descreveu essa fase interlocutória como uma "luta pela estrutura", enfatizando a necessidade do terapeuta poder controlar e garantir a qualidade do contexto terapêutico. Não há dúvida sobre a necessidade de "suavemente" contrapor qualquer tentativa de alguns membros da família de atribuir conotações de julgamento ou discriminação a outros ou de impor as prioridades dos tópicos a serem tratados na terapia.

Às vezes, as mães ou outros membros da família se lançam na descrição meticulosa dos sintomas do "paciente" assim que se sentam na primeira sessão, ansiosos para obter uma solução imediata para o filho. Qualquer tentativa de alargar o foco ou fazer *joining* com a família é considerado uma perda de tempo e uma distração do "problema real". Devemos, portanto, oferecer uma base segura e firme para uma transformação positiva, sem entrar em antagonismo com as mães, abrindo novas frestas através das quais se solicita a colaboração de todos os membros da família.

Uma vez passei uma hora inteira ouvindo uma mãe que queria me mostrar todas as prescrições dos antidepressivos de sua filha Sara, descrevendo uma série de detalhes meticulosos sobre as mudanças de humor e dos comportamentos negativos da filha por mais de dez anos. Ao final da sessão, a mãe sentiu-se muito bem não só porque eu a ouvira, por todo aquele tempo, mas, também, pela curiosidade que demonstrara, considerando atentamente todas aquelas prescrições médicas, sem interrompê-la. Até a filha, por muito tempo em silêncio, ficou impressionada com minha conexão empática com ela e sua mãe. Durante a sessão, eu tinha escolhido sentar-me ao lado de Sara, tentando "me colocar no lugar dela" e capturar seu estado de espírito, compartilhando o silêncio com ela. Ao mesmo tempo, enquanto ouvia sua mãe, passei-lhe uma mensagem de apoio implícito, dando-lhe o objeto que segurava na mão. No final da sessão, eu me virei para Sara e disse: "Sua mãe hoje nos fez entender o quanto ela te ama e, por isso eu acredito que agora estamos prontos para começar a conhecer você e sua família melhor na próxima sessão". A mãe sorriu, sentindo-se confirmada e aliviada e acolheu, positivamente, a proposta. Sara devolveu o brinquedo para mim, dizendo com gratidão e com um sorriso: "Obrigada!".

Ser direto

Ser direto representa um verdadeiro antídoto para a proteção e a posição *politicamente correta*, em que ambas atitudes funcionam com base em um esquema relacional destinado a esconder as verdades ou realidades mais duras das pessoas – especialmente das crianças – consideradas frágeis e vulneráveis; uma espécie de defesa, para "evitar o perigo" de enfrentar conflitos e lutos nas relações afetivas. Como escrevemos recentemente (ANDOLFI, MASCELLANI, 2010), a franqueza implica a capacidade de ser autêntico e ir direto ao coração do problema, sem desviar. Trata-se de uma habilidade relacional cujo propósito é entender o outro com curiosidade e abertura, afirmando claramente nossas opiniões e seguindo nossas intuições, de modo a entrar em contato com os conflitos e o sofrimento de nossos clientes sem hesitações ou preconceitos. Ser direto pode ser percebido como uma espécie de provocação terapêutica, mas não tem nada a ver com ser diretivo, o que implica certo grau de autoritarismo e imposição às opiniões dos outros. Quanto às crianças, gosto de pensar que *"a pior verdade é melhor do que a melhor mentira!"*. Mas com que frequência nós, pais e terapeutas, preferimos mentir sobre verdades amargas ou guardar segredos durante anos para proteger as crianças?

A história da hemofilia

Lembro-me da incrível coragem de dois pais que, durante a terapia, finalmente conseguiram dizer a seus dois filhos, Luca e Daniel, ambos hemofílicos, o modo como haviam sido informados no hospital sobre a doença do primogênito, um dia após o seu nascimento, e como eles reagiram à notícia. Visivelmente emocionado, com o filho mais velho no colo, o pai contou sobre a imensa felicidade que sentiu no seu nascimento e como, no dia seguinte, assim que soube da doença, sentiu que "o mundo desabara sobre ele". E a mãe chorando acrescentou: "Eu te dei mais um dia de felicidade, porque eu já sabia desde o primeiro momento". Nesse ponto, pedi ao menino que reconhecesse a coragem demonstrada por seu pai e o respeito que ele tinha por seus filhos ao compartilhar seus sentimentos mais profundos com eles; Luca então encostou a cabeça no peito do pai e beijou-o. Para entender a extensão dessa revelação, deve-se dizer que, por muito tempo, os pais chegaram a negar que a hemofilia era uma condição clínica séria, tratando seus filhos como se tivessem um "resfriado simples". Ser direto e íntegro como terapeuta é a melhor maneira de ganhar a confiança da família, permitindo que os pais se libertem do peso de uma mentira pesada para revelar seus sentimentos mais autênticos a seus filhos em um contexto de amor e respeito mútuo.

O suicídio da mãe

Ainda mais significativo foi o caso de um pai que veio à terapia com dois filhos adolescentes, aparentemente, devido a uma leve dificuldade escolar de seu segundo filho, Matteo. Em um primeiro contato telefônico, o pai me informou que sua mãe estava morta e, após uma longa pausa de silêncio, acrescentou que "ela cometeu suicídio, mas os meninos não sabiam disso". O primeiro encontro, portanto, começou com a consciência do "grande segredo da família" e também com a sensação de que o pai, implicitamente, me pediu para ajudá-lo a entrar nesses territórios de sofrimento. Assim que perguntei aos meninos de uma maneira absolutamente natural: "Onde está a mãe?" O pai ficou com o rosto pálido e permaneceu sem palavras. Os meninos responderam vagamente, dizendo que sua mãe tinha morrido no hospital por alguma doença há quatro anos, mas nunca pediram ao pai uma explicação. Durante a sessão, fiquei cada vez mais consciente de que o pai queria se livrar daquele grande fardo e o encorajei a conversar com seus filhos como dois adolescentes maduros e não como se fossem duas crianças pequenas. Sentindo-se mais tranquilo e com grande emoção contou aos rapazes sobre o suicídio de sua mãe; quando os filhos pergutaram sobre como ocorreu, ele descreveu em detalhes as circunstâncias de sua morte, enquanto os meninos ficavam de mãos dadas: finalmente conheceram uma verdade muito triste, mas certamente mais aceitável do que ser suspenso em uma espécie de limbo.

Ser direto representa uma habilidade terapêutica importante, porque a nossa serenidade em propor temas difíceis e ouvir as respostas é usada para tranquilizar as pessoas e permitir que elas se abram para problemas dolorosos, superando as barreiras defensivas. Mas, é claro, os segredos de família não podem ser revelados a menos que não haja confiança suficiente entre os membros da família e no terapeuta. Forçar as pessoas a revelar segredos ou admitir mentiras pode ser prejudicial: os terapeutas devem aprender a reconhecer o momento apropriado, quando a relação terapêutica se desenvolve através de interações autênticas capazes de garantir aos clientes a sensação de segurança necessária para uma mudança real e para os terapeutas a serenidade necessária para explorar novas dimensões do sofrimento e da vida.

Jogo e brincadeira

A brincadeira e o humor são os meios mais flexíveis e criativos para que a família e o terapeuta se envolvam no encontro terapêutico. No entanto, ainda são pouco usados pelos terapeutas familiares, que preferem principalmente um modelo de comunicação "sério e adulto". Talvez o desconforto que o terapeuta experimenta em brincar tenha a ver com a dificuldade em passar da compreensão das situações emocionais para a possibilidade de representá-las na sessão. Enquanto a necessidade de entender é baseada em uma análise cognitiva da informação verbal, a representação do brincar tem um elemento de ficção que nos permite dramatizar desejos dolorosos, medos e experiências através de palavras e ações. Para jogar, ao contrário do que acontece quando observamos um jogo, é necessário que o terapeuta primeiro redescubra o valor do jogo em si: só então ele poderá adotá-lo como meio de interagir e mobilizar recursos em terapia. Isso implica que o terapeuta aprenda a usar a si mesmo e suas características pessoais, de gênero, à idade, ao modo de rir ou falar, ao modo de se mover no espaço, se aproximando ou se afastando, modulando esses aspectos de acordo com o que é exigido por uma determinada situação (ANDOLFI, ANGELO, 1987). Se o terapeuta souber interpretar diferentes partes e papéis durante uma sessão e, acima de tudo, se souber como passar de um nível geracional para outro – jogando em um momento a parte da criança, em outro a dos sábios idosos –, os membros da família serão capazes de sair de uma série de funções estereotipadas e desbloquear-se (WHITAKER, KEITH, 1981).

Brincar com as palavras

Como já descrito anteriormente, quando procuramos um significado relacional para os sintomas de uma criança, brincar com as palavras nos ajuda a construir uma linguagem metafórica composta de imagens que representam, mascaram ou transformam estados de espírito, medos e conflitos negados, padrões relacionais disfuncionais. Essa linguagem construída sobre imagens visuais tem uma permanência e ressonância cognitiva muito mais longa e profunda do que uma linguagem baseada em conceitos abstratos ou definições verbais. A curiosidade desencadeada pela linguagem metafórica, intencionalmente críptica e elíptica, ajuda a estimular toda a família a participar de uma história terapêutica que pertence a todos.

Brincar com os objetos

Se a brincadeira encontra sua melhor expressão na ação, devemos reconhecer que o *agir* é um método de pesquisa e conhecimento extraordinário na terapia familiar. Em várias publicações (ANDOLFI, 1977; ANDOLFI, ANGELO, MENGHI ET AL., 1982; ANDOLFI, ANGELO, DE NICHILO, 1989; ANDOLFI, HABER, 1994; ANDOLFI, ANGELO, D'ATENA, 2001) se afirmou que o uso de uma linguagem metafórica e de objetos metafóricos se baseia, de fato, em nossa capacidade de brincar com nossos clientes para criar ou descobrir conexões importantes. Referimo-nos a objetos tangíveis escolhidos pelo terapeuta ou membros da família por suas capacidades de representar comportamentos, relacionamentos, processos interativos ou regras da família a serem tratadas. Esses objetos permitem ao terapeuta "brincar" criativamente com o que ele observa das relações familiares, criando novas conexões e convidando, por sua vez, os membros da família a participarem da brincadeira com suas próprias associações.

Uma pequena coroa, um chapéu, um sapato, uma pilha de livros, uma bola, uma gravata, uma máscara, uma echarpe, uma boneca, uma espada de plástico, um desenho da família, um mapa do mundo, uma cadeira vazia ou uns bichos de pelúcia são todos objetos que podem ser usados na consulta e transformados em conexões relacionais; eles podem mudar de forma e significado, dependendo da moldura contextual em que são colocados e da intensidade com a qual podem se conectar às funções desempenhadas por pessoas diferentes ou especificar um conjunto de interações. Numerosos exemplos de objetos metafóricos são descritos neste volume, como na maioria de minhas publicações, precisamente por causa do impacto profundo que eles têm sobre os conflitos e medos das pessoas; a alternância entre o concreto e o abstrato, entre a realidade e a ficção, introduz conotações de incerteza e probabilidade no sistema terapêutico, abrindo novas portas para remover padrões relacionais rígidos e repetitivos. Além disso, introduzimos uma sensação de leveza e ludicidade na sessão, ligada à qualidade da mensagem metafórica *como se fosse*, em vez de uma lógica *sim/não*, típica da linguagem comum. Uma prova convincente da utilidade das metáforas – tanto através da linguagem quanto dos objetos – vem de uma pesquisa de acompanhamento longitudinal sobre terapia familiar relatada no livro *A terapia narrada pela família* (ANDOLFI, ANGELO, D'ATENA, 2001), que também será discutido nas conclusões deste volume. Quando perguntadas a muitas famílias, de três a cinco anos após o término da terapia, sobre o que elas se lembravam melhor do processo terapêutico, uma resposta muito frequente era sobre a lembrança de alguns objetos metafóricos; esses objetos permaneceram esculpidos na memória da família, pela sua eficácia em ter evidenciado os nós relacionais significativos e por sua reverberação ao longo do tempo.

Humor e risada em terapia

O Dicionário *Oxford* define o humor como "a faculdade de captar e distrair-se com o ridículo e a diversão". O humor em si não inclui prejuízo ou ofensa, que pode se referir ao escárnio ou sarcasmo. Em um capítulo dedicado aos mecanismos de defesa, o DSM – IV define o humor como uma maneira de lidar com conflitos emocionais ou estressores externos, e coloca o humor no mais alto nível entre os mecanismos de *coping*.

Na psicoterapia, muitos autores descreveram a utilidade do humor, por exemplo, na redução das tensões interpessoais (SCHNARCH, 1990), na promoção da resiliência (NISSE, 2007) e no fortalecimento da aliança terapêutica (GELKOPF, 2009).

Humor e brincadeira têm muito em comum. Ambos implicam uma espécie de metacomunicação que vemos, por exemplo, em "jogos de luta" entre pais e filhos ou entre parceiros: todos, de fato, sabem que "não é uma luta" e essa interação pode produzir um novo sentido de proximidade ao mesmo tempo em que é representada como um gesto agressivo.

Quando introduzimos a ideia do lúdico e ela é aceita e acolhida pela família, o humor e o riso podem transformar significados interpessoais e produzir uma redefinição interna da realidade nos participantes; o humor e o riso agem como marcadores de contexto, garantindo a todos a oportunidade de "brincar com os problemas" sem se sentirem depreciados ou julgados. Whitaker considerava o humor uma espécie de anestesia, a ser administrada antes de "passar por uma cirurgia". É de fato um *regulador* do processo terapêutico, que ajuda a liberar o campo terapêutico do risco de recíprocas desaprovações e de *escaladas simétricas* inúteis. Se uma pessoa pode falar com calma mesmo diante de problemas muito sérios, rir da situação pode produzir um efeito positivo. Observar os problemas como se fossem externos a nós e conseguir rir deles pode ser um meio eficaz de ativar os processos empáticos no trabalho terapêutico, além de representar uma espécie de *descarga* de tensões: um momento de aparente relaxamento para todo o sistema terapêutico, um momento extremamente produtivo de silêncio que permite refletir e se colocar novas questões. Não é incomum, no entanto, que depois de uma explosão de risadas, um dos membros da família comece a chorar ou saia da sessão ou lance um olhar desesperado para outro membro da família. Outras vezes, um sentimento de tédio e impotência generalizada em uma família pode se transformar através da risada em um sentimento de esperança, como um choque emocional que desperta energias vitais. Não é preciso dizer que, para produzir efeitos significativos, o humor e a risada devem ser usados com cautela e no tempo certo, para capturar mais aspectos do sofrimento familiar em um ambiente seguro e para ativar os recursos da família.

RITUAIS E DRAMATIZAÇÃO NA TERAPIA FAMILIAR

Os rituais familiares têm sido usados como uma forma de intervenção terapêutica desde os anos setenta, mas podemos traçar sua presença em todas as culturas humanas ao longo de milênios. Os rituais familiares são aqueles eventos, grandes ou pequenos, que dão significado e profundidade ao enredo da vida familiar. Rituais diários, tradições reservadas para os dias de festa e ritos de passagem que marcam o nosso tempo, criam memórias inesquecíveis e nos definem como indivíduos, membros de uma família e parte de uma comunidade. Acreditamos que a terapia familiar é um ritual em si e que a mesma ritualização é provável que ocorra em todas as formas de encontro psicoterapêutico. A frequência dos encontros, o arranjo das cadeiras em círculo, o uso do espaço, a estrutura dos diálogos, os papéis previsíveis e diferentes, interpretados pelos membros de uma família e pelo terapeuta, e assim por diante, são todos elementos que descrevem um contexto ritualizado. Muitos autores, como Imber-Black, Roberts e Whiting (1988), Selvini Palazzoli, Boscolo e Cecchin (1975), Andolfi e Angelo (1987) definiram e delinearam rituais terapêuticos específicos, em relação a diferentes modelos teóricos e em diferentes fases do ciclo de vida familiar, tais como casamentos, funerais, nascimentos, segundos casamentos e adoções; ou em relação a problemas familiares como alcoolismo, disfunção sexual, doenças oncológicas, etc. Os rituais terapêuticos também podem representar aspectos multiculturais da vida das pessoas, incluindo o contexto social mais amplo. Veja, por exemplo, o trabalho de terapeutas de abordagem narrativa, como White e Epston (1989) ou a terapia *Comunitária* introduzida por Barreto no Brasil (BARRETO, 2008).

O Grupo de Milão costumava construir rituais e prescrições muito sofisticados, preparados em grupos através da discussão sobre hipóteses relacionadas aos *jogos familiares* e entregues às famílias no final da sessão. Os rituais assumiam a forma de uma série de diretivas destinadas a engajar toda a família em um determinado comportamento que exasperasse ou quebrasse regras e mitos familiares.

Em nossa experiência clínica, optamos por passar de um modelo cognitivo – como o descrito por Selvini Palazzoli e colaboradores – para uma abordagem mais experiencial na qual o uso da dramatização, escultura familiar e objetos metafóricos nos permitiram passar de um nível de compreensão abstrato e conceitual para uma representação concreta em uma sessão de conflitos, medos e perdas familiares.

Imaginemos a diferença entre a afirmação desolada de uma esposa "eu me tornei um capacho para meu marido" e uma representação na sessão, talvez através de uma escultura. Falar por imagens é uma maneira muito comum de comunicação dentro das famílias; cabe ao terapeuta capturar essas imagens e transformá-las em ações dramatizadas. Por exemplo, para representar a imagem do capacho na sessão, a esposa e o marido devem fazer um esforço criativo e vital para expressar o significado emocional dessa expressão da maneira mais adequada à dimensão de seu relacionamento. O capacho se torna um nó que inicialmente descreve o relacionamento conjugal, ela é o capacho que o marido pisoteia, mas na construção de uma trama terapêutica o capacho pode se estender a outros relacionamentos e a diferentes níveis de relacionamento. O "sentir-se como um capacho" e ser pisoteado pode ser um ponto de partida para explorar em outras gerações: quem era o capacho em sua família de origem? Quem limpava os sapatos no capacho?

O terapeuta pode realizar a dramatização, pedindo a esposa para trazer um verdadeiro capacho para sessão, escolhendo o que melhor representa seus sentimentos. Então, uma vez que o capacho foi introduzido na sessão, pode-se prosseguir pedindo ao marido que mostre como ele pisoteia um capacho. A ampliação dos padrões de relacionamento do casal, através de uma ação concreta, amplifica a distorção relacional, o desequilíbrio de poder e a falta de respeito no casal, mas também introduz um elemento de jogo, com um aspecto de comédia que pode ajudar os parceiros a saírem de uma complementaridade distorcida e procurar formas mais saudáveis de estarem juntos.

O ritual do divórcio

Uma família escandinava vem à consultoria pelo filho de 15 anos, Frank, que sofre de uma forma grave de anorexia. Os pais se divorciaram há alguns anos, mas ambos participam da sessão porque estão preocupados com a doença de Frank.[3]

Como geralmente acontece nesses casos, os pais estavam fisicamente separados, mas não conseguiram fechar o capítulo do casamento, apesar de o marido ter se mudado para outro país e, apesar das declarações oficiais de sua esposa: "Nunca mais outro homem na minha vida!". De fato,

---

[3] Este caso foi extensivamente descrito no livro *Teen Voices. Tales from Family Therapy* (ANDOLFI, MASCELLANI, 2013).

seu ex-marido mantinha uma dependência emocional de sua ex-esposa, fazendo referência a ela por seus assuntos administrativos e pedindo-lhe sugestões sobre suas novas namoradas; inacreditavelmente, ela parecia gostar desse papel de consultora do ex-marido. Essa confusão e falta de limites entre os dois pais marcaram profundamente a vida de seus dois filhos. A irmã mais velha havia assumido o papel da filha rebelde e impossível, enquanto Frank continuara a criança da mamãe, pronto para preencher o vazio deixado pelo marido/pai com seu comportamento regressivo. Depois de ter explorado a história das famílias de origem dos pais, com a ajuda de um genograma desenhado por Frank, propus que os pais fizessem o ritual do divórcio em sessão: os pais, frente a frente, deveriam declarar seu desejo de se divorciar, cortando todas aquelas conexões confusas que ainda existiam entre eles como casal; ao mesmo tempo, para encorajar a emancipação progressiva de Frank, o pai deveria declarar seu compromisso de assumir uma responsabilidade paterna direta sem delegar tudo à mãe. Na realidade, o ritual foi aceito por ambos e parecia mais natural que eles falassem em sua língua; Frank teve orgulho de atuar como tradutor para me permitir acompanhar todo o diálogo entre os pais e para ele poder se distanciar.

É incrível observar a força dos rituais familiares quando é possível criar confiança mútua entre os membros da família e o terapeuta. Neste caso, ambos estavam cientes do fato de que, a recuperação de Frank seria mais fácil se eles quebrassem os laços distorcidos entre eles. De fato, em uma sessão de follow-up à distância, o casal relatou ter quebrado os laços antigos e Frank, muitas vezes, lembrou seus pais de sua função como tradutor oficial de um evento tão importante.

Podemos acrescentar que, em algumas ocasiões, podemos criar um ritual inverso: os casais que estavam à beira de se separar, tendo testemunhado incríveis conflitos e incompreensões conseguiram redescobrir o respeito e a harmonia mútua através da terapia. Nestes casos, propusemos congelar a mudança, com o ritual terapêutico do segundo casamento. Dessa forma, o casal poderia escolher um dia que preferisse, convidar parentes, filhos e amigos para esse ritual na consulta, para brindar junto com os resultados alcançados e sua vida futura.

Os rituais também podem ser úteis no enfrentamento de perdas repentinas e dramáticas: é sempre possível recriar um contexto para elaborar o luto e ressurgir de dores profundas ou medos irracionais, como podemos ver no exemplo a seguir.

O ritual do irmão assassinado

Um pai chegara à terapia por causa de uma série de pesadelos que o angustiavam há muito tempo e dos medos inquietantes que ele projetava em sua única filha adolescente. Ele estava de fato aterrorizado com a ideia de que sua filha pudesse morrer dramaticamente, devido a um acidente de carro ou assassinato. Ele não conseguia dormir por causa dessas fantasias aterrorizantes. Eu tinha conhecimento sobre a história de sua família e descobrira que, quando criança, ele ouvira falar de um terrível assassinato ocorrido na geração dos avós; mas a memória mais vívida estava ligada a seu irmão, morto há mais de vinte anos, quando foi baleado no hospital local. Após este evento e devido às consequentes complicações legais, ele tinha sido mandado para longe de casa para ser protegido quando era ainda um adolescente. Por isso, propus um ritual terapêutico a ser realizado na presença da filha, que amava mais do que qualquer outra pessoa no mundo, para ajudá-lo a se livrar dessas terríveis fantasias. Pedi a colaboração de um colega que representasse o irmão morto deste homem, deitando no chão do consultório. Meu cliente tinha que voltar na lembrança daquele momento terrível, falar com seu defunto irmão, para lhe devolver a liberdade de ter sua vida de volta e parar de sentir medo pela vida de sua filha.

Foi incrível ver como conseguiu se identificar imediatamente nessa experiência. Ele se lembrou de seu encontro no necrotério com seu irmão recém-falecido. Ajoelhou-se diante dele, acariciou-o carinhosamente, começou a falar sobre sua experiência de infância, lembrou-o de que ele era o filho favorito de sua mãe, o mais velho, falou sobre suas perdas, a primeira por causa de sua morte dramática e a segunda pelo fato de que, imediatamente após sua morte, ele tinha sido mandado embora, longe do cuidado e do amor de seus pais. Enquanto ele interpretava esse ritual de reconciliação/separação de seu irmão de uma maneira simbólica e concreta ao mesmo tempo, sua filha sentou-se ao meu lado, esperando em silêncio que seu pai saísse de seus pesadelos, o que realmente se realizou, porque depois daquele ritual todas as suas fantasias de morte em relação à filha desapareceram.

Capítulo 7
A LINGUAGEM DO ENCONTRO TERAPÊUTICO

> *O homem fala. Nós falamos acordados e no sono. Nós sempre comunicamos mesmo quando não dizemos uma palavra.*
>
> MARTIN HEIDEGGER

As palavras de Heidegger de sua grande obra, *Ser e Tempo* (1927), nos fazem refletir sobre uma verdade que sempre foi conhecida pelo ser humano, aquela que, entre outras, nos distingue do gênero animal: a faculdade de falar. O homem fala, no auge de sua consciência e em seus estados alterados, acordado ou dormindo, e, surpreendentemente, "fala" também com o corpo, o olhar, a postura e o silêncio.

Na formulação das teorias sistêmicas, Watzlawick, Beavin e Jackson (1967) descreveram bem um conceito central, isto é, que nas interações humanas é *impossível não comunicar*: todo comportamento, incluindo o silêncio, sempre comunica alguma coisa, mesmo quando gestos, olhares e mímica parecem indicar estratégias de evitação ou fuga do relacionamento.

Portanto, para entender completamente a realidade circundante e o sistema de relacionamentos em que as famílias que encontramos na terapia estão inseridas, devemos abrir nossos olhos e ouvidos e aprender a escutar. A comunicação, a escuta e a compreensão mútua não podem ser separadas da partilha de uma linguagem comum e de todos os códigos interpretativos, verbais e não verbais, que são necessários para não nos encontrarmos na condição de um "diálogo entre os surdos".

Isto é especialmente verdadeiro quando você se encontra com famílias estrangeiras, imigrantes em um país cuja língua, cultura e regras de relacionamento não são bem conhecidas: não será suficiente, traduzir apenas as palavras, mas os sinais não-verbais deverão ser interpretados de modo a trazer valores e aspectos culturais essenciais e as diferenças de "contexto social" também deverão ser apreciadas.

O terapeuta terá, portanto, que aprender a escutar e valorizar a linguagem de todos, sejam eles nativos ou estrangeiros, mas ele também terá que se tornar um "tradutor de diferentes idiomas" dentro da mesma família, dando o espaço justo para a voz dos homens e das mulheres, do adulto, da criança e do adolescente, sem qualquer prevaricação ou desconfirmação.

Já vimos, nos capítulos anteriores, como é importante para o terapeuta conhecer a linguagem lúdica e simbólica própria das crianças ou a linguagem, muitas vezes, excêntrica e contraditória dos adolescentes sem permanecer em sintonia somente com o "canal adulto". Theo Compernolle (1992), em seu trabalho com crianças, foi capaz de averiguar quanto a terapia familiar sofre do *adultocentrismo*, destacando as dificuldades de muitos terapeutas em olhar a realidade através dos olhos da criança, considerando seu próprio ponto de observação como único e universal.

Da mesma forma, quando o terapeuta lida com problemas de casal, às vezes ele se encontra em dificuldade em sair de sua própria identidade de gênero, a fim de entrar em contato com as linguagens e expressões não-verbais dos clientes do sexo oposto. Neste capítulo e nos dois seguintes, trataremos do vasto assunto das linguagens terapêuticas, distinguindo entre linguagem verbal e linguagem corporal para concluir com o silêncio em sua dimensão comunicativa.

AS BASES DO COLÓQUIO TERAPÊUTICO

Desde a época de Sócrates, o colóquio entre duas ou mais pessoas era considerado uma poderosa ferramenta de conhecimento, sobretudo pelo fato de permitir conclusões sempre diferentes cada vez que surgissem novos elementos. De fato, com a atitude do melhor psicólogo relacional, Sócrates achava que não possuía um conhecimento preconcebido para dar ao discípulo, mas encorajava-o a raciocinar, a esclarecer sua consciência íntima, a enriquecer sua personalidade em sua totalidade e complexidade, usando um método *dialógico-dialético* de tipo exortativo. Já esclarecemos nos capítulos anteriores o quanto o encontro terapêutico, a partir do primeiro momento, baseia-se no modelo teórico de referência e no contexto em que será realizado. Assim, uma sessão psicanalítica será muito diferente de um encontro de avaliação para um transtorno psiquiátrico dentro de um hospital e, ainda mais, da primeira sessão de terapia familiar. Como já ocorria no tempo de Sócrates, na relação professor/discípulo, qualquer intervenção – no nosso caso, numa relação de ajuda – deve seguir um método que seja compreensível e aceito pela comunidade científica em um contexto claramente definido.

Certamente, as teorias sistêmicas fizeram uma reviravolta nas formulações anteriores sobre a relação terapêutica diádica, focada em um diálogo entre terapeuta/cliente e no pressuposto metodológico e ético de procurar as informações necessárias para entender as causas e então intervir sobre o problema, definido precisamente *causalidade linear*. De fato, a busca pelas causas de uma doença ou de um transtorno psicológico, a pedra angular do modelo médico baseado na etiologia da doença, será refutada e substituída pelo conceito de *causalidade circular*, isto é, do processo de perguntas e respostas à busca por informações baseadas sobre as *diferenças*, seguindo o pensamento de Bateson (1979) e da análise do complexo *sistema de significados* com o qual enquadram-se os comportamentos. Como afirmam Bertrando e Toffanetti (2000a), a construção de *perguntas circulares*, que evidenciam as diferenças implícitas no pensamento dos familiares, foi uma contribuição importante e inovadora da Escola de Milão, retomada e elaborada por Karl Tomm (1988) com as chamadas *perguntas reflexivas*.

Inevitavelmente, embora o canal analógico seja considerado essencial, a centralidade da linguagem verbal desloca o interesse da sessão e tudo se torna *discurso*: perguntas, novas perguntas, reformulações, rituais são criados com atenção aos detalhes discursivos e às escolhas terminológicas. Segundo Bertrando e Toffanetti (2000b), a terapia milanesa é indubitavelmente a mais "logocêntrica" entre as terapias daquela época e será a raiz na qual as terapias *narrativas* (WITCHES, EPSTON, 1989) e *conversacional* (ANDERSON, 1997; ANDERSON, GOOLISHIAN, 1992; KEENEY, 1982) serão posteriormente inseridas. Neste contexto, a *hipotetização* é considerada, juntamente com a circularidade e neutralidade, uma diretriz fundamental para a condução da sessão (SELVINI PALAZZOLI, BOSCOLO, CECCHIN, 1980) pela Escola de Milão e amplamente utilizada nas décadas subsequentes pelos terapeutas sistêmicos. Esse termo significava "a capacidade do terapeuta de formular uma hipótese sobre a informação em sua posse. Com essas hipóteses, o terapeuta estabelecia o ponto de partida de sua própria investigação, com métodos destinados a verificar sua validade. Se a hipótese fosse incorreta, o terapeuta teria que formular rapidamente outra sugerida pelas informações coletadas durante o trabalho de verificação da hipótese anterior" (*ibidem*). Deve-se notar que este processo de hipotetização previa uma pré-sessão com a presença de um grupo terapêutico e/ou de formação que representava uma espécie de "mente coletiva" em busca de significados úteis com os quais os terapeutas, nunca sozinhos, encontravam depois a família em terapia. De fato, a família estava decisivamente presente nesta fase preparatória, mas apenas de forma indireta, através da leitura de uma ficha de informações muito detalhada, previamente preenchida pelos membros da mesma família. Não há dúvida de que, ao longo dos anos, houve profundas mudanças, mesmo dentro das escolas sistêmicas mais ortodoxas: bastaria mencionar uma, certamente não secundária, que é a passagem do controverso conceito de neutralidade terapêutica para aquele oposto, o da curiosidade terapêutica (CECCHIN, LANE, RAY, 1993); entretanto, na condução da terapia e no papel desempenhado pelo terapeuta, subsistem alguns princípios-chave que mantiveram características precisas, como o predomínio da interação verbal, a prevalência do plano cognitivo sobre o emocional e em geral da razão sobre a ação.

O modelo de terapia proposto pela escola multigeracional do autor, embora aceite os axiomas fundamentais das teorias sistêmicas, é inspirado em uma teoria do desenvolvimento familiar, em que a história, os eventos e o futuro das gerações são pontos fundamentais de referência em que o colóquio terapêutico é baseado. Sempre afirmamos que trabalhar com a família significa incluir a criança e o adolescente em nosso modelo de pensamento, assim como na terapia com todas as consequências que derivam dela. Nunca poderíamos falar de "conversação terapêutica" referente à condução da sessão, pois se trata de uma linguagem adulta para adultos, em que não há espaço para o pensamento lúdico e simbólico das crianças e para aquele excêntrico e contraditório dos adolescentes; não usamos a diretriz de construir hipóteses sistêmicas sobre o funcionamento relacional da família, discutidas entre terapeutas especialistas antes de conhecer a família; estamos muito mais interessados na construção de uma *motivação conjunta* de todos os membros da família durante o colóquio, um pré-requisito para iniciar o processo terapêutico. Pode-se dizer que uma família é motivada se cada um de seus membros acha que pode obter algo útil da terapia, mesmo que o pedido de ajuda e, portanto, a motivação seja inicialmente focada exclusivamente no comportamento sintomático de um único membro da família ou na crise de casal. Com Whitaker compartilhamos o princípio ético e metodológico de não construir projetos ou hipóteses na pré-sessão "por trás da família", no máximo, limitamo-nos à leitura de informações coletadas pelo Serviço Clínico da *Accademia di psicoterapia della famiglia* sobre a composição da família em geral, sobre o problema para o qual pediram a intervenção e sobre os eventos mais importantes que marcaram a história da família ou do casal ao longo de três gerações. Levamos em grande consideração as *motivações do enviante* ou do sistema de envio, para posteriormente compará-las com as motivações dos vários membros da família em sessão. Em resumo, o que nos parece útil ter logo em mente é um esboço do genograma da família, a ser completado durante o primeiro encontro.

Em nosso trabalho clínico atual, o envolvimento com os membros da família começa bem antes do encontro: depois de receber um pedido de consultoria por e-mail ou por telefone, perguntamos àqueles que tomaram a iniciativa de nos procurar de enviar por e-mail uma ficha informativa com a descrição dos membros da família, as razões do pedido de terapia, mas também algumas notícias sobre a história e os eventos mais importantes do desenvolvimento familiar. No caso de pedidos por problemas relacionados a crianças ou adolescentes, são as mães que geralmente nos fornecem informações e, essa solicitação faz com que elas se sintam úteis e importantes imediatamente; além disso, devem refletir sobre o que dizer e o que omitir. Podemos também afirmar que geralmente são informações preciosas "escritas com o coração e não com a mente" e bastante objetivas exceto, é claro, ter que incluir as razões e as "verdades" dos outros membros da família durante o trabalho. Esse fenômeno da "verdade parcial", que podemos definir *multi-parcialidade* é particularmente evidente no pedido de terapia de casal, em que o nível de envolvimento pessoal e possível conflito é maior. Por esta razão, sugerimos ao parceiro que tomou a iniciativa de comunicar ao outro parceiro que gostaríamos de receber uma nota sua antes do encontro. Isso nos permitirá adquirir informações diferentes, às vezes contrastantes, dos dois parceiros na solicitação de uma terapia de casal ou dos pais no pedido de uma terapia pelos sintomas dos filhos.

COLETA E SELEÇÃO DE INFORMAÇÕES

A questão que um terapeuta coloca, logo que entra em contato com uma família, sempre foi aquela de como ouvir e selecionar a informação que recebe de um dado problema. Obviamente, mesmo no caso da coleta e seleção de informações, não se pode desconsiderar o próprio modelo de referência, o contexto em que se opera e os objetivos da própria terapia.

Escutar e lembrar todos os conteúdos e detalhes fornecidos por este ou aquele membro da família em uma sessão conjunta é praticamente impossível e, em muitos casos, inútil. Surge a questão de como e o que escutar e, claro, como fazer perguntas.

O funil invertido

Selecionar qualitativamente as informações de modo a não ser submerso em uma massa de dados, muitas vezes em conflitos entre si, é o primeiro objetivo do terapeuta. Usamos a metáfora do funil invertido para descrever a posição do terapeuta: este só entrará em contato com as informações consideradas mais relevantes, que passam pela parte restrita do funil, deixando fluir para fora todas as outras (figura 7.1).

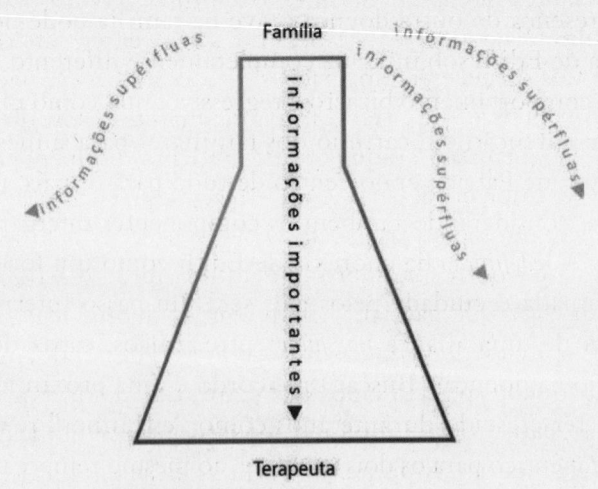

Figura 7.1 – Funil invertido.

Vamos dar um exemplo: uma família nos procura pela anorexia de uma filha adolescente que em várias ocasiões precisou de hospitalização. Todos os membros da família estão obviamente muito preocupados com a situação, e os pais começam a descrever todos os detalhes do comportamento da filha na mesa e todos os seus rituais em torno da comida. O discurso pode durar muito tempo e o terapeuta pode, eventualmente, ficar sobrecarregado com a quantidade de notícias e ficar preso em seu desejo de explorar os aspectos relacionais do sintoma e ainda mais em conhecer a família em seus processos de desenvolvimento, que, como vimos, são as pedras angulares do nosso modelo de terapia. Com a pergunta, aparentemente ingênua e "fora de lugar" do terapeuta, *se antes eles nunca se preocuparam com o irmão mais velho*, o contexto emocional da sessão se transforma: os pais ficam tristes e começam a falar sobre a doença genética do filho que afeta o pâncreas, que tanto a mãe quanto o avô materno sofrem, além disso, este último, morreu recentemente por causa desta doença. A doença de Patrick, o irmão da menina e sua dimensão intergeracional entrarão no "funil invertido", mesclando-se e relacionando-se com a anorexia de sua irmã que, adquirirá neste momento, outro sentido na construção da história terapêutica e na possível transformação do objetivo terapêutico.

Descrevemos em detalhes a história de Edith e Patrick no livro *Teen Voices* (ANDOLFI, MASCELLANI, 2013) o qual recomendamos ao leitor para mais detalhes. Aqui estamos interessados apenas em ilustrar como a presença de outra doença grave na família pode nos fazer ver a anorexia de Edith sob uma luz completamente diferente, não apenas como um comportamento bizarro e regressivo, mas como uma tentativa de desviar a atenção e o carinho dos familiares para si mesma, depois de anos em que Patrick era o centro de tudo para os pais, para os avós e parentes, considerando também os componentes intergeracionais do problema. A *redefinição* da anorexia de Edith como um forte sinal para se sentir amada e cuidada pelos pais será um passo intermediário na construção de uma aliança *na saúde* entre irmãos, capaz de "vencer a competição na doença". Buscar um acordo e uma proximidade afetiva depois de ter crescido durante anos como "estranhos" representa um desafio terapêutico para os dois irmãos e, ao mesmo tempo, uma ocasião especial para se redescobrir.

O enigma terapêutico

Muitas vezes nos pediram para descrever o processo de pensamento do terapeuta na construção de laços terapêuticos absolutamente imprevisíveis, como os descritos anteriormente. A resposta não é simples e acho que há vários componentes, descritos em parte no capítulo anterior sobre as "competências relacionais do terapeuta". Sem dúvida existe um tipo de *intuição terapêutica*, semelhante à intuição do caçador ou a do detetive, que, junto com uma boa dose de *curiosidade*, permite conectar partes de uma história aparentemente sem relação. Todos na família que acabamos de descrever viveram os sofrimentos e as infinitas práticas médicas de uma doença genética, como a que afeta os vários membros da família, a tal ponto que, nessa carga emocional e relacional, o casal de pais "explodiu", chegando a uma dolorosa separação. Todos estão vivenciando com apreensão essa nova doença, a anorexia de Edith, muito menos compreensível, mas igualmente sofrida, em que a menina parece se mover "entre a vida e a morte". Mas entre esses eventos faltam ligações que permitam criar um ponto de agregação e força na família: unindo as "peças do quebra-cabeça" (figura 7.2), esse grupo de pessoas se sentirá capaz de conseguir juntos, agora que Edith e Patrick, divididos pelas doenças, poderão experimentar uma nova aliança entre irmãos na saúde. E este é precisamente o objetivo da terapia: reconstruir laços fortes na família que permitam enfrentar as dificuldades da vida. É um pouco como a sensação de força e unidade que se experimenta quando se consegue elaborar junto uma perda importante, que substitui a sensação de perda e de solidão anterior. Depois, existe um método terapêutico e uma disciplina para começar a juntar algumas peças do quebra-cabeça e deixá-las de lado, para ficar curioso sobre outras peças e suas possíveis conexões. No final, trata-se de criar uma ponte que conecte as diferentes partes em uma forma completa.

Figura 7.2 – O enigma terapêutico.

REDEFINIÇÕES E AFIRMAÇÕES RELACIONAIS

A *reframing* é uma modalidade relacional muito comum no repertório do terapeuta sistêmico desde os primeiros experimentos do grupo do Mental Research Institute de Palo Alto (WATZLAWICK, BEAVIN, JACKSON, 1967). Na formulação original, a redefinição foi concebida como uma estratégia eminentemente verbal (mas não apenas) que permitia fornecer uma nova estrutura para a visão do mundo conceitual e emocional da família: um sintoma, um comportamento que "mudava moldura" mudava então de significado. De fato, com diferentes significados, o processo de redefinição cruzou transversalmente o movimento da terapia familiar até hoje (ELKAIM, 1990; SPRENKLE, DAVIS, LEBOW, 2009; CADE, 1992; SLUZKI, 1991; FLASKAS, 1992; FOURIE, 2010); inspirando profundamente o trabalho sobre a hipnose de Milton Erickson (ERICKSON, ROSSI, 1979), o estratégico de Jay Haley (1976), a conotação positiva do grupo de Milão (SELVINI PALAZZOLI, BOSCOLO, CECCHIN, 1975), e a passagem do problema para o recurso da *brief focused therapy* (DE SHAZER, 1985); ele também inspirou a terapia narrativa de White e Epston (1989) com a mudança do *foco* do problema para a pessoa através da externalização do sintoma. Também o método original de Keeney (1982) ao descrever a conversação terapêutica como "uma visita a um museu", passando de uma galeria de apresentação para uma terapêutica, baseia-se numa modalidade de redefinição do problema apresentado.

Pessoalmente, publiquei um artigo extenso sobre a redefinição na terapia familiar na primeira edição da revista *Terapia Familiare* (ANDOLFI, 1977), na qual distingui três formas de *reframing*. Embora os métodos operacionais tenham mudado ao longo dos anos, os conceitos básicos ainda são absolutamente válidos até o momento e correspondem a uma ideia de ressignificação que vai muito além de uma estratégia destinada a modificar comportamentos sintomáticos ou disfuncionais.

A *redefinição da relação terapêutica* é um processo dinâmico que se desenvolve ao longo de toda a terapia e representa um verdadeiro desafio ao estereótipo de uma relação de ajuda com uma forte conotação médico-psiquiátrica centrada nos transtornos do paciente: mudar a moldura da intervenção dos sintomas individuais para a história do desenvolvimento de uma família não é uma estratégia comportamental, mas é uma mudança de paradigma e do próprio objetivo dos encontros terapêuticos e este volume é permeado por essa filosofia.

Igualmente importante é a *redefinição do contexto*, ou seja, do clima emocional e cognitivo da sessão, que deve permitir à família confiar no terapeuta e sentir-se a protagonista de sua própria mudança. Muitas vezes nos encontramos tendo que redefinir um *contexto de espera*, que é a atitude de passividade e delegação com a qual os membros da família podem se apresentar em sessão, esperando que a solução venha dos especialistas. Às vezes, essa situação se transforma em um *contexto médico*, de espera pelo remédio mais apropriado para aquela sintomatologia específica. Podemos, então, encontrar um *contexto de julgamento*, que pode ser criado naquelas situações em que algum membro da família pressupõe que a sala de terapia é como uma sala de audiências para levar alguém a julgamento. Daí resulta que a construção de um contexto positivo e colaborativo é prioritário a qualquer análise de conteúdo. Num contexto errado, mesmo as melhores intenções do terapeuta ou da família para enfrentar problemas e encontrar soluções serão frustradas.

Enfim, a *redefinição do problema* em nosso modelo de pensamento é a pedra angular sobre a qual gira todo o processo terapêutico. Nos capítulos anteriores, apresentamos numerosos casos de problemas, como enurese, encoprese, fobias, depressão, anorexia, etc., que podem ser redefinidos, com a "troca da moldura": assim, os sintomas individuais podem se transformar em sinais relacionais que se ligam a características afetivas, comportamentais ou gestuais de um dos pais, de um irmão, de um avô ou de eventos dramáticos ou dolorosos que marcaram a história de desenvolvimento da família.

Neste modo de proceder, nos inspiramos no trabalho de Keeney (1983) e do seu método original de conduzir a conversação terapêutica, alterando "de moldura" uma ou mais palavras na sequência de uma frase. Por exemplo, diz Keeney, ao quebrar a frase "exploração da história dos pais" nas palavras que a compõem, podemos pegar a palavra "exploração" e movê-la: então não queremos mais explorar a história dos pais, mas talvez explorar o mundo animal e, assim, mudar o significado geral da frase e o conteúdo da conversa.

Mais adiante no capítulo vamos falar sobre Vincent, o filho adolescente que sua mãe traz para a terapia, preocupada porque o menino sempre deixa a "porta trancada para jogar no computador". Nesta frase muitas palavras diferentes poderiam ser deslocadas e, como veremos no diálogo seguinte, o terapeuta escolhe mudar de nível e significado as palavras "porta fechada", redefinindo assim o problema e o objetivo do encontro: na verdade, outras portas fechadas serão exploradas, a da avó materna, quando a mãe de Vincent era criança e, no momento, a "porta fechada por sua mãe", que impede Vincent de se encontrar com o pai.

Por *afirmação relacional*, entendemos uma modalidade destinada a conotar, afirmativamente, uma suposição do terapeuta, baseada mais em uma intuição e, em aspectos implícitos da relação terapêutica sobre a qual uma questão subsequente pode ser fundada. E é justamente o fato da afirmação não se originar de um conhecimento/informação explícito, mas sim de um sentimento percebido no diálogo terapêutico, que a torna mais intensa. Vamos explicar com um exemplo.

Uma garota de 16 anos está deprimida e corta seus braços. Os pais são separados e lutam através de seus dois filhos. O terapeuta se volta para a garota sentada entre seus pais, visivelmente desanimada: *"Por quantos anos você tentou de todas as formas fazer com que seus pais entendessem que chegou a hora da paz?"*. A garota, tocada pela pergunta, responde: *"O que eu tentei?"*. O terapeuta reitera: *"por quantos anos?"*. A garota, com o tom de quem se sente entendida e apoiada, responde: *"Três, três anos!"*.

A afirmação implícita neste caso é: "eu entendo o quanto e de que maneira você tentou acabar com a guerra entre seus pais, mas eu sinto que é difícil chegar à paz". Neste ponto começa a construção de um vínculo terapêutico que permite os passos subsequentes, que irão tocar diretamente os seus comportamentos e redefini-los como sinais relacionais: *"Quando você se corta, isso é sinal para ela (mãe) ou para ele (pai)?"* E novamente, logo depois: *"O que deve acontecer para parar este jogo de guerra?"* E a garota, com energia renovada: *"Eles têm que começar de novo a se comunicar, a se perguntar como eu estou e a não falar apenas do meu diagnóstico, dos meus problemas, mas simplesmente de mim, dos meus sentimentos"*.

Às vezes, a afirmação é baseada em uma suposição *implícita*, como no exemplo acima mencionado, mas em outros casos pode representar uma certeza, uma junção relacional que captura algumas características do relacionamento expressas tanto na dimensão verbal quanto na analógica, para refletir e construir outras conexões. Vejamos um exemplo.

Olga, durante uma sessão em que seu marido e seus pais estão presentes, descreve as profundas razões da sua tristeza: de repente, depois de uma piada humorística do terapeuta, ela mostra um sorriso radiante como uma criança, que parece idêntico ao de sua mãe: *"Olga, de quem você puxou aquele belo sorriso?"*, pergunta o terapeuta e depois virando para a mãe e olhando para o seu rosto diz: *"Os mesmos olhos, o mesmo sorriso!"*. Depois segue a afirmação explícita do terapeuta: *"Por muitos anos o sorriso foi coberto pela tristeza; agora Olga não é mais livre para sorrir e se ela tentar, seu sorriso imediatamente se transforma em lágrimas. Não é isso?"*.

"Sim, é assim mesmo", diz Olga, sentindo-se realmente compreendida e apoiada pelo terapeuta, e depois segue uma longa pausa em que todos estão envolvidos, Olga, seu marido, seus pais: de certa forma, as razões do sorriso reprimido e da tristeza de Olga pertencem tanto a ela quanto às pessoas mais importantes de sua vida.

AS PERGUNTAS RELACIONAIS

Em nosso modelo de terapia, fazer perguntas é tão importante quanto escutar as respostas; na realidade é justamente esse prosseguir entre perguntas que exploram novos modos de relacionamento e de respostas que informam sobre os caminhos a seguir que permitem a construção e o desenvolvimento do relacionamento terapêutico (figura 7.3). Tendo amplamente reforçado, nos capítulos anteriores, a importância de um pensamento triádico no encontro com as famílias, é incontestável que qualquer uma de nossas perguntas incluirá pelo menos três pólos relacionais: dependendo das circunstâncias, o terapeuta poderá representar a *terceira* ponta do triângulo para observar ou, colocar-se fora, ativando este ou aquele triângulo familiar, que pode incluir pessoas da mesma geração (cônjuges ou irmãos) ou de duas gerações diferentes (pais-filhos), ou até três (conectando um avô com um genitor e um neto).

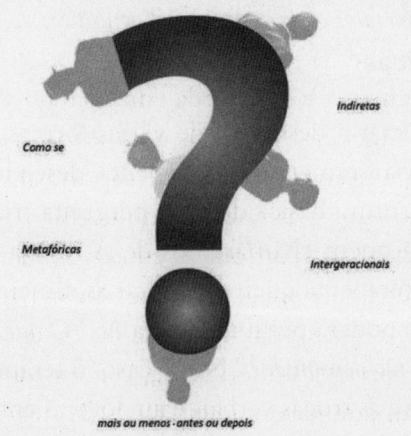

Figura 7.3 – As perguntas relacionais.

Perguntas individuais

Por muito tempo no campo das terapias sistêmicas, a ênfase foi colocada em *perguntas circulares*, ou seja, aquelas perguntas que visavam explorar as diferentes formas de estar na relação, considerando as perguntas dirigidas exclusivamente a um indivíduo como *lineares* e pouco úteis para entender as diferenças.

Na verdade, pensamos que a relacionalidade das perguntas depende muito da nossa capacidade terapêutica e flexibilidade em "ver as conexões", mesmo quando parecem estar ausentes. Então, nós experimentamos que em momentos de particular intensidade emocional durante uma sessão familiar, você pode perguntar a uma pessoa visivelmente triste *"como você se sente agora?"*. A partir do tom da pergunta, da posição e do olhar do terapeuta, o cliente pode captar elementos de empatia que favorecem uma proximidade terapêutica. Mas, ao mesmo tempo, podemos observar as respostas emocionais (não verbais) de outros membros da família, tanto para a pergunta quanto para a resposta. Dessa forma também seremos capazes de captar aspectos relacionais significativos, mesmo a partir de uma pergunta dirigida a uma pessoa. Então, se o princípio de Watzlawick que "é impossível não se comunicar" é verdadeiro, é igualmente verdadeiro que é impossível não entender a relacionalidade de qualquer afirmação verbal ou não-verbal no decorrer da sessão, porque querendo ou não vivemos em relação com os outros. Neste caso, o problema será como usar o que observamos de forma propositiva, e isso faz parte da *arte terapêutica*.

Perguntas triádicas

Antes de iniciar a descrição de várias formas de perguntas relacionais úteis para as ferramentas do terapeuta, desejamos delinear esquematicamente a estrutura básica de uma pergunta triádica. Imaginemos que uma esposa, a quem chamaremos de A, esteja passando por uma depressão e que o terapeuta queira explorar as dimensões relacionais em sessão. Este último poderá perguntar para A: *"O que o seu marido (B) faz quando você se sente tão deprimida?"* Nesse caso, o terapeuta atuará como o terceiro que observa as trocas verbais e analógicas entre os dois cônjuges referentes à pergunta e à resposta. Ou o terapeuta ainda pode perguntar à esposa: *"Quando você se sente realmente deprimida, o que acontece entre seu marido e sua filha?"*. Nesse caso, uma vez formulada a pergunta, o terapeuta poderá observar de fora do triângulo familiar e apreender as relações afetivas entre pai e filha (C) em relação à depressão de A; obviamente, a partir da resposta desta última será possível ampliar a compreensão dos modelos de relação entre os três diante de uma situação de mal-estar (depressão) apresentada por um membro da família. É fácil entender que, partindo de um ponto, neste caso a depressão de A, as perguntas e respostas relacionais podem incluir outros interlocutores, como outros filhos ou membros da família de origem. Assim, a construção do enigma terapêutico pode começar.

Perguntas diretas e indiretas

Com a primeira categoria, queremos dizer a pergunta colocada, por exemplo, a um parceiro sobre algo que diz respeito a ele em relação ao outro e ao relacionamento: *"Você acha que colocou uma barreira contra sua esposa?"*.

Desta forma, o marido poderá questionar a distância que ele colocou na relação com sua esposa e sobre a sua consciência disso e, de forma geral, ele será capaz de falar sobre a qualidade do relacionamento.

Em vez disso, será uma pergunta indireta pedir ao mesmo marido que se coloque no lugar de sua esposa e relate suas emoções: *"Você percebe que, para sua esposa, você está sempre distante e que isso faz mal para ela?"*.

Imaginar sua esposa e poder sentir como ela está em uma relação de distância afetiva, aparentemente, provocada por ele mesmo, cria uma intensidade afetiva e um esforço de identificação que faz com que o outro deixe seu ponto de vista por um momento.

As perguntas indiretas são úteis em muitas situações de *lacunas geracionais* ou relacionamentos conflituais entre os pais e um filho, já que, geralmente, cada pessoa entra em sua própria definição do relacionamento sem qualquer capacidade de "entrar na mente e no coração" do outro.

Pedir a um genitor que se coloque no lugar de um filho adolescente e reflita sobre as emoções deste último pode criar uma abertura relacional e reduzir a rigidez de seu ângulo visual: *"Se você pudesse falar por ele, como descreveria a raiva de seu filho, que sente que não tem pai?"*; ou você pode pedir para a criança fazer a mesma operação em relação ao pai: *"No papel do pai o que você faria para procurar um filho que fugiu?"*.

Perguntas comparativas

Já descrevemos a utilidade de prosseguir com a exploração da família através de "saltos temporais". Será bem simples formular perguntas *"antes ou depois"*, de modo a investigar a variação no tempo de um dado estado emocional de uma pessoa em relação a diferentes modos relacionais ou contextuais.

Tomemos, por exemplo, um sentimento de exclusão ou retiro social. Perguntar a uma pessoa se esta condição estava presente *antes* de sair de seu país ou antes da separação conjugal, ou *após* a saída de casa de um filho ou após a morte de um genitor muito amado será uma maneira de coletar informações valiosas sobre o ciclo de vida de nosso interlocutor e suas transformações relacionais ao longo do tempo. Além disso, podemos observar as reações afetivas dos membros da família em relação a perguntas e respostas.

Outro tipo de pergunta muito útil é fornecer ao interlocutor duas ou mais *opções de resposta* em relação a aspectos pessoais ou a dimensões relacionais. Decompondo criativamente e depois comparando as "partes" ou as opções de relacionamento, você pode incitar respostas que destacam alguns aspectos da personalidade de uma pessoa ou as interações relacionais de um casal ou de uma família.

Um homem adulto diz que ele é inútil e não consegue encontrar motivos para continuar vivendo: poderia então perguntar que parte de si mesmo já sente que está "morta" e que parte ainda está viva, se é a cabeça, o coração, o corpo, a respiração, e então procurar em sua resposta aquelas diferenças úteis para fazê-lo voltar à esperança de uma vida em que possa contar algo para si e para os outros. O aparente absurdo de dividir uma pessoa em partes pode ser uma mola para instigá-la para "sentir" e fazer uma análise comparativa de partes de si mesma. Talvez ela possa responder que sua cabeça ainda está viva, caso contrário "já teria morrido!". Ou que a única coisa que ainda é válida em sua vida é "quando vai para a praia sozinha e começa a correr até ficar exausta". Naturalmente, os outros membros da família podem intervir, fornecendo respostas emocionais e indicações úteis para ir em busca de algo que vale a pena.

Uma esposa pode descrever brevemente o comportamento infantil de seu marido e, ao mesmo tempo, sua indisponibilidade para o relacionamento, dado que ele é médico 24 horas por dia. Pode-se então perguntar a ela *"Quais as partes dele que você está mais casada, a parte da criança ou a do jaleco branco?".* E a esposa poderia responder: *"No começo eu era fascinada pelo jaleco branco, mas encontrei uma criança em casa porque o adulto está sempre no hospital para tratar os outros".* Afinal, trata-se de uma questão que reúne duas qualidades relacionais do marido (segundo a "verdade" dela), mas as coloca em uma moldura diferente: a escolha e o contexto do vínculo matrimonial. As respostas da esposa, tanto as verbais como as analógicas, são úteis para abrir o cenário terapêutico e comparar imediatamente as verdades do marido na construção do quebra-cabeça terapêutico.

As perguntas "como se" e as perguntas metafóricas

Decidimos apresentar essas duas categorias de perguntas juntas, porque ambas propõem sair de uma forma lógica de pensamento para estimular mais imaginação e criatividade nas respostas.

As perguntas "como se" são questões hipotéticas, presentes na linguagem comum e familiar, e seu uso pode ser ilimitado; basta adaptar a linguagem às circunstâncias, aos temas que queremos explorar e às relações que pretendemos investigar. Abaixo está um grupo de perguntas "como se", apenas para entender o método, sem entrar em exemplos terapêuticos. Diante de uma ausência ou uma perda, pode-se perguntar: *"Se sua mãe ainda estivesse viva, o que ela poderia me dizer para ajudar a sua família?", "Se seu pai pudesse ouvi-lo, você estaria interessado em encontrá-lo novamente?", "Se seu filho estivesse aqui na consulta, onde ele estaria sentado, ao lado, ou entre vocês dois?".*

Para procurar uma aliança: *"Se o seu irmão lhe mostrasse mais carinho, o que poderia mudar no seu relacionamento com ele?", "Se você conseguisse abrir os olhos, você poderia sentir a dor da sua esposa?".*

Para descobrir outras formas de relacionamento: *"Se você aprendesse a brincar com seu filho, você se sentiria um pai mais competente?", "Se vocês pudessem desligar a TV quando estão juntos durante a janta, o que poderia acontecer?", "Se o filho de vocês estivesse aqui, o que ele faria para vocês pararem de discutir?".*

As perguntas metafóricas

Já descrevemos nos capítulos anteriores como é útil aplicar imagens e objetos metafóricos na sessão. Na realidade, "construir metáforas" é uma das melhores formas de forjar uma aliança terapêutica com a família, porque, muitas vezes, a imagem metafórica é levada pela família em sessão e o terapeuta pode fazê-la ele próprio e propor novos significados relacionais. Outras vezes, o próprio terapeuta oferecerá uma imagem que represente a trama relacional da família.

Whitaker chamou esse método de *processo de metaforização* para enfatizar sua característica de ligação e compartilhamento. Agora vamos nos limitar apenas a mencionar algumas das dezenas que existem na linguagem familiar, e então descrever melhor o desenvolvimento terapêutico de uma metáfora em um diálogo clínico. *"Eu me sinto como um pássaro em uma gaiola"; "Meus filhos cresceram sob uma redoma de vidro"; "Eu me sinto como o capacho de casa que é pisoteado por todos"; "Ele colocou uma parede entre nós"; "Sinto-me esvaziado como um limão espremido"; "A casa é como um hotel para ele, ele entra e sai quando quer".* A linguagem das imagens permite um encontro especial entre sentimentos, dificuldades relacionais e objetos concretos: a gaiola, a redoma de vidro, o capacho, a parede, o limão, o hotel podem tornar-se peças importantes de um quebra-cabeça terapêutico em busca de transformações na qualidade das relações familiares.

A porta trancada

A mãe trouxe Vincent, seu filho de dezesseis anos para a terapia, porque ele está sempre trancado em seu quarto jogando jogos de computador. O casal se divorciou há alguns anos e Vincent não se encontra com o pai "para não fazer a mãe sofrer".

Terapeuta: Então a razão pela qual a senhora trouxe seu filho é porque a porta dele está sempre trancada?

Mãe: Sim, eu não acho normal que quando ele fica em casa ele esteja sempre trancado em seu quarto.

Terapeuta: O que não é normal: que ele tranque seu quarto porque está triste ou porque não quer falar com a senhora? (*pergunta comparativa*)

Mãe: Que está sempre no computador.

Terapeuta: Quando a senhora era criança, tinha alguém em sua família que mantinha a porta fechada? (*pergunta intergeracional*)

Mãe: Sim, muitas vezes era minha mãe, e eu não gostava disso

Terapeuta: Então a senhora não gosta que as pessoas fechem as portas.

Mãe: Não, não.

Terapeuta: Mas no final é a senhora que deixa fechada a porta maior! (*afirmação relacional*)

Mãe: Eu não entendi, o senhor pode por favor me explicar?

Terapeuta: (*para o garoto*) você quer explicar para a mãe?

Vincent: Considerando que eu não posso ver o meu pai, esta é a porta que você fecha.

Mãe: Sim, é verdade.

Terapeuta: Mas o que impede você de abrir a porta e ir visitar seu pai?

Vincent: Porque a minha mãe não gosta dele.

Terapeuta: Conheço muitas mães que não gostam de seus ex-maridos, e seus filhos andam com as próprias pernas e vão visitar seus pais, passam o tempo com eles e se divertem juntos. Mas se você está trancado em seu quarto, como você pode bater em sua porta?

Vincent: Sim, é assim mesmo.

Terapeuta: Mas ele era um pai tão ruim?

Vincent: Não para mim, mas para minha mãe, sim!

Terapeuta: Então, se sua mãe dissesse ... Eu não teria problema se você quisesse vê-lo. Você gostaria de encontrá-lo?

Vincent: Sim, eu realmente gostaria!

No final desta sessão, muitas portas se abriram!

As perguntas intergeracionais

Tendo adotado um modelo trigeracional e usando saltos temporais como modalidades de conhecer a família e intervir terapeuticamente a partir de problemas atuais, será coerente fazer perguntas capazes de explorar aspectos intergeracionais das relações familiares. Tomando o exemplo que acabamos de mencionar da porta fechada de Vincent (o problema atual), pode-se desviar a atenção para outras portas fechadas: a da mãe em relação ao relacionamento entre pai e filho interrompido e depois fazer um salto geracional, pedindo à mãe para "voltar a ser criança" e lembrar quem fechava a porta em sua família. Será então fácil encontrar ligações entre ter experimentado a porta fechada da mãe quando criança e se encontrar agora fechando novas portas.

Com isso, não pretendemos nos referir a um modelo antigo de causa-efeito, que é prejudicial porque leva a sentimentos de culpa ou reprovação contra esse ou aquele membro da família. Pelo contrário, acreditamos que cada um de nós aprende com o que vê e experimenta em sua pele durante o período do desenvolvimento evolutivo, assim, esses aprendizados iniciais podem se tornar scripts relacionais que são facilmente repetíveis em outras fases da vida e em diferentes contextos e gerações.

Talvez seja o fato de ter revivido, no contexto da terapia e diante do filho, um sentimento desagradável do passado que agora pode dar à mãe a "liberdade" de permitir que seu filho encontre o pai novamente. Isso não apenas a liberta de modelos relacionais aprendidos quando criança, mas tem o efeito de aproximar emocionalmente uma mãe de um filho com uma confiança mútua e renovada.

Questões intergeracionais podem ser endereçadas a adultos, como a mãe no exemplo anterior, bem como a uma criança ou adolescente – ou a um ou ambos os parceiros em uma terapia de casal.

Por exemplo, pedir a uma criança, que tem problemas de agressividade e parece incontrolável na família, para falar sobre o pai quando tinha a sua idade, sobre o comportamento dele em casa e sobre o relacionamento com os pais, permite deslocar o foco para o relacionamento entre pais/filhos nas gerações anteriores. Esse salto no tempo pode fornecer informações imprevisíveis, sempre ricas em conexões emocionais; ela solicita a imaginação de uma criança, que pode se ligar a anedotas, "meias-verdades" reunidas aqui e ali na história da família e, também, a curiosidade de um pai em escutar sua vida contada por uma criança. Ou a dor de cabeça de uma menina de 10 anos pode deslocar-se para a enxaqueca da mãe, quando tinha a sua idade, herdada da "avó", e para os diferentes modelos relacionais de intervenção no decorrer das gerações com relação ao mesmo sinal psicossomático presente, exclusivamente, na linhagem feminina da família.

Isso nos leva a reiterar que quanto mais gerações conseguirem entrar em uma pergunta, mais rica será a resposta, tanto no âmbito do conhecimento das tramas familiares quanto aos laços emocionais mais significativos.

No que diz respeito aos casais em crise que requerem terapia, nós experimentamos a utilidade de ligar imediatamente as informações relacionadas a algumas características pessoais dos dois parceiros com seus próprios modelos familiares, em vez de deixá-las no território do casal, em que há um risco real que sejam usadas como "armas de ataque ou defesa".

Vejamos um exemplo.

No primeiro encontro de casal, emerge que os modelos de relacionamento de James colidem com os de Mia: ele a descreve como a professora sempre pronta para impor seu "conhecimento", e ela está cansada de seu comportamento infantil e de seu falar contínuo, sem concluir nada. Na verdade, na sessão, ambos interpretam os scripts comportamentais bem descritos pelo outro: ela sempre sabe tudo e dá conselhos sobre tudo, ele fala muito por falar: cada um conhece a fragilidade e os limites do outro, mas em vez de se ajudarem, transformam estas falas em pesados juízos sobre eles próprios.

Então o terapeuta pode "temporariamente congelar o mal-estar do casal" e investigar separadamente para descobrir de quem, em suas famílias de origem, ela aprendeu a ser professora e ele a falar para não dizer nada. Explorar os componentes intergeracionais do "encastro de casal" desloca o nível do discurso: através de *perguntas intergeracionais*, sensações vivenciadas como filhos no passado são relatadas e revividas: Mia também aprendeu e repetiu na relação de casal o papel de "professora" desempenhado por sua mãe durante anos, quando ela cursava o ensino fundamental e que "ela simplesmente não suportava". Desde criança, James, lembra-se de ver seu pai brincar com as palavras, aprendendo cedo que as palavras podem cobrir todas as emoções e, apesar de ser cardiologista agora, nunca conseguiu "sentir seu coração". Esta viagem ao passado também implica uma exposição emocional significativa para ambos, que podem refletir sobre seu mundo interior e, finalmente, se sentirem empáticos e benevolentes um com o outro, porque as fragilidades, as defesas de suas inseguranças fazem parte da vida: elas podem emergir e serem aceitas, para que não se tornem uma oportunidade para brigas.

Capítulo 8
A LINGUAGEM CORPORAL NA TERAPIA FAMILIAR

A linguagem, como já vimos no capítulo anterior, não é feita apenas pelo que é explicitamente expresso verbalmente, mas ainda mais pelo que não é dito em palavras. Esse nível "implícito" da comunicação humana é dado pela linguagem corporal, que consiste em todos os sinais não-verbais, mímica, postura, movimentos, expressões faciais que representam os fundamentos da *cinesiologia* junto com os sinais da *paralinguística*, caracterizados pelo tônus, frequência e ritmo da voz e, finalmente, pelo *silêncio*.

Além disso, a comunicação não-verbal também é baseada na *proxêmica*, que analisa como o espaço é ocupado em termos de maior ou menor distância física, isto é, os limites relacionais e as múltiplas mensagens que são transmitidas através do *contato físico*.

Todos esses sinais assumem um valor afetivo e cognitivo significativo: fala-se com o corpo, com o olhar, com a postura, com a entonação e com as pausas entre as palavras. Isso é ainda mais verdadeiro durante o desenvolvimento evolutivo, quando as coisas são comunicadas, com expressões não verbais, mais do que na idade adulta. Embora seja amplamente demonstrado que a linguagem corporal é o modo comunicativo mais espontâneo, menos controlado que as palavras, considerado em alguns níveis universais, não existe uma teoria geral do comportamento não-verbal e, apesar do fato de que a pesquisa se multiplicou neste campo, ainda estamos longe de integrá-la em um único campo do conhecimento. Em suma, não existe uma gramática a ser aprendida, mas sim uma linguagem a ser interpretada, que, portanto, pode estar sujeita a aspectos de ambiguidade e criar mal-entendidos no âmbito cultural. Ray Birdwhistell (1970), Al Scheflen (1973) e Adam Kendon (1994), pioneiros da cinesiologia, elaboraram uma série de conceitos e termos que se referem aos atos da vida cotidiana, por exemplo, movimentos na mesa, perto de casa, saudações, beijos e festas de aniversário, revelando a enorme variedade de experiências observáveis em interações espontâneas e revelando a natureza social e cultural dessas expressões não-verbais. O trabalho desses autores também ressaltou a importância do movimento e da ação, que na época eram ofuscados pelo interesse psicodinâmico no significado linguístico.

Como Scheflen descreve em *Body Language and the Social Order* (1972), existem duas escolas de pensamento dentro das ciências comportamentais sobre o significado a ser dado à linguagem corporal: a primeira, com uma matriz psicológica/dinâmica, tende a considerar o comportamento cinésico como uma expressão de emoções individuais ligadas a experiências pessoais, enquanto numa perspectiva antropológica e etológica, postura, movimento, mímica e contato físico devem estar relacionados ao contexto cultural e processos sociais, tais como coesão e regulação de grupo.

Tendo adotado um referencial familiar, sentimos mais facilidade integrando esses dois pontos de vista diferentes. A família, de fato, com toda a gama de expressões verbais e analógicas de seus membros, permite observar o que se refere ao mundo interno de cada indivíduo, bem como o que é comunicado e vivenciado nas interações familiares, considerando também os componentes socioculturais dos quais os últimos são afetados.

Antes de entrar nas diferentes expressões da linguagem não-verbal que caracterizam o encontro entre famílias e terapeutas, é oportuno fornecer uma descrição geral dessa modalidade comunicativa expressa através dos sinais do corpo.

A LINGUAGEM DOS OLHOS E A EXPRESSÃO DO ROSTO

Não há dúvida de que o contato visual é a maneira mais poderosa de transmitir aos outros as emoções mais íntimas de alegria, medo, tristeza, atração, confiança, raiva e, ao mesmo tempo, para sinalizar uma multiplicidade de necessidades e solicitações relacionais.

É um comportamento humano por excelência, caracterizado por processos cognitivos e neurofisiológicos complexos, que induz uma reelaboração mental da imagem do próprio corpo, uma espécie de *empatia visual* pela qual "vemos através dos olhos do outro, que se tornam um espelho para o nosso corpo" (BALTAZAR, HAZEM, VILAREM et al., 2014).

Talvez este aspecto de contato profundo e envolvimento emocional experimentado em um relacionamento importante, basta pensar no olhar entre uma mãe e um bebê recém-nascido ou entre dois apaixonados, deu aos olhos o apelido de *espelho da alma*, embora deva ser lembrado que o "olhar nos olhos" tem significados muito diferentes no mundo ocidental e oriental e é, no entanto, fortemente influenciado por aspectos culturais e tradicionais.

Um dos comportamentos mais relevantes do rosto é certamente o olhar; em termos de linguagem corporal, de fato, como Borg (2009) afirma, a capacidade do rosto de revelar informações sobre nós mesmos é perdida apenas para os olhos. O olhar, de fato, realiza uma série de funções na dimensão não-verbal, que varia da expressão de simpatia e confirmação do progresso do relacionamento (nós tendemos a olhar mais aqueles que gostamos), a exercitar o controle na tentativa de convencer o outro sobre os nossos argumentos e, ainda, regular a interação, sinalizando a alternância nas mudanças entre o orador e o ouvinte. Do modo como olhamos e como somos olhados, pode-se entender muito sobre o caráter de uma pessoa, sobre suas fragilidades e suas defesas: pessoas extrovertidas, por exemplo, fazem mais uso do olhar e tendem a ser percebidas como mais competentes, amáveis e socialmente qualificadas, em oposição àquelas mais introvertidas, que tendem a escapar do olhar dos outros, sendo percebidas como não confiáveis (ARGYLE, 1988). Além disso, através do olhar pode-se transmitir *emoções positivas* como alegria ou surpresa, levando a um maior contato visual, ou vice-versa *emoções negativas* como raiva, ansiedade ou constrangimento, que implicam uma evitação do olhar. Nesse sentido, *a pupila* também desempenha um papel importante na impressão que recebemos dos olhos de uma pessoa: ela pode ser dilatada ou diminuída dependendo da qualidade do contato visual e da relação. Além das mudanças na posição dos olhos, a expressão geral da face inclui uma série de outros sinais que vêm da boca, sobrancelhas e músculos faciais. São sinais que nos permitem expressar e reconhecer as emoções fundamentais de felicidade e de alegria através do *sorriso*, ou aquelas de tristeza através do *choro* ou do enrugamento dos cílios, ou de raiva ou de medo através de uma forte tensão dos músculos faciais e do olhar.

A qualidade das interações face a face são indicadores importantes para a compreensão do desenvolvimento das relações humanas e da intersubjetividade a partir da observação do recém-nascido. Nesse sentido, a expressão do rosto da mãe e as respostas ativas do recém-nascido em busca de seu olhar representaram os fundamentos da pesquisa de Tronick (1989) sobre a *regulação emocional e intersubjetividade* no desenvolvimento da personalidade através dos experimentos sobre a *still face* e os experimentos fundamentais de Daniel Stern sobre a *sintonização emocional* para indicar a capacidade da mãe de adaptar seu comportamento às formas vitais da criança (STERN, 2010).

Ekman e Friesen exploraram a dinâmica das expressões faciais em vários estudos (EKMAN, FRIESEN, 1982, EKMAN, FRIESEN, O'SULLIVAN, 1988, EKMAN, FRIESEN, DAVIDSON, 1990), elaborando um sistema de codificação baseado na anatomia (o Facial Action Coding System), levando em conta o andamento temporal, como fotos em sequência. Eles puderam, assim, demonstrar que um sorriso simulado pode ser distinguido de um sorriso espontâneo baseado em suas propriedades dinâmicas, ou seja, duração, tempo inicial, tempo apical até o tempo final.

Cook (1971) relata a existência de *estereótipos faciais*, isto é, de regras de identificação compartilhadas, através das quais a aparência externa está relacionada à personalidade. Existem, portanto, *traços* por exemplo, de rostos redondos ou agudos, a presença de barba ou óculos, que orientam precisamente as avaliações dos sujeitos sobre o humor, a inteligência ou outras qualidades da personalidade. Os elementos mais comunicativos de um indivíduo residiriam então nos aspectos físicos, nas roupas e naquelas ações e atitudes, a aparência, as posições assumidas, a maneira de falar, etc, que vemos em uma pessoa e que nos levam a definir sua personalidade que pode parecer agradável, forte, deprimente, etc. Desta forma, o caráter coincidiria com a atitude fundamental com a qual o indivíduo enfrenta a vida (LOWEN, 1978).

SINAIS E LINGUAGEM CORPORAL

Se é verdade, como acabamos de ver, que os olhos e o rosto são canais expressivos e comunicativos fundamentais, o mesmo pode ser dito do resto do corpo, que é dotado de uma linguagem muito articulada. Começando com os *gestos das mãos* que, segundo Ekman e Friesen (1972), podem ser *indicadores de um estado emocional*, por exemplo, a raiva se você apertar as mãos ou a satisfação de um sucesso esticando os braços para cima; ou podem ter um *valor comunicativo*, como o gesto da criança em apontar com o dedo indicador um objeto que quer da mãe ou de um adulto que com o mesmo dedo estendido pode enviar um forte sinal de comando ou reprovação. Em outros casos, em uma conversa pode-se observar *gestos de adaptação* mais ou menos inconscientes, como enrolar uma mecha de cabelo ao redor de um dedo ou mexer em uma caneta.

Ainda existem os chamados *gestos iconográficos*, ou seja, aqueles gestos que servem para demonstrar com uma *imagem* o que se quer comunicar, como indicar com uma mão a altura de uma criança, abrir os braços para mostrar perplexidade ou colocar seu próprio dedo índice nos lábios fechados para pedir silêncio.

Sensações e emoções também são expressas e transmitidas pela maneira como as pessoas ocupam o espaço com seu corpo: como eles movem o tronco ou caminham, como eles se levantam, sentam, como eles se inclinam ou se curvam, isto é, através de sua *postura*. Portanto, a orientação do corpo e a maneira pela qual ele é colocado no espaço em relação a outros membros da família pode nos dar indicações significativas sobre relações de intimidade ou colaboração, ou, ao contrário, indicar relações hierárquicas, autoritárias ou altamente conflitantes.

Especialistas em linguagem não verbal (SCHEFLEN, 1973; ARGYLE, 1988; DESMOND, MORRIS, 1977; EKMAN, FRIESEN, 1972; BIRDWHISTELL, 1970; LOWEN, 1978; STERN, 2010, TRONICK, 1989) descreveram uma série de modalidades posturais que correspondem a outras formas de se relacionar e comunicar sobre si mesmo. Em particular, Scheflen (1972) descreveu algumas posições do corpo que podem nos fazer entender como, dentro da família, podemos construir proximidades ou distâncias emocionais. Uma *posição inclusiva* será caracterizada por uma maior proximidade física entre duas pessoas, relacionada a um acordo de olhares, com *exceção* de um terceiro, que assim se sentirá em uma posição mais marginal e distanciada em relação aos outros dois. Esses processos de hiperinclusão/exclusão são, particularmente, importantes em relação ao estudo do *triângulo primário* e fazem parte da experiência clínica diária daqueles que trabalham com famílias. Eles também são a base de pesquisas clínicas interessantes, tais como as conduzidas por Elisabeth Fivaz-Depeursinge e colaboradores (1999) sobre a linguagem não-verbal e sobre os processos de comunicação entre pais e filhos através do *Lausanne Triadic Play*.

ESPAÇOS DO CORPO E FRONTEIRAS RELACIONAIS

Já antecipamos que a *proxêmica* é a disciplina que estuda a maneira pela qual as pessoas ocupam o espaço de acordo com os contextos interpessoais a que pertencem; assim, a proximidade física de um casal ou dos membros da família será diferente daquela determinada em um contexto escolar ou profissional e ainda mais em um contexto público, como uma estação de trem ou uma praça. A análise do contexto espacial pode nos dar muita informação sobre os sentimentos entre as pessoas e sobre as relações de confiança e poder que existem entre elas.

Um dos principais pesquisadores da proxêmica é o antropólogo Edward Hall (1966), que vinculou a dimensão espacial à distância/proximidade nas interações humanas, distinguindo quatro categorias, codificadas por regras e distâncias precisas, que, no entanto, variam muito significativamente dentro de grupos étnicos, culturalmente ou historicamente diferentes.

Distância íntima

Implica um alto grau de envolvimento emocional, com um acesso mais restrito, em que os membros da família nuclear são, geralmente, aceitos sem desconforto e, claro, os dois parceiros de um casal. Essa proximidade pressupõe um contato físico como na relação mãe-filho ou entre dois apaixonados.

Distância pessoal

Neste espaço de relacionamento próximo, pode ainda haver contato físico, por exemplo, estendendo a mão, membros da família menos próximos, amigos e colegas podem ser aceitos. O volume da voz pode ser mantido baixo e a distância, ainda, é suficientemente limitada, de modo a permitir compreender em detalhe as expressões e movimentos dos interlocutores.

Distância social

É aquela área relacional na qual realizamos todas as atividades que envolvem interações com pessoas desconhecidas ou pouco conhecidas, como reuniões de negócios ou de formação. A essa distância é possível captar a figura do interlocutor, o que nos permite entender melhor as intenções e controlar as comunicações.

Distância pública

É típico de situações formais em que um relacionamento interpessoal direto não é estabelecido, como um comício, uma conferência, uma aula universitária, com uma distância relativamente alta entre o orador e o ouvinte, caracterizada por uma forte assimetria entre os participantes.

Aprofundando as categorias de Hall, Sommer (1969) concentrou-se na percepção subjetiva dos espaços, especialmente em relação ao *espaço pessoal*, descrito como uma espécie de *bolha protetora* onde os outros não podem entrar; a invasão desse espaço seria sentida como uma intrusão irritante dentro dos limites que a pessoa construiu em torno de si mesma. É, portanto, um perímetro que delimita um espaço que varia de pessoa para pessoa e que, também, é afetado por diferenças culturais e de gênero.

O CONTATO FÍSICO

O contato físico se dá através da *pele*, o órgão de maior percepção do nosso corpo que comunica ao cérebro, desde o nascimento, o nosso conhecimento sobre o mundo externo. O bebê, através da experiência tátil, recebe as primeiras informações da mãe e começa a explorar a realidade que o circunda. A pele é, portanto, um órgão fundamental não apenas no desenvolvimento de funções físicas, mas também naquelas comportamentais e relacionais.

A forma primária do nosso relacionamento com os seres humanos e com as coisas acontece através do tato. *Tocar e fazer contato físico* são fatores sensoriais essenciais, espalhados por todas as partes da pele, na determinação da estrutura do nosso mundo e da qualidade das relações familiares e sociais. Embora o toque não seja uma "emoção em si", seus elementos sensoriais induzem mudanças neuronais, glandulares, musculares e mentais, que então se combinam no que chamamos de *emoção*.

Em princípio, existem dois tipos de contato físico: o *alocontato* consiste no contato com outras pessoas dentro de um determinado relacionamento, movendo-se de formas codificadas dentro da família e da cultura de pertencimento como o aperto de mão, a reverência, o beijo nas bochechas como uma forma de saudação entre amigos, parentes ou colegas de trabalho para formas de natureza mais espontânea, como um abraço, um tapinha no ombro ou um "*battere il cinque*"[4]; ou o *autocontato* que consiste em pequenos gestos de tocar partes do próprio corpo que podem ser repetidas, especialmente em momentos de tensão interpessoal, na busca inconsciente de conforto e segurança.

O SISTEMA PARALINGUÍSTICO E O SILÊNCIO

O *sistema vocal não-verbal* indica o conjunto de sons emitidos na comunicação verbal, independentemente do significado das palavras. Caracteriza-se sobretudo pelo tom da voz, que é influenciada por fatores fisiológicos como idade, constituição física, gênero e contexto social e cultural de pertencimento. Em algumas culturas é normal falar com um tom alto de voz, em outros o mesmo fenômeno pode ser considerado como "falta de respeito". A variação dos tons de voz também pode ser condicionada pela disparidade do nível social, ou pode representar uma maneira diferente de transmitir os estados emocionais diante de um acontecimento extraordinário; neste caso, um segundo fator pode entrar em jogo, a *frequência* da voz, que pode diminuir ou aumentar dependendo do contexto e da hierarquia relacional.

O *ritmo* da voz pode conferir maior ou menor autoridade às palavras pronunciadas: falar em um ritmo lento, inserindo *pausas* entre uma frase e outra, dá um tom de solenidade ao que é dito, como acontece, por exemplo,

---

[4] **Nota do tradutor**: a expressão italiana "battere il cinque" se refere ao modo em que os jovens, muitas vezes, se comprimentam, batendo de mãos abertas.

no contexto de uma conferência universitária ou de um discurso político; pelo contrário, falar a um ritmo rápido dá pouca importância às palavras pronunciadas, seja pelos conteúdos fúteis como os de uma fofoca ou por um estado particular de agitação daqueles que estão falando.

Na análise do ritmo devemos considerar a importância das pausas, que podemos distinguir em *vazias*, que representam o silêncio entre uma frase e a outra, e as *cheias* que são as interjeições típicas inseridas entre uma frase e outra como mmh, ah sem significado verbal, mas significativo em um nível analógico.

O *silêncio* também se enquadra no sistema paralinguístico e, como já dissemos, representa uma comunicação não-verbal com características muito fortes e com significados muito diferentes nas relações familiares e sociais. No mundo ocidental, por exemplo, existe uma predominância da expressão verbal, às vezes, falar é considerado quase uma obrigação dentro das relações afetivas, enquanto no mundo oriental o silêncio é favorecido como uma forma significativa de comunicação.

Obviamente, o silêncio deve ser entendido dentro de um contexto: o silêncio entre duas pessoas apaixonadas tem um significado muito diferente daquele estabelecido entre duas pessoas cuja relação parece estar congelada; também, pode-se responder com silêncio diante da dor ou perda repentina. Em breve, no próximo capítulo, descreveremos o silêncio como uma modalidade comunicativa dentro da terapia familiar e falaremos sobre as competências, bem como sobre as dificuldades de muitos terapeutas ficarem em silêncio para entender melhor as razões e experiências de seus clientes.

COMO USAR OS OLHOS NA TERAPIA FAMILIAR

No capítulo anterior, descrevemos como escutar e selecionar os conteúdos verbais mais significativos na construção da relação terapêutica.

Gostaríamos de nos aprofundar agora sobre como o terapeuta pode usar os olhos para observar as mensagens que os vários membros da família enviam através da linguagem analógica e para se *auto-observarem*. Se é verdade que não há gramática para estudar as regras da comunicação não-verbal, é igualmente verdade que na educação universitária e depois na especialização, o ensino e a compreensão do que é dito na sessão privilegia, muito mais, a chamada conversa terapêutica, e muito menos sobre o que você vê com os olhos, o que levou à definição geral da psicoterapia como *talking therapy*, ou seja, terapia das palavras. Também é verdade que as escolas de orientação experiencial, pelo simples motivo de se focalizarem nas emoções, têm, inevitavelmente, privilegiado todos aqueles canais que permitem colocar em jogo os sentimentos e sofrimentos diante dos eventos adversos da vida, ativando todas essas modalidades relacionais descritas acima, como o contato visual, o contato físico e o movimento no espaço terapêutico.

Além disso, um terapeuta que coloca a criança e o adolescente no centro do cenário terapêutico terá que aprender a usar a linguagem lúdico-simbólica desta última e passar da "cadeira para o chão", olhando assim a família *de baixo para cima*, isto é, da geração das crianças que vai para a dos pais, até a geração dos avós.

Muitas vezes, ao longo dos anos, me perguntaram com espanto: *"Mas como você consegue ver aquelas coisas na sessão com a família?"*. Acredito que parte da resposta está em minha experiência juvenil de "privação sensorial" e todos nós sabemos que, quando falta um sentido, os outros são ativados mais para compensar aquele carente. Tendo vivido em Nova York, após minha especialização romana em psiquiatria infantil, e trabalhando no campo da psiquiatria social e comunitária em um serviço de terapia familiar, tive que compensar imediatamente minha insuficiente compreensão do inglês com um uso muito mais acentuado dos meus olhos para observar as interações familiares, em situações muitas vezes dramáticas, em vez de escutar o seu conteúdo verbal. Este exercício de *abrir os olhos* acompanhou-me ao longo da minha vida, mesmo durante as muitas consultas familiares realizadas em países em que eu desconhecia o idioma, mas onde, através da tradução, pude ouvir as palavras, mas ao mesmo tempo observar a dança não-verbal de quem estava sentado na minha frente; é claro que tudo isso se repetiu na Austrália, onde moro há alguns anos e onde é impossível entender tudo o que é dito em palavras.

Mas para qualquer terapeuta é possível ter a mesma experiência de *escuta flutuante* do próprio idioma dentro do próprio país: basta abrir os olhos e ouvi-los também, deixando que muitos conteúdos verbais redundantes e supérfluos escorram para fora do *funil invertido*. Os olhos podem observar uma infinidade de situações relacionais em sessão que nos falam sobre a qualidade das relações na família.

Como os membros da família escolhem seus lugares

Um filho que está sempre sentado entre os pais ou dois irmãos que se sentam separados com um dos pais que se senta entre eles não é apenas um acaso, e uma cadeira vazia ocupada por uma bolsa ou por outros objetos entre dois parceiros em uma reunião de casal pode nos dizer algo sobre a distância emocional entre os dois. Ou você pode assistir ao cuidado de um filho adulto ao sentar-se com a mãe ou o pai, com um gesto cheio de ternura, como um retorno no tempo da família, quando as crianças respondiam com atenção aos cuidados carinhosos dos pais. Ou, pelo contrário, as rivalidades fraternas que nunca se resolveram, ao longo dos anos, podem ser vistas a partir das relações espaciais que os irmãos agora adultos podem reapresentar em sessão assim que tomam seus lugares. Jovens e adolescentes podem sinalizar sua maior ou menor motivação para ir à sessão quando entram na sala através da posição que assumem imediatamente depois, apenas sentados, mostrando seu desinteresse total com a linguagem corporal.

Uma menina que entra na sessão distraidamente, senta-se e começa a folhear algumas revistas femininas como se estivesse no cabeleireiro, está, definitivamente, dizendo algo sobre sua motivação para o encontro e, talvez, como ela se sentiu forçada a participar. Sem mencionar crianças ou jovens que, por causa de seus problemas, forçaram os pais a pedir ajuda. Não é incomum que representem seus sintomas de imediato: a criança deprimida sentará, muda e indiferente com a cabeça baixa, a hiperativa dará um ensaio de sua própria mobilidade pulando de um lugar para outro, o menino violento lançará olhares de fogo e desafio para os pais ou, diretamente para o terapeuta, imediatamente, considerado cúmplice dos planos parentais contra ele. Sem mencionar os casais em crise, que podem nos mostrar em seguida, com sua aparência e postura, mal-estar, sentimentos de abandono ou traição e o desejo de cada um deles de fazer imediatamente, através do olhar e da postura uma coalizão com o terapeuta contra o outro parceiro.

Além disso, o terapeuta terá que escolher onde se sentar no início de uma terapia, e isso dependerá de quão confortável ele se sente e também de seus modelos teóricos de referência.

Já descrevemos brevemente que um psicanalista ortodoxo escolherá sentar em uma cadeira atrás do divã do paciente, o médico e o psiquiatra colocarão uma barreira física entre eles e os clientes, formada por uma escrivaninha na qual podem ser vistas caixas de remédios e livros científicos. Os terapeutas relacionais familiares em geral optam por manter um espaço mais aberto, sem barreiras entre si e os membros da família; no máximo haverá uma mesa baixa onde colocar objetos, incluindo uma caixa de lenços, uma metáfora concreta para comunicar que durante a sessão pode-se mostrar emoções como chorar.

Não há dúvida de que uma acomodação semicircular sem barreiras no meio fala de um encontro menos assimétrico e hierárquico, como o do médico/psiquiatra, em que o encontro é mais "entre pessoas do que sobre as pessoas" em que o terapeuta deve sentir-se hábil e confortável em um espaço aberto, menos protegido, onde pode mover-se de uma posição inicial para se aproximar ou afastar-se de alguém ou fazer com que alguns membros da família mudem de lugar.

No trabalho clínico Whitaker sempre se sentou em uma posição marginal em relação ao grupo familiar e raramente mudava de lugar, acreditando que uma visão periférica do tipo *grande angular* em vez de *usar o zoom* era mais apropriada ao seu modelo de intervenção; ele acreditava que se concentrar em detalhes individuais desse ou daquele membro da família faria com que ele perdesse a distância certa para não se envolver em conflitos familiares. Essa maneira de proceder refletia plenamente a sua posição de distância/separação física dos membros da família que ele "tocava profundamente" por meio de sua linguagem simbólica, muitas vezes voltada para o absurdo (WHITAKER, 1977), feita de metáforas e associações livres.

Satir (1967), ao compartilhar o mesmo modelo simbólico experiencial, ao contrário, utilizou o espaço de maneira muito mais ativa em busca de relações de proximidade, favorecendo o contato físico de maneira calorosa e afetuosa. Em nossa modalidade de intervenção, escolhemos uma posição central inicial em relação aos membros da família, sentados em semicírculo em frente ao terapeuta ou aos terapeutas nas frequentes sessões de coterapia.

Como observar o jogo de olhares

Em nosso trabalho clínico o olhar do terapeuta é muito ativo, livre para explorar o espaço circundante e, muitas vezes, se encontra com o olhar dos membros da família para criar um diálogo implícito com cada um deles, tomando o cuidado para não excluir nenhuma pessoa desta forma de ligação emocional implícita. O olhar do terapeuta deve transmitir empatia, curiosidade, calor e, ao mesmo tempo, uma sensação de segurança, de modo a sinalizar que qualquer tipo de emoção que se manifeste durante a sessão pode ser aceita e contida. Obviamente, se alguém se mostrar aborrecido ao ser olhado nos olhos ou fizer um movimento ativo de evitação, não será útil forçar essa barreira; no mínimo, será útil observar suas respostas visuais e gestuais às interações verbais que também podem lhe afetar diretamente. Muitas vezes, as crianças que são muito dependentes e coniventes com suas mães não podem responder a nada sem primeiro olhar para a mãe nos olhos, como se tivesse que "pedir permissão para falar". Ou pode acontecer que a mãe comece a chorar e, automaticamente, sua a filha também, quase por indução juntam às suas lágrimas.

Sobre a expressão do choro na sessão, retornaremos em breve, mas é preciso antecipar que o choro nem sempre é uma expressão autêntica de dor e tristeza; em várias circunstâncias si manifesta como uma expressão de falso sofrimento, tornando-se um instrumento de controle e indução muito forte para aqueles que parecem frágeis ou facilmente manipuláveis, como na situação mãe-filho que acabamos de mencionar ou na dinâmica de casais altamente disfuncionais em que as lágrimas podem facilmente se tornar "armas de ataque ou defesa". O mesmo pode ser dito para o sorriso, que nem sempre é uma manifestação de alegria ou de felicidade e, às vezes, pode estar mais perto de uma máscara defensiva do que de um sorriso genuíno, escondendo as emoções reais que não podem ser explicitadas. Ekman, Friesen e O'Sullivan (1988) observaram que as expressões faciais autênticas podem ser distinguidas das falsas ou simuladas de acordo com suas *dinâmicas vitais*.

O terapeuta pode ser atravessado por uma infinita variedade de olhares entre um ou outro membro da família ou casal. Olhares de compreensão, olhares de amor e ternura podem alternar com olhares de rejeição, desprezo, provocação e ódio. Ou ele será capaz de observar uma dor profunda, um sofrimento sem fim ou uma total impotência diante dos acontecimentos da vida. Importante para um bom andamento da terapia, é a capacidade do terapeuta de manter, ou seja, permanecer íntegro e não ser influenciado de uma forma ou de outra pela qualidade e intensidade dos olhares dos membros da família: um olhar cheio de lágrimas ou ódio de um membro deve ser aceito pelo terapeuta sem preconceito ou envolvimento pessoal, caso contrário, será difícil, a partir da observação dessas expressões emocionais, permitir uma redefinição positiva e favorecer os processos transformacionais familiares.

Dada a carga emocional de muitas sessões de terapia familiar, o terapeuta deve desenvolver estratégias operativas para desviar o olhar e manter sua integridade quando sente o risco de assumir pesos excessivos da família para si mesmo; poderá, por exemplo, favorecer a suspensão das interações e uma queda da tensão, propondo um jogo ou encorajando uma risada coletiva, ou uma pausa e um momento de silêncio; ou novamente, focalizando o olhar em um objeto que está em suas mãos, poderá se destacar por alguns momentos da intensidade da sessão, retomando um diálogo consigo mesmo.

O choro de Giada

Com a descrição do uso relacional do choro de Giada e a modalidade ativa de redefini-lo em sessão, podemos entrar no seguinte tema: como usar o espaço terapêutico através do movimento.

Giada, uma universitária do segundo ano de psicologia, chega na terapia familiar, em concordância com o psiquiatra responsável, por causa de sua depressão e pelos frequentes episódios de choro, que têm o poder de paralisar completamente os pais, incapazes de conter a crise em casa. Mesmo na sessão, o choro de Giada tem o efeito de fazer com que os pais se sintam totalmente inadequados e parece ser uma maneira de concentrar toda a atenção em si mesma e em seu mal-estar. Reconhecendo o valor de seu choro, que parece incompreensível para a família, confiando em suas supostas competências psicológicas, peço a menina que faça um pequeno ensaio sobre as diferentes formas de choro de um adolescente, escrevendo no quadro negro os aspectos diferenciais que Giada aceita com grande prazer, já que este pedido faz com que ela se sinta ainda mais no centro da cena. Enquanto a menina escreve e classifica com grande detalhe os diferentes tipos de choro de acordo com as diferentes situações, os pais e eu ouvimos com interesse, como no contexto de uma aula universitária. O efeito da aula não tardará a dar frutos: a partir da análise do choro, iniciou-se a construção de uma aliança terapêutica com a menina, que nunca se sentira tratada como uma pessoa tão competente tanto na família quanto nos encontros com o psiquiatra. E essa passagem através do choro de Giada permitiu entrar facilmente na história de desenvolvimento da família, de modo a compreender as lágrimas e dores relacionadas aos sofrimentos e perdas vivenciados pela família em outros tempos, mas ainda ativos no momento presente.

O MOVIMENTO DO ESPAÇO TERAPÊUTICO

Compartilhamos com Stern (2004) a ideia de que a ação é o principal caminho para o conhecimento e acreditamos que o movimento nas sessões de terapia familiar é essencial tanto em termos de avaliação de uma patologia específica quanto para produzir mudanças na esfera individual e familiar. Este volume, como as publicações anteriores do autor, é permeado por esse conceito de movimento como metáfora da vida e como projeto terapêutico. O movimento não consiste em "mover as cadeiras" em sessão, como tem sido frequentemente criticada a abordagem estrutural de Minuchin, banalizando seu significado por aqueles que, obstinadamente, continuam a pensar que a terapia é uma "coisa da razão" em que não tem espaço para o corpo e para aqueles que, no mundo psicodinâmico, ainda acreditam que a invariabilidade do setting e a dependência terapêutica são essenciais para a mudança.

Pode ser verdade para adultos que, sentindo-se alienados nas relações interpessoais, preferem entregar-se a um terapeuta individual, ter com quem falar, às vezes durante anos, sobre tudo "que se tem dentro" e recompor suas próprias fraturas internas e relacionais. Mas a dependência é absolutamente impensável quando um casal ou uma família entra em terapia, simplesmente porque um grupo é um sistema, uma organização regulada por afetos e funções recíprocas que nunca podem depender de um único elemento externo, mas, ao contrário, pode ser ajudado a "ser um time" e encontrar a força para mudar.

Já vimos como é complexo construir uma motivação e um projeto compartilhado com famílias e casais que encontramos na terapia, mesmo quando ela é bem-sucedida, é sempre uma questão de tornar vital e propositiva um grupo de pessoas ligadas por fortes laços emocionais que se apresentam bloqueadas ou em sofrimento pelas mais variadas razões.

É por isso que a metáfora do *treinador* de Bowen ou do *construtor de nexos* nos parece a mais apropriada para um terapeuta relacional, longe da sugestão da matriz psicodinâmica da "figura parental" à qual ele é afiliado.

Compartilhamos plenamente o pensamento de Stern, brilhantemente descrito em seu último livro, *As formas vitais* (2010), escrito antes de sua morte prematura, quando conclui afirmando que "o aspecto mais transformador e curativo da psicoterapia é a experiência da relação terapêutica, constituída de *formas vitais de interações*".

A força vital é a qualidade comum a todos os seres vivos, uma espécie de Gestalt global que, diz Stern, brota das experiências de movimento, força, tempo, espaço e intenção em relação aos eventos vivenciados.

Como já mencionado, a tarefa do terapeuta será direcionar a atenção para as formas vitais com as quais cada membro da família se expressa através do movimento e da dinâmica do discurso, a paralinguística, para ser claro, e não para o sentido estrito das palavras. Ao fazê-lo, poderá mergulhar e envolver-se na experiência terapêutica, identificando-se com um ou outro membro da família em uma profunda sintonia emocional que permite descobrir sinais de experiências globalmente vividas no passado e guardadas na memória de cada um, assim como naquela coletiva da família.

O fazer concreto em terapia e os caminhos da memória

Ao fazer algo concreto na sessão, aspectos importantes do relacionamento podem ser encenados de uma nova maneira. É o caso de muitos movimentos ativados no espaço terapêutico, como *esculturas familiares, rituais terapêuticos* ou *role-playing*, amplamente descritos nos capítulos anteriores, em que as ações adquirem um sentido de vitalidade sob a influência das condições particulares que caracterizam um tempo e um lugar específico na representação das relações familiares. Quando uma pessoa é convidada a escolher um momento, particularmente, significativo em seu crescimento (a idade escolar ou a pré-adolescência são frequentemente escolhidas) e esculpir relacionamentos familiares daquela época, naquele espaço, ativa um "caminho da memória" que se forma através da linguagem dos corpos dos familiares envolvidos na escultura e através da expressão de seus olhares e da ausência de palavras. Da mesma forma, se a mesma pessoa fosse solicitada a fazer "uma escultura do desejo", isto é, imaginar suas relações familiares no futuro da melhor forma, ou seja, após a resolução das dificuldades atuais, também terá que lidar com as experiências experimentadas no passado, e somente revisando aquelas vivências e os laços mais significativos, internalizados ao longo de seu desenvolvimento, ela será capaz de imaginar como representar um futuro diferente do presente através do movimento.

Com relação aos caminhos da memória, podemos relembrar brevemente um caso já descrito em relação aos *rituais terapêuticos*: um pai poderá libertar-se das fantasias de morte de sua filha adolescente, que o atormentam todos os dias, depois de encenar o "ritual de sua vigília a seu irmão morto", assassinado 20 anos antes.

A lembrança da experiência desse evento de perda de um irmão, muito significativo, tocá-lo afetuosamente, *agora* na sessão, enquanto um colega do autor recitava o papel de seu irmão morto, e comunicá-lo pensamentos remotos de admiração e inveja, sendo o irmão primogênito e preferido da mãe, tem um efeito vital dificilmente imaginável. Essa situação consegue livrá-lo da sensação de imobilidade e medo que o acompanhou por tantos anos, tão forte e persistente que invadiu e congelou outros espaços e outros relacionamentos, como aquele com sua filha. Esta última assistirá o ritual paterno em silêncio, sentada ao lado do terapeuta, e poderá finalmente "entender" os pesadelos do pai, identificar-se em sua dor e logo depois abraçá-lo de uma nova maneira.

OS MOVIMENTOS NA CONSTRUÇÃO DA ALIANÇA TERAPÊUTICA

Se é verdade que a empatia é fundamental na relação terapêutica, é igualmente verdade que o movimento é vital na construção da aliança terapêutica a partir da relação privilegiada com o paciente, ou seja, para a pessoa para quem a terapia foi solicitada.

Os movimentos ativos do terapeuta

Mover o olhar já é em si mesmo um movimento de *aproximação* do terapeuta, mas a capacidade de se aproximar ou se afastar, de ir para o chão, curvar-se, mover-se pela sala, mudar de cadeira, deslocar objetos, escrever em um quadro negro fazem parte da "ginástica física e mental" do terapeuta relacional.

Embora sejam generalizações, ainda parece útil relatar alguns tipos de movimento do terapeuta, distintos em relação à idade, ao gênero das pessoas e ao background cultural da família e, obviamente, em relação à situação específica. Para engajar uma criança você tem que entrar em seu espaço pessoal, olhá-la nos olhos e brincar. Para entrar em contato com um adolescente deve-se evitar olhar nos olhos dele, mas aproximar-se de lado e surpreendê-lo na interação, identificando-se em sua fisicalidade só mais tarde em seus sentimentos. Um adulto geralmente se defende mais e se coloca numa posição de espera, mesmo quando parece completamente disponível para o relacionamento. Vai envolvido através dos filhos, dos problemas, dos eventos familiares. Os mais velhos geralmente são como as crianças, e mesmo com os mais velhos, pode-se brincar e *flertar* discretamente. Entrando em suas memórias, é como dar uma bala a uma criança, eles gostam de se sentir uma parte importante da história.

Obviamente, a atenção ao gênero e à cultura é muito importante na construção da aliança terapêutica através do movimento. Para um terapeuta homem abordar um adolescente do sexo masculino, um marido ou um pai é muito mais fácil e mais imediato porque existe um conhecimento inato relativo a muitos aspectos universal do gênero. O mesmo pode ser dito da terapeuta mulher em relação ao mundo feminino, onde a maternidade, a criação de seus filhos e também o modo de "cuidar dos maridos" têm um caráter profundamente enraizado na identidade feminina. Então precisa-se aprender como se movimentar em uma sessão consciente dos limites de gênero e da idade e sempre perguntar qual o impacto que terá uma certa ação em uma pessoa do sexo oposto ou muito mais velha que o terapeuta.

No que diz respeito a *outras culturas*, deve-se ter a curiosidade de ser acompanhado em mundos, países e tradições muito diferentes dos seus e aprender, no campo, a diversidade de significados da linguagem do corpo e do movimento. Se o terapeuta está realmente motivado pelo desejo de conhecer outras dimensões culturais e se identificar com modelos diferentes dos próprios na expressão e transmissão de valores e emoções, o trabalho transcultural é fascinante e a construção da aliança terapêutica é facilitada pela posição inicial *I don't know* e junto com o desejo de ser guiado diretamente pela família.

Os movimentos ativos da família

É claro que, também, devemos encorajar o movimento dos membros da família entre eles e em relação a nós. Essa mobilidade também nos dirá muito sobre a maior ou menor flexibilidade dentro do casal ou da família. Às vezes, o espaço relacional parece congelado ou a postura e o movimento estão bloqueados devido a um conflito aberto ou a uma dor irreparável. Aproximar um casal ou um adolescente e um pai no momento em que algum nível de comunicação tenha sido aberto entre os dois servirá para reforçar o início de um acordo recém alcançado, após um período, talvez, longo e cansativo de distância emocional.

Igualmente importante será promover a construção de um espaço compartilhado pelos membros de uma família diante de um luto recente, como sentir a força de se sentar lado a lado em vez de ficar afastados com desespero e dor. Sobre a utilidade de promover a proximidade afetiva através do contato físico dos membros da família, como neste último exemplo, discutiremos em breve no próximo capítulo.

Nas minhas terapias pude observar uma constante modalidade de procedimento terapêutico. Depois de ter engajado uma criança ou adolescente problemático em um diálogo relacional ou na redefinição verbal de seus sintomas, o próximo passo é pedir-lhe que troque de lugar e sente-se ao meu lado. Esse pedido é um teste para avaliar, através de um movimento de aproximação, a disponibilidade da criança/adolescente de confiar em mim e nas minhas iniciativas. Ao mesmo tempo, a mudança de lugar passa a sancionar uma espécie de cumplicidade terapêutica e um assentimento implícito a uma colaboração ativa da criança, de modo a ampliar o quadro terapêutico, explorando, com sua guia, a história e os eventos familiares.

Outras vezes, o movimento é coletivo: quando, por exemplo, é feita uma proposta para construir ou completar o genograma da família. Neste caso, todos os membros da família podem convergir no centro da sala em torno de uma mesa onde o genograma está sendo desenhado. Nunca me aconteceu de testemunhar uma recusa por parte de alguém a essa atividade familiar, que de fato propõe novamente a ideia de que a história da família está no centro do interesse terapêutico. Todos os vínculos intergeracionais podem ser observados através da modalidade gráfica do genograma a partir das mortes por velhice ou prematuras, muitas vezes dramáticas, dos jovens; para continuar com laços conjugais e o nascimento de crianças e continuar com possíveis separações e formações de novos núcleos familiares. Ao tornar viva a história e os eventos mais significativos que passaram por ela, será mais fácil construir uma aliança terapêutica com cada membro da família e com esta última como uma *equipe*.

O movimento coletivo é também aquele de deslocar os familiares em torno de uma mesa para participar da elaboração de um *contrato terapêutico* com muitos pontos a serem seguidos e regras a serem respeitadas, que serão escritas e assinadas por toda a família e pelo terapeuta. Esta é a ação concreta que estávamos falando antes, para passar da análise de sintomas de um indivíduo para um projeto relacional de um grupo que encontrará novas formas vitais para produzir uma mudança individual (a solução dos sintomas) e de grupo (transformações das relações afetivas). O movimento pode ser útil diante de bloqueios relacionais ou hostilidade aberta em relação a alguns membros da família nas muitas situações em que alguém é arrastado para a terapia sem motivação pessoal. Vamos ver alguns exemplos.

A rocha argelina

Eu encontro uma família em consultoria em Paris. O pai é descrito pela família como uma rocha absolutamente impenetrável. Durante o encontro, a esposa e as três filhas adolescentes lançam olhares cheios de ódio e ressentimento contra esse homem que parece impenetrável em sua distância emocional.

Das informações recebidas antes da consulta, descubro que a família emigrou da Argélia. Depois de ter percebido os olhares de todos e o ressentimento contra Ali, eu me aproximei, sentei-me ao lado dele, tirei um pequeno mapa do mundo da minha agenda, peguei um lápis e perguntei para o Ali: *"pode me mostrar onde nasceu e de que parte da Argélia o senhor emigrou com sua família?"*. Ali me olha surpreso, surpreso com uma pergunta completamente inesperada e tira das minhas mãos o lápis, cheio de emoção! Delonga para procurar em um pequeno mapa e, em seguida, marca com um ponto o "lugar exato" onde ele nasceu e cresceu no deserto, no interior da Argélia. Mas então é realmente uma rocha ou é possível se aproximar e ir com ele para a Argélia e depois falar sobre os problemas familiares?

Como mudar as regras do jogo

Numa terapia de casal, os dois parceiros competem para desqualificar um ao outro; para cada uma das afirmações segue prontamente uma crítica feroz do outro. É como uma competição interminável para vencer o jogo final, mas nenhum deles pode fazê-lo porque o resultado é sempre um empate. Mergulhando nessa disputa extenuante e observando o *impasse* relacional do casal, aproximo-me do cavalete com folhas, divido a folha em duas partes, uma com o nome dele e outra com o dela. Então eu os escuto e relato as pontuações no quadro: assim que um começa e faz um ponto, o outro responde com discórdia e empata.

No final da sessão, eu pego a folha, rasgo em várias partes, e a coloco em um saco plástico, dando-lhes a prescrição para guardar o saco no quarto como um *lembrete* do relacionamento atual, pelo tempo que for necessário "até a sua recuperação", isto é, até que possam ouvir e apreciar as razões um do outro. Seis meses mais tarde, finalmente depois de trabalhar em terapia e em casa para mudar as "regras do jogo" de seu relacionamento, eles devolveram o saco com um grande sorriso de alívio.

Como transformar a rejeição de uma garota indiana em colaboração

Shanti está na sala de espera e se recusa a participar de uma sessão familiar por causa de seus transtornos alimentares, na qual eu deveria intervir como consultor. Os pais tentam convencê-la, mas ela responde com uma recusa obstinada; é então a vez do terapeuta, mas essa tentativa também falha. Os pais de Shanti e sua irmã mais nova estão na sala de terapia esperando para saber se o encontro será realizado de qualquer maneira. Decido arriscar-me a mais uma recusa, mas parece-me um sinal ambivalente e, portanto, encorajador de que, no entanto, ela chegou ao Centro de Terapia Familiar, mas apenas para "ficar na sala de espera". Recebo algumas informações gerais do terapeuta: a família emigrou de Mumbai, quando as meninas eram muito pequenas e existe um profundo desacordo entre os pais sobre como lidar com os problemas da menina.

Shanti tem um corpo magro, parece mais uma criança do que uma garota de 14 anos, está imóvel, sentada com a cabeça inclinada sobre uma das cadeiras da sala. Sento-me em uma cadeira ao lado dela, olho para minha frente sem sequer tentar olhar para ela e me apresento, dizendo meu nome e sobrenome, acrescentando que venho de Roma. Após uma pequena pausa, perguntei-lhe em tom coloquial: *"Você sabe onde fica Roma?"*. Após uma breve pausa com uma voz fraca, ela responde: *"Sim"*. Pareceu-me uma resposta encorajadora, que me permitiu responder com o tom de um viajante curioso: *"Eu estive na Índia uma vez muitos anos atrás, visitei o sul de ônibus, partindo de Mumbai, passando por Madras até o Cabo Comorin e depois voltando para Goa e Puna"*. Neste momento a menina levanta o rosto e olha para mim com curiosidade. Eu respondo ao olhar dela com um sorriso, me aproximo da cadeira dela e digo: *"O que você acha, se formos lá em cima e tentarmos ajudar sua família juntos?"*. A garota se levanta e me segue até a sala de terapia.

Capítulo 9

O SILÊNCIO E O CONTATO FÍSICO
DOIS MODOS DE ENCONTRAR A FAMÍLIA

PAUSA PARA REFLEXÃO

Na terapia, diz Stern (2010), a fala espontânea e até mesmo as vocalizações do terapeuta estão imbuídas de dinâmicas vitais. O terapeuta não abre a boca sem se sintonizar emocionalmente com o que acabou de dizer ou está prestes a dizer para alguém da família. Isso significa que mesmo uma ligeira variação no tom da voz, nas pausas entre uma frase e outra e mesmo aqueles sons inarticulados, como *"Uh uh!"* Ou *"Aahhaa!"* emitidos pelo terapeuta, assumem uma cor e um calor diferentes, dependendo do contexto emocional da sessão.

Em particular, as pausas na conversa são vitais para criar uma descontinuidade e permitir uma *escuta reflexiva*, como diria Carl Rogers (1951), tanto da parte do terapeuta quanto do membro da família que quer sintonizar-se com os pensamentos e as emoções dos outros. Um ritmo acelerado nas intervenções verbais do terapeuta é indicativo de seu estado de ansiedade ou constrangimento em situações estressantes ou conflitantes; um ritmo calmo e sereno permite criar *vazios de palavras* que permitem a todos "permanecer nas coisas" em vez de reagir emocionalmente a comunicações desagradáveis.

Especialmente em casais em crise, é frequente que as vozes dos parceiros se sobreponham, porque todos querem reafirmar sua verdade, reagindo imediatamente às respostas do outro, consideradas inaceitáveis. Nesse discurso entre surdos, no qual a interação é substituída pela reatividade, o terapeuta deve evitar a sobreposição de uma terceira voz, a sua própria, e agir como um *maestro de orquestra*, e não como alguém que toca outro instrumento musical. Além disso, em casos de *escalada* simétrica em um casal, as flechas que chegam através dos olhares mútuos são uma nova provocação e o terapeuta pode evitar uma maior animosidade na sessão, criando uma espécie de barreira visual entre os dois, com um cavalete móvel ou duas cadeiras sobrepostas, para encorajar uma alternância de respostas às suas perguntas, para que cada parceiro tenha a oportunidade de escutar o outro, sem que ninguém seja interrompido. Esse modo de proceder tem o efeito de desacelerar o ritmo do discurso e criar uma pausa para a reflexão útil para deslocar no âmbito cognitivo, o que produz confusão e raiva sobre o emocional. Para tocar os mundos profundos e afetivos de uma pessoa, nem sempre é útil permanecer na esfera das respostas emocionais. Isto foi bem entendido por Bowen há várias décadas, quando ele afirmou que, para quebrar o circuito da reatividade conjugal recíproca, era mais útil evitar qualquer interação das duas partes e mover a conversa do eixo *What do you feel?* para o mais introspectivo *What do you think?* A reflexão sobre as coisas e a ativação do pensamento têm o efeito de diminuir a tensão e de se aproximar, porque cada um poderá "sentir" e se identificar com o estado de sofrimento ou impotência do outro. Não é raro que, ao mudar o ritmo da pergunta-resposta e, sobretudo, alternando os interlocutores se criem momentos de silêncio que possibilitam perceber mensagens significativas em relação à postura ou do ritmo respiratório.

Na formação de psicoterapeutas, eu frequentemente aconselho a gravar as sessões de terapia familiar em áudio e a ouvir seus conteúdos mais tarde, especialmente, prestando atenção às pausas entre uma sequência de fala e a próxima. Um número de pausas maior é indicativo de um processo terapêutico mais efetivo, em que os vazios são preenchidos com significados implícitos, o que pode favorecer maior compartilhamento e colaboração entre os membros da família. Eles também são um teste para avaliar a capacidade do terapeuta de tolerar as pausas da fala e de entrar nas experiências profundas das pessoas sem a ansiedade de "ter que fazer alguma coisa".

Obviamente, existem pausas de suspensão do terapeuta frente a situações de luto ou doenças graves que permitem permanecer em silêncio com a dor da família; falaremos mais sobre isso no próximo parágrafo.

OS SILÊNCIOS DA FAMÍLIA E DO TERAPEUTA

Vindo de uma formação psicanalítica anterior, recordo com um relativo desconforto os longos silêncios da minha psicanalista que esperava que eu, na minha condição de cliente, tomasse a palavra. Além do método, nunca entendi por que a posição do analista deve sempre se basear em uma escuta ativa e nunca em uma iniciativa verbal destinada a propor um tema ou introduzir a conversa. Ao mesmo tempo lembro com emoção os silêncios que senti muito cheios, que me transmitiram o seu estar com minha dor em situações de luto e desorientação total. Aqueles silêncios eram muito mais importantes do que muitas palavras e me davam a sensação de um profundo compartilhamento, o que Stern chama de "sintonização afetiva". Aqueles silêncios, feitos de respeito e profunda participação emocional, eu os trouxe comigo como um enriquecimento precioso em minha bagagem como psicoterapeuta relacional. Eu os transferi de um contexto dual para um mais complexo, mas também mais vital, que é a família. Estar em silêncio com uma família tem significados muito diferentes e comunica emoções diferentes para cada um de seus membros.

De fato, como para outros conceitos, como a aliança terapêutica ou a empatia, o silêncio na terapia, não possui uma literatura relacional significativa que descreva como transferir seu valor da díade dentro de "relações não-duais", como aquelas que dizem respeito ao relacionamento terapêutico com uma família. Nunca, em minha formação relacional, li um artigo ou assisti uma aula sobre o tema do silêncio da terapia familiar, além do que se afirma a respeito do "silêncio como modalidade comunicativa" na descrição dos axiomas da pragmática da comunicação humana (WATZLAWICK, BEAVIN, JACKSON, 1967). Além disso, nas teorias construtivistas mais difundidas, parece reafirmada a primazia da conversação e da linguagem verbal na compreensão das profundas doenças dos casais e das famílias, não creio que haja uma reflexão adequada para entender o valor relacional do silêncio.

O silêncio do terapeuta como escuta

Na realidade, existe um silêncio dinâmico caracterizado por ouvir as interações verbais dos vários membros da família e o que segue depois de uma pergunta ou afirmação do terapeuta à espera de uma resposta. É um silêncio que acompanha a expressão do olhar e o tom da voz, capaz de transmitir uma sensação de calor e proximidade emocional que incentiva os familiares a realizar intervenções ativas, criando um contexto tranquilizador em que as pessoas se sentem escutadas e compreendidas.

O silêncio do terapeuta é proposto como uma "marca de contexto", um *modelling* que os membros da família podem adotar em suas modalidades comunicativas em sessão. É uma espécie de antídoto contra a ansiedade que, geralmente, força um ritmo acelerado na fala e frequentes interrupções mútuas. A calma e a serenidade do terapeuta são contagiantes e podem fazer muito mais do que muitas palavras ou prescrições de comportamento.

Eu não diria a uma pessoa que fala, ininterruptamente, ou que sempre interrompe os outros para "ficar quieta": não seria útil e criaria um "contexto de julgamento", no qual a autoridade não é contraditada, e um possível ressentimento na pessoa silenciada, ao contrário, eu poderia redefinir o "falar demais" como uma forma especial de cuidado para proteger os outros de uma exposição pessoal ou perguntar àquela pessoa de qual parte de sua família de origem vem o "falar demais" e quem ela pretende proteger; ou, simplesmente, eu poderia lhe dar o objeto que geralmente tenho em mãos, dizendo carinhosamente que brincando com ele, ela poderia se distrair e escutar os outros. E, claro, dar-lhe algo que é meu pode favorecer uma aliança terapêutica implícita, produzindo, assim, a "magia do silêncio".

Escutar e falar são duas formas complementares que permitem encontrar-se no espaço da sessão e são também um treinamento importante para desvendar situações de *impasse* relacional, como entre dois parceiros ou entre um pai e um filho adolescente, exasperados, porque cada um está convencido de "não ser escutado" pelo outro. Além disso, nesses casos existiria o risco de que todos continuassem a falar para finalmente serem ouvidos ou que, ao contrário, pudessem refugiar-se em um silêncio cheio de ressentimentos.

Em situações mais "congeladas", muitas vezes, descobri que "brincar com problemas" pode ser uma estratégia muito eficaz. Então eu posso brincar com o silêncio, dando meu relógio para um cônjuge ou para um dos pais ou para o filho, desafiando-os com o tempo, perguntando: *"Por quanto tempo você poderia escutar em silêncio seu parceiro ou seu filho, sem sentir o impulso de intervir?"*. "Geralmente, sendo um jogo, é possível que seja aceito sem resistência; é então proposto um tempo de silêncio/ escuta que, muitas vezes, não é violado, porque "faz parte das regras do jogo"; se isso acontecer, posso parabenizar a pessoa que passou no teste, certamente difícil de respeitar o silêncio; neste ponto, pode-se mudar o turno com mais otimismo, porque agora será mais difícil interromper. O resultado positivo será permitir que todos "tenham voz" e juntos "abram os ouvidos".

FICAR EM SILÊNCIO COM A DOR DA FAMÍLIA

Quantas vezes na profissão de terapeutas familiares nos encontramos diante da dor de uma família após uma morte repentina, um suicídio, uma separação devastadora, uma doença crônica, uma violência doméstica, um transtorno psicótico, um desastre natural, uma falência econômica.

Uma primeira questão que surge nesses casos é "Como estar com esse sofrimento?" e, logo depois, "O que fazer com esse sofrimento?". Não existe uma resposta geral e satisfatória para nenhuma dessas questões, mas não há dúvida de que cada terapeuta terá de encontrar a resposta que melhor se adapte à sua competência e sensibilidade individual, bem como o contexto no qual ele está exercendo a sua função. Trabalhar em um hospital e fazer terapia em um consultório particular são situações muito diferentes, outro aspecto relevante é o pedido específico daqueles que pedem sua intervenção.

Na história das teorias sistêmicas, muito se escreveu sobre o tema da *mudança,* isto é, como usar nossos conhecimentos e nossas estratégias operativas para ajudar as famílias a sair dos estados de mal-estar e se transformarem. Muito menos foi escrito e experimentado, sobre a capacidade do terapeuta de "ficar com o sofrimento" trazido pelas famílias em terapia.

Se é verdade que, diante da dramática perda de um filho, muitas famílias atuam estratégias defensivas de negação e rejeição do acontecimento, porque aceitá-lo seria muito doloroso, o mesmo pode acontecer com o terapeuta que, por medo de assumir uma dor excessiva, pode encontrar uma série de justificativas e defesas destinadas a não entrar em relação com o sofrimento, permanecendo na superfície das coisas.

Em outras ocasiões, os terapeutas muito "altruístas" acabam assumindo o sofrimento trazido pela família como se fosse "seu", ultrapassando a fronteira entre o que é da família e o que diz respeito ao terapeuta. Ficar em silêncio com a dor da família não é nenhuma das duas opções mencionadas acima. É uma modalidade relacional cuidadosa e serena que permite sintonizar-se emocionalmente com aquela dimensão da dor, imaginando as vivências muito diferentes de um pai comparado a um filho, um pai comparado a uma mãe e tentando conectar essas fantasias aos sinais não verbais transmitidos por um ou outro membro da família em sessão.

A morte de um filho

O silêncio sereno do terapeuta é o melhor antídoto para conter a angústia e aplacar os gritos de desespero de uma família diante do absurdo da perda de um filho. Vamos explicar com um exemplo.

A família Rosi vem para a terapia algumas semanas após a perda de Nicola, o filho mais velho de 18 anos, que morreu tragicamente em casa devido a um acidente doméstico, o mau funcionamento de uma caldeira à gás. Nicola estava sozinho em casa no momento de sua morte e sua mãe, na volta do mercado, o encontrou morto no chão do banheiro. Os pais e o irmão mais novo Giorgio, de 14 anos, abandonaram a casa na mesma noite após o acidente e foram morar na casa de alguns amigos, porque não conseguiam ficar no local onde Nicola morreu.

Na realidade, a minha intervenção é solicitada por amigos que os veem desesperados e não sabem como ajudá-los. Meus primeiros encontros com eles foram de silêncio e de escuta. Não me lembro de dizer ou fazer outra coisa senão segui-los em seus discursos, nos gritos desesperados da mãe, que contrabalançavam o silêncio perdido e inquietante do pai e o silêncio incrédulo do irmão. Escutei a meticulosa descrição do encontro do corpo de Nicola, a fuga de casa, a culpa da mãe por ir ao mercado, a culpa do pai que, apesar de ser engenheiro, não teve tempo de trocar uma caldeira defeituosa. Eu olhei cuidadosamente os álbuns de fotos levados pela mãe em sessão para me mostrar como Nicola era lindo e atlético e como ele era feliz. Eu, silenciosamente, observei as maneiras diferentes que cada um enfrentava o luto, a mãe indo ao cemitério para encontrar seu filho duas vezes por dia, o pai se fechando em total mutismo e Giorgio falando sobre sua perda apenas com seus amigos mais íntimos, envergonhado dos gritos desesperados da mãe e sentindo o pai ausente e distante. Eram três ilhas e cada uma respondia à sua maneira a um evento que de repente os afastara, eram uma família linda, feliz e unida, como a mãe apontou, mostrando-me fotos das muitas viagens feitas todos juntos antes do acidente.

Tendo vivido a trágica perda de um irmão, muitos anos antes, lembro-me de como o meu silêncio era ainda mais quente e intenso, atravessado por fragmentos de experiências pessoais, que em vez de sobrecarregar o campo me pareciam sintonizar mais com as diferentes expressões de dor e perda da família.

Estou convencido de que nossos clientes percebem o quão nós terapeutas somos capazes de permanecer com suas emoções e angústias mais profundas, como conseguimos contê-las e sabem como diferenciar nossos silêncios: os de constrangimento, os de fuga, os de respeito, os de coparticipação emocional real.

O tempo é um remédio essencial, mas também é verdade que existe um tempo transformador e um tempo morto. O primeiro é o que Roustang (2014) chama de *esquecimento que preserva*, dentro do qual as mudanças acontecem, porque a vida não parou e a dor angustiante não mais invade a existência, mas desaparece nas camadas mais profundas da vida de cada um. O tempo morto é, em vez disso, o *esquecimento que cancela*, que não permite aceitar que o evento tenha realmente acontecido e que a família tenha sido atingida, nesses casos em que a perda de um filho não ensinou nada e não mudou nada.

Vários meses depois, a família Rosi parece recuperar um sentimento de pertença e partilha, superando um longo período de distanciamento mútuo. E a primeira mudança ocorre, como sempre, através do "fazer concreto", que antecipa mudanças mais significativas de cada um em um nível mais profundo.

Deve ser decidido se a casa, onde nunca retornaram, deve ser vendida ou reestruturada para que voltem a morar. Tendo escolhido a segunda opção, é interessante notar que os planos de reestruturação serão o objeto de nossas sessões: eles me mostraram gráficos, esboços, hipóteses de reestruturação interna como se "eu tivesse que ir morar lá". Então, enquanto o meu primeiro silêncio teve uma função de contenção da angústia, agora a minha escuta e a minha participação emocional eram a resposta ao convite para compartilhar com eles um novo projeto de vida.

Em outras situações, caberá ao terapeuta entrar nos silêncios propostos pela família e interpretá-los. Podem ser silêncios ligados a uma perda, como a situação descrita acima, ou relacionados a segredos de família que não podem ser divulgados em terapia ou a situações que devem ser mantidas em silêncio, como traições, perda de trabalho ou abuso na família.

Às vezes o silêncio de um pode assumir uma forma patológica, como no *mutismo seletivo*, em que muitas vezes não se pode falar para cobrir, através do silêncio, a angústia e o profundo mal-estar de outro membro da família. Di Nicola escreveu um artigo intitulado "*The acoustic mask*" (1985a), relatando uma consulta familiar realizada por mim em Toronto há muitos anos, em que uma menina de 13 anos decidiu "não falar em casa", fechando-se em um mutismo total. Durante a sessão, apresentei um jogo, o de comunicar com a garota através de gestos e movimentos da cabeça e bilhetes que trocamos em sessão, portanto através de canais de comunicação acessíveis. Então, brincando com ela, aprendi que a garota havia absorvido todo o mal-estar existencial da mãe, que nunca falou abertamente sobre seu desespero por ter deixado a Itália e todos os afetos de sua família por anos para emigrar para um país cuja a língua ela não aprendeu e onde ela não queria ficar.

Em outros casos, o silêncio na sessão de um membro da família pode ser um "fazer vazio" para acomodar uma emoção muito intensa, mesmo de alegria ou gratidão, em que as palavras estariam fora do lugar. Ou pode ser um silêncio de reaproximação e reconciliação entre duas ou mais pessoas que finalmente se encontram. Veremos no próximo parágrafo que o silêncio interativo pode ser acompanhado por um contato físico que reforça e dá continuidade ao relacionamento.

O CONTATO FÍSICO NA TERAPIA FAMILIAR

O debate sobre o contato físico na psicoterapia é muito controverso e antigo, pelo menos tanto quanto a própria profissão. Prefiro chamar o contato físico pela expressão inglesa *touching*. Na terapia, este tema ainda parece estar cercado por uma espécie de *tabu*. Embora no código de ética do setor não exista referência específica, nem proibição de contato físico em terapia (proibições explícitas referem-se a atividades sexuais e tudo o que em geral pode prejudicar o paciente), nos encontramos enfrentando um assunto delicado; de acordo com a opinião dominante, ele é consideravelmente inadequado, além das formas mínimas e rituais de cumprimentar os clientes com um aperto de mão ou um tapinha no ombro.

Não há dúvida de que essa proibição implícita do contato físico na terapia cresceu nos últimos anos devido a uma série de fatores sociais. *Em primeiro lugar*, o aumento dramático do abuso sexual e da violência doméstica nas últimas décadas provocou um alarme social e um comportamento superprotetor em relação às crianças, tanto na escola como em lugares públicos e reforçou os estereótipos sociais sobre os homens, imaginados como potenciais agressores. Como resultado, o professor e o psicoterapeuta também podem abusar de sua autoridade e representar um risco se entrarem em contato físico com as crianças, um contato que sempre representa um cruzamento do limite pessoal do outro, traçado pela pele.

Além disso, o advento de doenças como a AIDS mudou os padrões públicos de interação física, criando uma psicose geral no âmbito social com relação ao risco de contrair a doença através do simples contato físico.

Sem falar na forte intrusão, dentro das práticas médicas e psicoterapêuticas, de questões relacionadas às possíveis ações movidas contra a *malpractice* profissional e o consequente condicionamento das seguradoras. Tudo isso, especialmente no cenário institucional, hospitais, serviços de saúde mental, etc., criou um medo coletivo e atitudes defensivas por parte dos profissionais de saúde mental, que preferem evitar qualquer risco pessoal em relação aos seus clientes; especialmente, nos países anglo-saxônicos, onde o contato físico é evitado, pois é considerado um risco potencial de possíveis denúncias.

Mesmo a psicanálise, precursora do desenvolvimento subsequente das psicoterapias, não favoreceu, mas vetou completamente, o desenvolvimento do contato físico na terapia. Enquanto no início de sua atividade, Freud tocava seus pacientes no pescoço e na cabeça, pensando que esse tipo de contato os ajudaria a se acalmar e a ter melhor acesso a seus pensamentos (HUNTER, STRUVE, 1998), posteriormente, quando o conceito de *transferência* foi incorporado em sua teoria, ele mudou completamente sua atitude, acreditando que o contato físico poderia interferir no desenvolvimento da transferência (HOLUB, LEE, 1990). Essa "proibição" condicionou o desenvolvimento da psicanálise e seu aprendizado e foi ainda reforçada por seu aluno Menninger, que condenou abertamente todas as formas de contato físico por parte do analista. Mesmo de maneiras diferentes, primeiro Ferenczi e depois Reich, apoiadores do *touching* na psicanálise, foram, por essa razão, banidos do círculo freudiano. E as coisas não mudaram muito no mundo psicanalítico de hoje, em que a linguagem não-verbal e o contato físico ainda são mantidos fora do relacionamento terapêutico.

O desenvolvimento das teorias humanistas, da Gestalt e da terapia familiar com orientamento experencial contribuiram para a ideia de que o contato físico pode ser uma modalidade muito eficaz para construir uma relação e uma maneira genuína de compartilhar e comunicar afeto por parte do terapeuta.Virginia Satir, terapeuta relacional e da Gestalt-terapia, foi um modelo extraordinário em sua forma livre e intensa de fazer contato físico com as famílias, a partir da construção das "esculturas familiares", onde ela podia mover fisicamente e deslocar a posição de um ou de outro membro da família, de modo a fornecer um retrato visual da dinâmica entre eles.

Haber (2002) descreveu o estilo de Satir muito bem, visando apresentar-se como um modelo para mostrar concretamente como fazer um contato físico adequado usando o próprio corpo.

Durante uma sessão com uma família, preocupada com o comportamento violento de Jim, um menino de oito anos, em relação à madrasta, Satir se ofereceu para ser tocada em seu rosto para ensiná-lo a acariciar gentilmente, guiando suas mãos. Ela então pediu a Jim para acariciar seu pai e sua madrasta durante a mesma sessão. A criança tinha sido vítima de comportamento violento por parte da mãe biológica e precisava ser reeducada em relação à intimidade e experimentar um relacionamento físico positivo. Assim como a ideia de Satir de "usar seu corpo" como *modelling* para fazer contato físico, é o trabalho de Michele Zappella (1987) em realizar sessões de *holding* com crianças autistas. Zappella também ensinava os pais e, até mesmo os avós, muitas vezes perdidos e inseguros a dar contenção física aos filhos autistas, a segurá-los no colo, abraçando primeiro a criança para mostrar uma holding segura e pedindo que fizessem a mesma operação.

Em um capítulo do volume *The Gift of Therapy*, Irvin Yalom (2001) descreveu o conceito "don't be afraid of touching your patient" de modo admirável. Relatamos, com um trecho de sua terapia, o sentido do discurso de Yalom, que também é uma mensagem muito forte para os terapeutas que se escondem por trás de uma série de justificativas "No hospital onde eu trabalho é proibido tocar os pacientes"; "De acordo com a lei do estado, qualquer tipo de contato físico com pacientes é proibido"; e novamente: "Que consequências meu gesto pode ter se o paciente se sentir humilhado ou invadido em seu espaço pessoal?" por medo de encontrar-se no mesmo nível humano com os clientes que vêm pedir ajuda profissional.

Uma mulher, após um tratamento de radioterapia, perdeu quase todo o cabelo e sempre usava uma peruca: ela se afligia por sua aparência física e sofria muito. Após um ano de psicoterapia, a mulher conseguiu encontrar coragem para tirar a peruca na sessão e ser vista quase completamente calva. Depois de discutir com ela se era uma boa ideia tocar os poucos fios de cabelo ainda na cabeça, Yalom gentilmente tocou o cabelo e o couro cabeludo por alguns segundos. Anos depois, ela o procurou por outras razões e comentou que o fato dele ter "tocado seus cabelos" representou para ela uma verdadeira epifania, uma ação afirmativa que conseguiu mudar radicalmente a imagem negativa que tinha de si mesma.

O CONTATO FÍSICO DO TERAPEUTA FAMILIAR

Na minha experiência clínica senti bastante natural a integração da linguagem, as perguntas que eu dirijo para um ou outro membro da família, com olhares e movimentos do corpo, coerentes com o que é expresso com a voz e o contato físico. Tudo isso é, sem dúvida, um reforço positivo no desenvolvimento da relação terapêutica que tem o poder de transmitir calor, presença, compartilhamento melhor do que qualquer palavra. O exemplo de Yalom, apenas citado, nos dá a medida do efeito extraordinário que o *touching* pode produzir dentro de um relacionamento autêntico baseado na confiança mútua.

Certamente, trabalhar com as crianças em sessão ajudou-me a liberar minha parte infantil e criativa do excesso de adulto que está sempre presente na identidade de todo terapeuta, muitas vezes, sobrecarregada pelo senso de dever e responsabilidade.

Até o meu "crescimento na Itália" me permitiu apreciar a linguagem das mãos com seus inúmeros significados, a poderosa linguagem corporal e as piadas, mas devo admitir que, infelizmente, esse tipo de "bagagem cultural" feita de experiências da vida cotidiana, diferentes em cada cultura, muitas vezes, não é usado, porque dar a si mesmo, permitir-se o direito de ser você mesmo no relacionamento terapêutico não é uma conquista fácil, como se fazer o terapeuta implicasse uma rejeição de muitos aspectos mais "cotidianos" da vida para construir uma "pessoa terapêutica" *do zero*.

Há maneiras de cumprimentar, como o aperto de mão, o *"battere il cinque"* com os meninos ou um tapinha no ombro, que podem parecer formas rituais de despedida. Na realidade, eles também podem transmitir mensagens muito significativas; por exemplo, o calor e a força em um aperto de mão de um pai no final da sessão podem comunicar um sentimento de gratidão ao terapeuta ou uma satisfação com o que aconteceu na sessão ou um gesto de confirmação de querer se envolver na terapia; o mesmo pode valer quando você *"batte il cinque"* com um adolescente, ou dá um tapinha nas suas costas, como se dissesse: "Nós conseguimos".

O contato físico como uma iniciativa do terapeuta para explorar territórios e relações familiares tem variações infinitas, dependendo do contexto emocional da sessão e do objetivo a ser alcançado.

Já vimos nos capítulos anteriores como o terapeuta pode pedir a uma criança ou adolescente que se mova e se aproxime dele: esse movimento pode ser seguido por um olhar de compreensão, um contato físico que visa transmitir uma presença afetiva ou a compreensão de uma dificuldade relacional; outras vezes, pode representar uma espécie de desafio compará-lo a uma situação específica, talvez fingindo uma luta com objetos de plástico ou tecido, um martelo, um porrete, uma cimitarra e assim por diante.

Pode-se tocar em partes do corpo pelas mais diferentes razões, como em uma situação terapêutica em que um telefonema foi feito pelo filho para pedir ao pai para vir imediatamente para a sessão. Uma vez que o pai chegou, tocar a palma da mão do menino e mostrar o número do celular do pai que estava escrito com caneta, foi uma maneira de reiterar ao pai o quanto o menino queria a sua presença e juntos, fazer com que este último sentisse o apoio total do terapeuta; você pode tocar suavemente a cicatriz de um adolescente que sofreu uma agressão e foi esfaqueado no peito e depois perguntar o que teria acontecido com seus pais se o golpe tivesse atingido seu coração; ou você pode tocar nos cortes feitos nos braços de uma garota desesperada ou nas tatuagens desenhadas no braço de um rapaz e se interessar por seu simbolismo; ou ainda observar a cor do esmalte nas unhas de uma criança que brinca desempenhando o papel de adulta, segurando delicadamente a mão dela.

O contato pode ser mediado através da troca de objetos, bichos de pelúcia ou partes de roupas, como chapéu, cachecol, sapato, que podem ser levados e passados para outro membro da família, de modo a se identificarem. Tudo isso deve ser voltado para o objetivo de transmitir mensagens de compartilhamento afetivo e compreensão dos problemas relacionais.

Vimos também que podemos formar uma aliança "juntos", para que possamos observar o desenvolvimento de um genograma, segurar com as mãos fotos de família, formular um contrato e terminar com um aperto de mão: todas operações em que existe o desejo de transmitir uma mensagem de compreensão com um contato físico.

Mesmo com adultos, o contato físico é muito útil para desvendar situações de *impasse* relacional e construir um vínculo positivo: pode ser um contato menos explícito do que com crianças, mas não por isso, menos útil. O fato de criar um contexto de jogo e, em todo caso, de ficar intrigado com alguns detalhes pessoais nas roupas, na postura, nas características físicas e assim por diante, torna mais fácil obter resultados positivos. Obviamente, deve ser considerada a idade, o gênero sexual, a cultura e a disponibilidade para o relacionamento das pessoas que desejamos envolver.

Relatei anteriormente o caso de uma senhora com traços altamente histéricos, convencida de que a família do marido tinha "feito uma macumba" e que sua casa estava "possuída pelo demônio". Foi suficiente mostrar curiosidade pelo pingente em seu pescoço para mudar o contexto da sessão: no pingente tinha uma pequena foto da mãe que tinha morrido recentemente. Pedi-lhe que mostrasse o pingente para mim; ela tirou com cuidado e colocou-o gentilmente em minhas mãos e comecei a "conversar com a mãe", que a deixara em um terrível vazio.

Acredito que a partir daquele momento e daquele gesto de "tocar a mãe com as mãos e conversar", iniciou um processo de mudança nas relações familiares, e que o contato físico, através do pingente, era um sinal de compreensão mútua, que permaneceu ativo até depois do final da terapia.

O CONTATO FÍSICO PARA RECONSTRUIR VÍNCULOS

"O contato físico é um dos elementos essenciais no desenvolvimento humano, uma modalidade comunicativa profunda, um componente crítico na saúde e crescimento da criança e uma poderosa força de cura". Isso já foi dito por Bowlby e Robertson (1952) e reconfirmado por Montagu (1971), afirmando que a falta de estímulos táteis na infância dava origem a uma falha em estabelecer relações de contato com os outros. Partindo dessas premissas, os estudos sobre a observação de bebê e a teoria do apego levaram a resultados extraordinários na compreensão do desenvolvimento infantil, mas não entraremos nesse assunto, sobre o qual existe uma literatura infinita.

Do nosso observatório clínico, podemos afirmar que muitos medos, desejos ocultos, cortes emocionais, mitos e segredos familiares ressurgem no curso da terapia familiar e que os *unfinished business*, problemas não resolvidos, do passado podem ser encontrados, precisamente através das dificuldades do presente, uma oportunidade para a resolução. A reconstrução dos laços interrompidos pertence primeiro ao mundo adulto, mas tem repercussões significativas nas relações do casal, no desempenho das funções parentais, no bem-estar geral e na saúde dos filhos.

Para todos aqueles que não foram capazes de satisfazer as necessidades primárias de cuidado e amor no decorrer de seu crescimento, a terapia com a família pode ser um ambiente seguro e acolhedor para a reconstrução de vínculos interrompidos ou cortados.

Essa operação de "recostura" representa o melhor tratamento para resolver conflitos intergeracionais e crises de casal; o contato físico tem um valor fundamental para curar feridas antigas, mas ainda abertas, e o terapeuta pode construir uma ponte relacional extraordinária.

A experiência mais significativa do meu trabalho clínico de muitos anos com as famílias é, sem dúvida, ter tocado com as mãos que é possível processar o luto, reconstruir laços, reconciliar e recuperar a confiança em relacionamentos severamente deteriorados, na medida em que se tem a coragem de derrubar muros, barreiras defensivas e preconceitos cristalizados ao longo do tempo; o contato físico entre "pessoas que se encontram" permanece na mente de todos e indica os caminhos para a mudança.

Reencontrar a mãe depois de trinta anos

Leonardo vem para terapia familiar com sua esposa Lara e seu filho de 20 anos de idade. O motivo do pedido está relacionado ao comportamento agressivo de Giovanni, filho único que usa drogas e que não aceita regras em casa, provocando e ameaçando seu pai de todas as formas, com o consentimento implícito da mãe que o protege da raiva paterna.

Mesmo na sessão, a cena dos dois contendores atacando-se verbalmente é repetida, com Lara sempre tomando partido de seu filho, mesmo que ela negue em palavras. Leonardo tem uma ansiedade de base e é facilmente irascível; o casamento está em crise há algum tempo e Giovanni se comporta como se quisesse explodir a família.

Entrando na história de seu pai, descubro que Leonardo deixou a família aos 15 anos para se alistar aos paraquedistas como resultado de contínuas brigas de família, mas especialmente porque sua mãe nunca o amou e o cuidou, Leonardo ainda se lembra que a "mãe o manteve em um berço horrível sem nunca trocar suas fraldas". Ele tem fortes ressentimentos em relação à mãe e, na verdade, não a vê há mais de 30 anos, embora morem na mesma cidade, ao contrário de seus irmãos, que têm contato frequente com ela.

Os pais de Leonardo se separaram, mas depois voltaram a morar juntos. Depois de trabalhar por cerca de um ano com essa família e ter conquistado a confiança total do pai, incentivei Leonardo a uma sessão verdadeiramente especial: ele com a mãe dele. De fato, nessa ocasião, pedi para conhecer toda a sua família de origem, incluindo seu pai e seus irmãos. Fiquei agradavelmente surpreso que ele aceitou o meu convite, o que me ensinou que "nunca é demais o que se pode pedir às famílias para reconstruir os laços emocionais".

Leonardo avisou que sua mãe Giulia, agora idosa, foi atriz de teatro e que, de fato, sempre foi uma "diva" em casa. Giulia apareceu na sessão com um volumoso envelope cheio de documentos, cartas e cartões postais que ela colecionara para demonstrar que "mãe amorosa" fora com esse filho, o mais velho dos cinco. E, claro, Leonardo estava pronto para contestar todos os pontos, assim teríamos que assistir a uma disputa verbal, com a consequência de favorecer mais desapego e novos ressentimentos. Parecia difícil imaginar que eles não se viam há trinta anos! Tudo tinha parado quando ele saiu de casa com a idade de 15 anos;

o tempo subsequente, trinta anos, passaram entre suposições, rancores e distância emocional de ambos os lados. Mãe e filho estavam sentados nas duas extremidades do grupo familiar, parecia uma pena perder uma ocasião tão especial. Fiz o meu melhor para transformar o contexto da sessão de um tribunal para uma oportunidade de reconstruir um vínculo emocional interrompido por tantos anos. Além disso, um fato fundamental não deveria ser subestimado, ou seja, que o filho a tivesse convidado para a sessão e que ela tivesse vindo.

Então decidi me usar como intermediário: desloquei o filho entre eu e a mãe, essa abordagem já produziu uma emoção positiva em ambos, como um possível contato tão temido quanto desejado. Então peguei a mão de Leonardo e a coloquei na mão da mãe, enquanto com as minhas mãos, eu envolvia as duas, mantendo-as juntas com firmeza e carinho. Nenhum dos dois recuou e isso me pareceu um sinal positivo para mantê-las juntas. A mãe precisava falar e voltar aos nós cruciais do drama familiar. Ela falou com uma voz dolorida que quando o marido a golpeou violentamente, Leonardo, que tinha então 14 anos, em vez de defendê-la, disse ao pai para "lhe dar mais"! Com essa lembrança de Giulia, Leonardo virou a cabeça para o lado e largou a mão da mãe. Depois de um grande esforço, consegui relaxar a mãe, dizendo-lhe que esta sessão era uma ocasião especial, não só para recordar os abusos sofridos, mas também para ouvir a voz do filho depois de trinta anos.

Giulia iluminou-se, olhou para os olhos de Leonardo sorrindo de maneira amorosa, como se faz com os filhos pequenos, pegou a mão dele e, pela primeira vez, ficou em silêncio. Leonardo respondeu ao olhar e sorriu para ela, esse momento de reencontro da intimidade terminou com um abraço.

E então Leonardo conseguiu dizer: "Percebi que, quando criança, eu poderia ou deveria ter defendido você naquela ocasião e em outras circunstâncias. Eu não fiz isso, sinto muito e me desculpo. Agora estou aqui para dizer que não odeio você e não tenho mais rancor: agora nos encontramos novamente e nos reabraçamos. Muito bem! Mas isso não significa que possamos restabelecer relações normais, porque isso seria uma hipocrisia para mim. O máximo que consigo é dizer-lhe com o coração que eu não odeio você, que nunca odiei você e que lhe desejo todo o bem deste mundo". Depois disso a mãe o puxou para si e trocaram dois beijos afetuosos. No final da sessão, Leonardo colocou o sobretudo na sua mãe com cuidado e a acompanhou pela mão até o lado de fora da sala de terapia. Lara também esteve presente na sessão e, pela primeira vez, ouviu e entendeu o que o marido carregou consigo por tantos anos.

A seguinte sessão em que Lara, Leonardo e seu filho Giovanni participaram aconteceu em uma atmosfera emocional absolutamente nova: Giovanni não estava presente no encontro com a família do pai, mas imaginava o que Leonardo teria sentido naquela sessão com a mãe. O efeito disso finalmente se traduziu em uma apreciação real de Giovanni em relação ao pai, que assumiu um risco tão grande, mostrando uma coragem incrível. Leonardo parecia uma pessoa que acabava de escalar uma montanha, exausto, mas feliz com a linha de chegada, e Lara, pela primeira vez, o viu sob uma nova luz.

Reunir duas pessoas que construíram uma barreira emocional entre elas ao longo dos anos, na presença de outros membros da família, é uma maneira muito eficaz de reconstruir o vínculo, que experimentei em muitas terapias. Sem dúvida, é necessário, como no caso descrito, estabelecer primeiro uma aliança terapêutica e ter criado um clima de confiança coletiva na sessão; é uma questão de encontrar o *timing* certo e de adquirir uma serenidade interna como terapeutas, o que permite favorecer o movimento e o contato físico de maneira simples e imediata.

Isso também pode ser dito sobre o caso de Edith e Patrick já descrito em um capítulo anterior, os dois irmãos que lutavam pelo afeto de sua mãe através de suas doenças recíprocas: Patrick com um distúrbio congênito do pâncreas e Edith com o início de uma anorexia grave. Além de redefinir seus sintomas e aproximá-los através das palavras, no final da sessão pedi aos dois irmãos que me mostrassem concretamente qual era a distância emocional deles no momento, usando a distância entre as cadeiras como medida. Ambos se aproximaram com suas próprias cadeiras, mantendo uma relativa "distância de segurança". Então perguntei-lhes que proximidade eles gostariam de alcançar para se sentirem realmente bem um com o outro e, nesse momento, eles chegaram tão perto que estavam em contato físico.

Encorajado por tanta disponibilidade mútua, propus que se abraçassem, o que fizeram com imenso prazer. E esse momento de forte harmonia emocional marcou o início de uma transformação do relacionamento fraterno e de toda a família.

Permitir não apenas uma aproximação simbólica ou de palavras entre pessoas distantes, mas de favorecer sua expressão concreta na sessão tornou-se uma constante no meu cotidiano como terapeuta. Estou convencido de que, como a terapia em si é uma forma de ritual, é possível que diferentes expressões de contato íntimo possam se manifestar na sessão, tornando-se parte de um ritual terapêutico, permanecendo gravado na memória daqueles que participam diretamente e de toda a família, testemunha privilegiada de uma mudança coletiva. Congelar um vínculo emocional redescoberto através de um gesto carinhoso, um abraço caloroso e prolongado, a possibilidade de chorar ou rir juntos permite transformações incríveis em um nível individual e relacional e o terapeuta pode usar a si mesmo como uma ponte para reconectar partes soltas da família.

OS PESOS DO ROB

Antes de terminar este capítulo, gostaria de relatar alguns trechos de uma consultoria familiar, que nos permitiram observar uma série de operações terapêuticas que resumem os principais conceitos relatados neste livro, incluindo: a construção de uma aliança terapêutica com um menino de sete anos, através de palavras, linguagem não verbal e contato físico; o jogo sobre a metáfora concreta dos pesos que Rob pode carregar em suas costas, como uma provocação de suas "funções parentais"; a busca de recursos adultos no grupo das irmãs da mãe para apoiá-la emocionalmente; a descrição da história da resiliência da mãe e do luto nunca elaborado com relação à morte trágica de seu marido no nascimento de seu segundo filho, Tommy; o sorriso de Rob refletido na foto sorridente de seu pai.

A história da família

O pai de Rob, após um terrível acidente de carro, entra em coma e morre depois de alguns meses, logo após o nascimento de Tommy. Na época da morte de seu pai, Rob tinha dois anos de idade. A mãe cria sozinha os dois filhos e inicia uma terapia familiar por causa do baixo desempenho acadêmico de Rob e de seu "fechamento" na escola. A terapeuta, que solicitará a minha consultoria, acompanha a família há cerca de um ano, alternando encontros conjuntos com sessões individuais com Rob ou com sua mãe.

A consultoria acaba de começar e eu, indicado nos diálogos como C, pergunto à mãe como posso ajudar a terapeuta com os problemas de Rob. A mãe responde com uma conotação positiva da criança.

Quem pode ajudar a mãe, além de Rob?

Mãe: Rob é uma criança muito sensível!

C: *(apontando para a criança, magra e longilínea, que está brincando na sala)* Vem cá, deixa eu checar! *(tomando o pulso da criança como se controlasse suas pulsações)* É realmente assim, você é um menino muito sensível! Eu sou médico, você é realmente uma criança muito sensível *(com uma voz afável, olhando nos olhos dele)*, mas você também é uma criança muito boa com olhos azuis fantásticos e eu acho que você está cuidando muito bem de sua mãe. É verdade? É um objetivo da sua vida cuidar da sua mãe? Você sabe que você é o menino grande de casa? Você tem uma grande responsabilidade sobre as suas costas! Você tem costas fortes? Podemos ver se suas costas são tão fortes? *(A criança parece quase hipnotizada. Este estranho médico parece tê-lo examinado na alma e dado voz ao papel que ele assumiu na família, para proteger sua mãe. Ele não evita o contato físico com o jogo do médico ou com o próximo, quando C pressiona as mãos nas suas costas magras para ver o quão fortes elas eram.)*

C: Oh meu Deus, elas são realmente fortes! Como uma rocha! Mas quem pode ajudar sua mãe além de você? Você é o único? Ou você quer ser o único?

(Robert acena com a cabeça)

C: É muito trabalho, né? Quantos anos você tem?

Rob: Sete.

C: Por sete anos, é um ótimo trabalho ... você já pediu a ajuda das irmãs de sua mãe?

Rob: Não.

C: Nunca? Quem pode ajudar a mamãe? Eu tenho uma ideia. *(Na sala tem uma pequena mesa e cadeiras para crianças com folhas e lápis coloridos.)* Sente-se nesta cadeira, você deve me ajudar ... você deve escrever em um pedaço de papel ... Qual a cor que você prefere?

Rob: Verde.

C: *(apontando para a folha)* Temos que escrever aqui: *ajuda para a mãe*, na sua língua.

(Rob começa a escrever com uma boa ortografia.)

C: Você escreve muito bem, você é um bom aluno! Agora, sob o título, você tem que escrever a lista de pessoas que podem ajudar a mãe. Você é o primeiro. Quem vem depois de você?

(Enquanto isso, Tommy, curioso da tarefa de seu irmão, aproxima-se da mesa e é convidado a sentar e colaborar, escrevendo algo também.)

C: Acho que entendi o seu idioma, mostre-me! Rob é você, Tommy é ele, e esta é a irmã da mãe, Rachel? Então, já existem três pessoas que ajudam a mãe, podemos incluí-la também? *(a terapeuta)* Ela ajuda a mãe, ela é boa?

(Rob acena com a cabeça.)

C: *(observando os nomes escritos pela criança na folha)* Mas esta é outra tia ou é a mesma?

Mãe: Eu tenho quatro irmãs, mas elas estão ocupadas com suas famílias!

C: Depois desse encontro, você acha que Sue *(a terapeuta)* pode pedir a Rachel que venha ajudar você e sua mãe?

Rob: Eu não sei ainda.

C: Eu acho que você não confia muito na sua tia, você quer fazer tudo sozinho. É verdade? Mamãe é sua, né? O único que pode ajudar você um pouco é o seu irmão!

Dá para sorrir com 50 kg nas costas?

C: *(endereçado à mãe)* Então essas lindas crianças cresceram tão bem graças a senhora? A senhora fez um bom trabalho! Está satisfeita ... está orgulhosa de si mesma?

Mãe: Sim.

(Até agora, Rob manteve um olhar sério sem um sorriso e a mãe confirma que Rob sorri muito raramente, mesmo em casa.)

C: Mas dá para sorrir com 50 kg nas costas? Se Rob acha que pode remover esses 50 kg de suas costas, então ele poderá sorrir. Temos que fazer uma mágica *(com uma varinha mágica na mão, apontando para as costas da criança):* agora esses 50 kg devem desaparecer! Aqui está o ponto! Você tem 50 kg nas costas, para quem podemos devolver esses quilos? Espere, eu quero te mostrar concretamente.

(O consultor se levanta e vai para a parte de trás da sala, onde tem uma mochila cheia de câmeras do operador que está gravando a sessão, ele pega e pede para Rob levantar.)

C: Esta mochila é muito pesada! Tente levantar. *(Rob levanta como se não pesasse muito.)*

C: É muito pesada?

Rob: Um pouquinho.

C: Só um pouquinho! Mãe, você consegue controlar o peso? Ele diz só um pouquinho.

Mãe: É pesado!

C: *(para a terapeuta)* Verifique você também, Sue.

Sue: É muito pesada!

C: E ele só fala um pouquinho! É muito pesada e talvez quando você crescer será um campeão de levantamento de peso. Mas como você pode sorrir com todo esse peso nas costas? Vamos ver se podemos fazer a mágica.

Rob: *(com presunção)* Eu também posso levantar duas mochilas!

C: Você também pode levantar duas mochilas? Como aquela? Você é um garoto muito forte! Então mãe, podemos fazer essa mágica? Normalmente, quando uma criança permanece sem pai, ela precisa da mãe e de outros adultos para ajudá-la a crescer. A mesma coisa para Tommy, mas ele sabe que não pode carregar um peso tão grande. Por isso ele pode sorrir.

(Em confirmação disso Tommy tira um lindo sorriso.)

C: Está um pouco preocupada com ele, mãe?

Mãe: Sim, estou muito preocupada com Rob.

C: Mas a senhora está mais preocupada com ele ou consigo mesma?

Mãe: Com ele.

C: *(apontando para o Tommy)* E com ele?

Mãe: Menos.

C: Então, a senhora se preocupa com Rob e ele se preocupa com a senhora. Como podemos resolver esse problema? Ele se preocupa com a senhora desde o dia em que nasceu. E a senhora se preocupa com ele desde o momento em que ele nasceu. Mas dois medos não ajudam! Devemos ampliar o quadro e ver quem pode sustentar essa família. Vocês dois são muito parecidos. Muito sensíveis, muito tristes e muito unidos. Você sabe disso? Você sabe que você e a mãe são muito parecidos?

Os pesos da mãe

C: Então a senhora também, Jenny, carrega um grande peso?

Jenny: Sim, tanto.

C: Quando era uma criança pequena, da idade de Rob, quanto peso carregava consigo?

Jenny: Muitos.

C: *(apontando para o Rob)* Ele sabe?

Jenny: Não.

C: Agora a senhora pode dizer para ele, não acha?

Jenny: Eu disse para ele que não tive uma boa mãe.

C: O que significa não ter uma boa mãe?

Jenny: Ela sempre me deixava sozinha, ela me abandonou e eu tive que me virar sozinha.

C: Então sua mãe não estava morta, mas ela não estava disponível.

Jenny: Exato.

C: Desde sempre?

Jenny: Sim, desde quando eu era muito pequena.

C: *(endereçado a Rob)* Você sabia?

Rob: Não.

Jenny: *(segurando Tommy no colo que se aconchega em seu corpo)* Eu nem sequer tive um bom pai, ele era um alcoólatra, e eu era a mais velha, eu cuidei de todos, cinco irmãs e um irmão.

C: Mas agora quem pode ajudá-la?

Jenny: Boa pergunta!

C: A senhora permite que as pessoas, suas irmãs, a ajudem?

Jenny: Eu moro a meia hora de distância das minhas irmãs, mas durante a semana não podemos nos ver, todas trabalham e têm filhos.

C: Isso soa como uma desculpa. Se elas precisassem de ajuda, a senhora as ajudaria?

Jenny: Eu iria correndo ajudá-las!

C: Então a senhora é melhor em dar do que em receber!

Jenny: Estou sempre preocupada em dar aos meus filhos o melhor.

C: É muito fiel aos seus filhos, a senhora certamente não teve bons pais, mas quer ser uma mãe perfeita para eles, quer dar para eles o melhor. A senhora nunca pensou que, se fosse mais feliz e menos triste, eles se beneficiariam?

É difícil depois de seis anos de isolamento

Jenny: Sim, penso nisso, mas é difícil depois de seis anos de isolamento.

C: Então ... a senhora ainda está muito triste com a perda do seu marido?

Jenny: Sim.

C: Ele era um bom marido?

Jenny: Sim.

C: E também um bom pai? Mesmo que por pouco tempo?

Jenny: Sim.

C: Tem uma foto dele aqui? As crianças se parecem com ele?

Jenny: *(entregando a foto do marido ao consultor)* Rob se parece muito com ele, Tommy se parece com a mãe do meu marido. Rob tem os olhos e o cabelo de seu pai.

C: *(virado para o Rob, segurando a foto de seu pai perto do seu rosto)* Venha aqui. Olhe para o seu pai e agora tente sorrir como ele, mostre-me seu sorriso. *(Rob, pela primeira vez, muito emocionado, faz um lindo sorriso.)* Que lindo! Você é muito parecido mesmo! Mamãe não sabe que quanto mais ela for feliz, mais você será feliz!

Os conselhos do terapeuta e o follow-up

C: *(Dirigido a Sue.)* Eu trabalharia menos os problemas escolares, esqueça a escola, ele é um bom aluno. Ele tem que tirar todo o peso de si mesmo e ele será um bom menino em tudo o que ele fará. Mas por enquanto é um pouco triste e tem suas razões para isso. Esta família precisa receber uma injeção de esperança, leveza, vitalidade e diversão. Precisa-se trabalhar para "abrir a casa" e reativar o relacionamento com as irmãs, e ajudar Jenny a pedir ajuda para si mesma e encontrar tempo para superar o luto depois de uma perda tão importante. Assim ela poderá sorrir novamente e Rob poderá sorrir também.

Sue se encontra com a família dois meses depois e relata que todos ficaram entusiasmados com a sessão e que Rob se ilumina toda vez que se fala da consultoria.

A mãe estava mais consciente do impacto da morte do pai em seus filhos e de sua perda emocional e parecia mais motivada a trabalhar essas questões. Sue propôs sessões individuais para ajudá-la a elaborar o luto e, ao mesmo tempo, planejarem o convite das irmãs e alguns amigos para a sessão.

Seguindo a sugestão do consultor, Sue envolveu um coterapeuta homem para criar uma aliança maior em sessão com a parte masculina.

CONCLUSÕES

COMO A PSICOTERAPIA FAMILIAR NASCEU

Nos anos setenta, toda uma geração de psiquiatras e psicólogos se rebelou contra a lógica do manicômio e de outras formas de contenção física e farmacológica. A psicoterapia familiar nasceu e se desenvolveu sobre as cinzas dos verdadeiros *campos de concentração* para pacientes, vítimas de suas próprias enfermidades e, até mesmo, da ignorância e arrogância psiquiátrica diante da impotência do tratamento.

Foram necessários cinquenta anos para reconstruir a relação entre normalidade e patologia e destacar o ser humano dentro da doença e dentro da cabeça dos especialistas do mal-estar mental e do psicológico. Igualmente, tanto tempo se passou para descobrir e demonstrar concretamente que o tratamento não deve ser procurado apenas dentro da pessoa, mas também na família, no ambiente em que ela se manifesta, no tecido social, nos lugares de encontro, na solidariedade humana. Nós vivenciamos isso na clínica, ensinamos isso em universidades e em institutos de terapia familiar, que cresceram rapidamente em todo o mundo ocidental. Nós escrevemos sobre este ponto de vista em muitas publicações científicas, documentadas através de gravações de vídeo e follow-up com os próprios usuários, nós dissemos isso aos administradores, políticos, chefes de setores de hospital e mídia. Escrevemos e experimentamos, no trabalho terapêutico, que a voz de crianças e de adolescentes deve ser escutada na família, na escola e nos locais de atendimento. Muitas vezes, os distúrbios psicológicos ou psicossomáticos de um jovem são fortes sinais de dificuldades familiares que vão muito além de suas dificuldades atuais. Seu corpo e seu comportamento, às vezes, violento ou regressivo nos falam de crises de casal, de rompimentos familiares ou de lutos que nunca foram elaborados.

Ouvir suas vozes na terapia com a família, frequentemente, permite transformações importantes em muitos níveis e uma solução mais rápida dos sintomas e das dificuldades da infância ou da adolescência que nos permitem intervir em realidades mais difíceis e, muitas vezes, dramáticas. (ANDOLFI, MASCELLANI, 2013).

Este volume é apenas o último testemunho de um pensamento e de uma convicção sobre os recursos da família que me acompanharam durante uma longa e fascinante viagem profissional.

OS LIMITES DO MODELO MÉDICO NO TRATAMENTO DAS DIFICULDADES MENTAIS E RELACIONACIONAIS

Se antes a ignorância de tantos psiquiatras e a rigidez de um contexto social assustado queriam fazer desaparecer o desconforto mental, colocando-o nos manicômios, fora da vista dos normais, hoje a situação parece muito mais alarmante, porque dominada pelo *business* e pelo poder midiático que condicionam profundamente pessoas saudáveis em busca de soluções mágicas para prevenir ou eliminar a tristeza, a infelicidade, a falta de desejo sexual, a dor por suas próprias perdas, o envelhecimento, a solidão. E tudo isso através de remédios "cientificamente testados", e manuais como DSM-5, que tentam estender o modelo médico até a inclusão virtual de todos os comportamentos humanos em uma classificação delirante. "Os diagnósticos e o uso de remédios saíram de qualquer controle: 20% da população adulta entra em alguma forma de transtorno mental e 20% tomam psicofármacos; os limites da psiquiatria foram além e o território da normalidade está, cada vez mais, diminuindo"; isso não foi dito por um antipsiquiatra, mas por Alan Frances, eminente psiquiatra, um dos curadores responsáveis pela IV edição do DSM (FRANCÊS, 2013).

Além disso, hoje temos as *smart pills* disponíveis, pílulas inteligentes, que têm de fornecer um "aprimoramento cognitivo" para melhor desempenhar suas funções, seja para cirurgiões, pilotos ou empresários, sem mencionar a quantidade de estudantes que tomam anfetaminas para passar em exames estressantes. Além da eficácia desses remédios, o que é preocupante é a filosofia de vida e o modelo dos "super-heróis" que sustentam tudo isso: o homem vencedor a todo custo, sem fraqueza ou fracasso. Mas quais são as implicações éticas dessas "descobertas científicas"? Quais são os ensinamentos para nossos filhos?

Se cinquenta anos atrás estávamos lutando para ir contra o establishment psiquiátrico e procurar outras formas além do controle e da contenção, hoje, entre o pós-modernismo e o *politically correctness*, testemunhamos um completo silêncio em todas as frentes, porque se a crítica não vem de dentro daqueles que seguem o modelo médico até o limite extremo, também não chega do mundo psicológico e de outras disciplinas sociais.

Mesmo a psicoterapia familiar parece incapaz de demonstrar com seus instrumentos a eficácia de suas intervenções, diante de solicitações, cada vez mais, urgentes de respostas rápidas, baseadas, principalmente, em mudanças comportamentais.

Como mencionado neste livro, a terapia familiar nasceu nos Estados Unidos no final dos anos sessenta e se desenvolveu em todo o mundo ocidental; agora que está em forte declínio onde começou, está assumindo novas e vitais dimensões nos países asiáticos, onde o pensamento e o trabalho clínico de pioneiros como Virgínia Satir, Sal Minuchin e até mesmo Murray Bowen parecem muito atuais e enraizados.

Não se pode esquecer que uma das razões pelas quais a terapia familiar perdeu sua força de propulsão nos EUA é devido a tenaz oposição expressa pelas associações das famílias de doentes mentais em relação aos terapeutas, acusados, não erradamente, de culparem os pais pelos problemas de seus filhos.

O que acabamos de dizer nos confirma a importância de construir uma aliança terapêutica sólida com a família, baseada na colaboração e no compartilhamento além da busca pelo culpado, se realmente quisermos tratar o *paciente*.

O advento da neurociência e dos estudos cerebrais abriu um território de pesquisa (basta pensar na descoberta dos neurônios-espelho) e incrível experimentação clínica, com a possibilidade de encontrar tratamentos eficazes para doenças sociais como Parkinson, Alzheimer e até mesmo o autismo infantil.

Ao mesmo tempo, esses importantes estudos neurobiológicos favoreceram o crescimento exponencial e um uso indiscriminado de psicofármacos no campo das psicopatologias, desde transtornos bipolares às diferentes manifestações da esquizofrenia, dos transtornos de personalidade às formas mais comuns de depressão, transtorno de estresse pós-traumático, anorexia nervosa, ataques de pânico e assim por diante até prescrever Ritalina em doses maciças para crianças com TDAH ou outras disfunções.

Os psiquiatras sociais com orientação psicodinâmica desapareceram e as novas gerações parecem acreditar quase, exclusivamente, no poder resolutivo dos tratamentos biológicos. Os medicamentos e rótulos diagnósticos individuais contaminaram o pensamento de instituições inteiras de cuidados e de gerações de profissionais que não conseguem enxergar além dos sintomas do indivíduo, desmembrando famílias em mônadas, não mais olhando para a família como uma unidade emocional. Os mesmos terapeutas familiares parecem sofrer das mesmas sugestões centradas no indivíduo isolado e, em vez de unir a família e vê-la como um todo, preferem alternar sessões individuais com encontros com os pais ou com um filho, voltando para trás o relógio em 50 anos.

A REDESCOBERTA DA DIMENSÃO HUMANA E RELACIONAL DA PSICOTERAPIA

Apesar da tentativa de negar as experiências adversas da vida como os problemas humanos, reduzindo tudo a transtornos, síndromes psiquiátricas e neurolépticas, eu gostaria de terminar este volume com a descrição de uma experiência clínica. Isso para despertar uma esperança renovada na psicoterapia familiar e em sua dimensão relacional e, profundamente, humana naqueles que ainda estão abertos e são capazes de se emocionar e refletir diante das mudanças consideradas impossíveis fora do conhecimento psiquiátrico.

O milagre de Patrick

Há três anos, fiz uma consultoria no norte da França com Patrick e seus pais.

Patrick tem 20 anos e é filho único. Ao nascer, foi-lhe diagnosticado uma agenesia testicular, uma doença rara e incapacitante que, leva a um importante desequilíbrio hormonal, que acabou traduzindo-se em traços femininos marcantes, criando problemas de relacionamento intoleráveis na escola e no grupo de pares. Episódios repetidos de bullying levaram o menino a abandonar a escola.

Desde os 12 anos de idade, o menino foi internado, muitas vezes, em hospitais psiquiátricos, recebendo ao longo do tempo uma série de diagnósticos: esquizofrenia, personalidade borderline, transtorno bipolar e, muitas vezes, mudando, de psicofármaco. Os pais, pessoas simples, moram em uma cidadezinha da Normandia, ambos trabalham e parecem não ter mais muita esperança, tanto no filho quanto nos tratamentos. A mãe cuida de tudo para Patrick, o superprotege e trata Patrick como uma criança pequena e incapaz. O psiquiatra que o trata segue o menino, individualmente, mas também encontra a família e é ele quem sugere a consultoria.

Este não é o lugar para relatar em detalhes o andamento do encontro. Vou me limitar a enfatizar dois ou três conceitos básicos.

Propus a Patrick, desde o início da sessão, de escrever em um pedaço de papel os aspectos positivos de sua vida, uma questão tão incomum quanto inesperada para ele e para seus pais. Após uma longa espera e minhas calorosas solicitações, o menino passou a listar alguns de seus valores positivos como generosidade, criatividade, altruísmo, confirmados pouco a pouco por seus pais, surpresos por um psiquiatra que fazia perguntas tão incomuns.

O segundo passo, uma vez realizada uma aliança com o menino em seus talentos pessoais, era deslocá-lo para perto de mim, fora do triângulo entre os pais e fazê-lo descrever a história do crescimento de seus pais, ambos cheios de responsabilidade e sobrecarregados com suas famílias muito antes do nascimento dele, que chegou depois de muitos anos de casamento e consideráveis dificuldades de procriação. A mãe se viu responsável, aos dez anos, pelo crescimento de seus irmãos, com um pai alcoólatra e uma mãe totalmente incapacitada; o pai, por outro lado, triste e silencioso durante todo o encontro, cresceu numa família centrada no trabalho no campo e na dor, nunca superada, pela perda prematura de duas irmãzinhas, uma antes de seu nascimento e a segunda alguns anos depois.

Se Patrick parecia uma criança pequena entre os pais, seu comportamento era muito mais maduro, uma vez que ele era "retirado daquele espaço" e finalmente reconhecido e escutado pelos seus pais, incrédulos por seu filho ser tão interessado e informado sobre suas histórias de vida.

O encontro terminou com o desejo de que Patrick pudesse encontrar um emprego e se distanciar dos pais e hospitais, considerando também o fato de que suas capacidades mentais estavam absolutamente intactas, apesar de ter passado, pelo menos metade de sua vida, dentro de casa ou de hospitais. Nesse projeto, obviamente, a orientação desse psiquiatra foi importante, primeira pessoa que parecia interessada em Patrick enquanto garoto, não apenas como paciente, e em seus pais.

Depois de pouco mais de um ano, recebi uma nota do psiquiatra, que tinha seguido a família durante todo esse tempo, dizendo que Patrick agora morava em um apartamento em uma cidade a 15 km da casa de seus pais, com os quais as relações melhoraram muito. Recentemente, ele teve um emprego no Museu Impressionista local. Na nota, ele me disse que a família tinha uma boa lembrança da sessão comigo e que os pais teriam o prazer de encontrar-me novamente, caso eu voltasse para a França, para "mostrar como Patrick tinha mudado".

Um ano depois, tendo retornado a Paris para um seminário de terapia familiar, convidei a família e o psiquiatra para uma sessão de follow-up. Apesar de muitos anos de experiência clínica, não pude acreditar no que via: as mudanças de Patrick eram visíveis não apenas através de suas palavras, mas em todos os seus gestos e em sua nova maneira de sorrir para a vida; os pais finalmente pareciam ter emergido de um pesadelo de vinte anos, capazes de repensar-se como um casal após longos anos de distância emocional.

No ano seguinte, eu tive um contato novamente, desta vez apenas por telefone com Patrick: o psiquiatra tinha me dito o quanto Patrick queria me ouvir e durante o telefonema ele disse que sentia muito por não voltar a me encontrar em Paris, mas o trabalho o havia impedido. E ao mesmo tempo ele me confirmou que seus pais tinham feito coisas juntos que ele nunca teria imaginado.

Mas então poderíamos nos perguntar: se as famílias podem fazer mudanças extraordinárias, uma vez que são reconhecidas em sua integridade e capacidade de amar, o mesmo "milagre" não poderia acontecer em nós que cuidamos delas?

PESQUISA SOBRE EFICÁCIA E AVALIAÇÃO À DISTÂNCIA DA TERAPIA FAMILIAR

Com certeza, a psicoterapia é afetada por um considerável atraso histórico no desenvolvimento de critérios de avaliação compartilhados e demonstráveis sobre a eficácia da intervenção terapêutica. A terapia familiar em si só produziu nos últimos anos pesquisas significativas sobre a avaliação de resultados, reconhecidas pela comunidade científica e por associações do setor.

Sem querer fazer uma justificativa, a resposta a esse atraso pode ser atribuída a vários fatores: a psicanálise, que pode ser considerada a fonte original da qual as psicoterapias derivam, por longas décadas impediu que pudéssemos nos informar como "externos" sobre o progresso da terapia individual, envolta em extrema privacidade, em uma aura de mistério e de indefinição, sobre o processo terapêutico, sobre os tempos e modalidades de conclusão do tratamento. As regras do setting impedem, de fato, que pais, cônjuges ou colegas pudessem receber informações sobre os progressos da terapia de um indivíduo, seu familiar, como se fossem intrusos indesejados.

O conceito de *confidencialidade* ainda é a base da esmagadora maioria das psicoterapias individuais, como se existisse uma sacralidade ao entrar em um relacionamento com os aspectos mais profundos e privados do indivíduo, incluindo as crianças.

Tudo isso traz o fato de que a descrição dos resultados terapêuticos é fortemente influenciada pela subjetividade do terapeuta, e, mesmo que o paciente fosse participante, não haveria "prova social", ou seja, o confronto das mudanças individuais por membros da família e sua rede social.

Um segundo motivo, que dificulta a avaliação dos resultados de uma terapia familiar, é o fato de que, frequentemente, os mesmos critérios de uma terapia dual são usados na observação de contextos multipessoais, para mensurar a aliança terapêutica, o desaparecimento dos sintomas, a mudança etc. Um indivíduo pode descrever com relativa facilidade a qualidade da relação terapêutica, seu processo de afiliação e aliança com o terapeuta, o desaparecimento de seus distúrbios e as mudanças feitas.

É bem diferente construir critérios de avaliação que permitam expressar as opiniões de um casal ou de uma família sobre o sucesso terapêutico. Se uma terapia visa uma modificação do comportamento individual, não é difícil que a pessoa que apresentava transtorno de conduta descrevesse os resultados mais ou menos satisfatórios do tratamento e será fácil perguntar a opinião dos membros da família, que participaram da terapia com a função de ajudar a extinção de tais sintomas.

Os critérios que devemos adotar para descrever a eficácia da terapia, quando esperamos um processo de transformação de toda a família e, não apenas, a remissão dos sintomas individuais serão muito diferentes. Neste caso, diante de um pedido de intervenção por problemas de relacionamento de um casal ou transtornos graves em uma criança ou adolescente, os sintomas individuais serão apenas a "ponta do iceberg", pois uma vez observados e compreendidos, será necessário então lidar com o iceberg em sua totalidade.

Um pioneiro no campo da pesquisa familiar é, sem dúvida, William Pinsof, que no Family Institute da Northwestern University desenvolveu linhas de pesquisa seguidas por outros pesquisadores. Já em 1986, em colaboração com Leslie Greenberg, ele escreveu *The Psychotherapeutic Process: A Research Handbook* (PINSOF, GREENBERG, 1986) e então buscou a integração com a psicoterapia biológica no volume *Integrative Problem Centered Therapy* (PINSOF, 1995), tentando preencher o hiato entre prática clínica e pesquisa em um trabalho de duas mãos com Lyman Wynne (PINSOF, WYNNE, 2000), e mais recentemente descrevendo a "Integrative Problem Centered Metaframeworks Therapy" (BREUNLIN, PINSOF, RUSSELL, 2011).

Nos últimos anos, a atenção dos pesquisadores parece, cada vez mais, direcionada ao estudo da qualidade da relação terapêutica e dos elementos constitutivos do vínculo entre terapeuta e família. Autores como Frielander, Escudero e Heatherington (2005) desenvolveram um modelo de pesquisa chamado SOFTA (The System for Observing Family Therapy Alliance), que visa estudar a qualidade das interações entre os diferentes membros da família e aquela entre cada um deles com o terapeuta.

O mesmo objetivo parece ser o de Scott Miller, que junto com Barry Duncan e Jacqueline Sparks, publicou o livro *The Heroic Client* (2000), que descreve uma maneira "revolucionária" de melhorar a eficácia da intervenção por meio de uma terapia "centrada" no cliente e na avaliação dos resultados por cada membro da família no final de cada sessão".

Desta forma, através do feedback da família, o terapeuta poderá avaliar como continuar ou modificar suas linhas de intervenção, estimulando um maior envolvimento e direcionamento da sessão pela família, de modo a alcançar os objetivos estabelecidos. O estudo da aliança terapêutica também está na base da pesquisa sobre o triângulo primário de Fivaz-Depeursinge e Corboz-Warnery (1999), centrada na observação microanalítica das interações triádicas entre o recém-nascido, mãe e pai. Este modelo de pesquisa clínica foi estendido ao longo dos anos para a criança em idade pré-escolar no chamado Lausanne Trilogue Play (LTP) e descrito por Fivaz-Depeursinge e Philipp no recente volume *A criança e o casal* (2014).

A TERAPIA NARRADA PELAS FAMÍLIAS

Já no volume *The Myth of Atlas* (Andolfi, Angelo, De Nichilo,1989) descreveram os critérios que orientavam as sessões de follow-up, excluindo que a terapia tivesse um valor puramente reparativo, mas sim que era um *laboratório relacional* para produzir mudanças individuais. Por um lado, incluindo a extinção dos sintomas para os quais a terapia foi pedida, e por outro, uma transformação dos padrões relacionais da mesma família, pensando que a terapia pudesse se tornar um lugar especial para experimentar papéis e relacionamentos mais saudáveis e vitais.

Após o lançamento do livro acima mencionado, passamos 12 anos trabalhando para lançar um volume em italiano que coletasse dados de uma pesquisa qualitativa sobre a avaliação à distância dos resultados da terapia familiar. Nós intitulamos este volume *A terapia narrada pelas famílias* (ANDOLFI, ANGELO, D'ATENA, 2001) para enfatizar nosso método "indutivo" de pesquisa, longe dos padrões universitários, para ouvir a voz de 150 famílias com cinco anos (ou até mais) de distância do fim da terapia familiar ou de casal.

Recrutamos um grupo de psicólogos/psiquiatras-investigadores que realizavam entrevistas por telefone, mas, principalmente, filmavam as sessões de follow-up com as famílias e com os terapeutas que haviam realizado a terapia, de modo a reunir as reflexões de todo o sistema terapêutico.

O objetivo desta pesquisa foi explorar como a família tinha mudado ao longo dos anos, que memória tinha de cada um dos encontros terapêuticos, quais sessões ou quais situações específicas foram sentidas como mais transformadoras ou mais difíceis e, claro, a história relativa ao desaparecimento total ou parcial dos sintomas individuais. O mesmo padrão de perguntas também foi colocado para o terapeuta.

No caso da terapia de casal, o esquema de entrevista foi muito semelhante e as entrevistas por telefone foram realizadas com cada um dos dois parceiros, enquanto os encontros diretos aconteceram na presença do casal.

Não podemos relatar os resultados de um trabalho monumental em poucas linhas, mas gostaríamos de mencionar algumas impressões gerais que se conectam muito bem às conclusões deste volume.

Em primeiro lugar, descobrimos o valor social deste trabalho de pesquisa, ou seja, as famílias entrevistadas, após uma longa e dolorosa história de transtornos psicóticos ou psicossomáticos em um de seus membros, geralmente era um filho ou filha, aceitavam com gratidão e com grande prazer, o nosso convite para os encontros de follow-up, afirmando que as suas observações sobre a experiência da terapia e sobre as suas subsequentes transformações teriam sido úteis para outras famílias em dificuldade.

Além disso, a memória dos passos terapêuticos mais significativos nos permitiu entender melhor a utilidade e o timing de nossas intervenções. Por exemplo, muitos relataram que as sessões mais importantes e até as mais difíceis eram aquelas em que a família de origem era chamada. Assim, entendemos o poder transformador desses encontros, mas também entendemos como é necessário prepará-los bem e propor no tempo certo, caso contrário, possuem um efeito oposto fechando os canais de comunicação em vez de torná-los mais fluentes. Entendemos o valor da linguagem não verbal, das esculturas familiares como um mapa emocional da família, imagens poderosas que permaneceram gravadas na memória coletiva da família por muito tempo; bem como o poder evocativo de "objetos metafóricos", isto é, de objetos que, uma vez introduzidos na sessão, assumiram os mais diversos significados relacionais, sobre o qual se condensaram resistências, medos, esperanças, desejos de mudança. Entendemos que o forte vínculo terapêutico, o clima de segurança e confiança estabelecidos na sessão ao lidar com questões dolorosas e, às vezes, dramáticas, tinham sido a mola central da mudança e ouvíamos, frequentemente, que a presença do terapeuta, algumas de suas perguntas, intervenções ou prescrições específicas foram sentidas em casa de forma reconfortante e permitiram reflexões significativas e transformações familiares por alguns anos após o término dos encontros. Isso nos confirmou a crença de que precisamos de um tempo não curto para consolidar os progressos que começaram durante a terapia.

Descobrimos que, nas situações de tratamento satisfatoriamente concluídas, as lembranças dos membros da família eram muito semelhantes às do terapeuta, como se uma forte sintonia emocional tivesse sido criada dentro do sistema terapêutico.

Por último, as famílias que melhor expressaram seus recursos na terapia e que alcançaram sucessos inesperados, como a família de Patrick, descrita acima, ficaram felizes em "mostrar" na sessão de follow-up as mudanças visíveis no corpo, bem como nas expressões posturais e no olhar do paciente e de todo o grupo familiar.

Os casais também descreveram os longos e complexos caminhos de suas mudanças individuais e do novo entrosamento do casal, satisfeitos em tê-los feito "por si" após o aprendizado adquirido durante a terapia. E mesmo aqueles casais que escolheram o caminho da separação estavam felizes por terem fechado um capítulo de suas vidas sem acrimônia e sem envolver os filhos no processo de distanciamento emocional.

BIBLIOGRAFIA

Ackerman, N.W. (1958), *Psicodinamica della vita familiare*. Tr. it. Boringhieri, Torino 1968.

Aldous, J. (1990), "Family development and the life course: Two perspectives on family change". In *Journal of Marriage and Family Therapy*, 52, pp. 571-583.

Anderson, H. (1997), *Conversation, Language and Therapy*. Basic Books, New York. anderson, H., goolishian, H.A. (1988), "Human systems as linguistic systems: Preliminary and evolving ideas about the implications for clinical theory". In *Family Process*, 27, pp. 3-12.

Anderson, H., goolishian, H.A. (1992), "The client is the expert: A not-knowing approach to therapy". In Mcnamee, S., Gergen, K.J. (a cura di), *Therapy as Social Construction*. Sage, London.

Andolfi, M. (1977), *La terapia con la famiglia*. Astrolabio, Roma.

Andolfi, M. (1977a), "La ridefinizione in terapia familiare". In *Terapia Familia- re*, 1, pp. 7-27.

Andolfi, M. (1999) (a cura di), *La crisi della coppia*. Raffaello Cortina, Milano.

Andolfi, M. (2002) (a cura di), *I pionieri della terapia familiare*. Franco Angeli, Milano.

Andolfi, M. (2003), *Manuale di psicologia relazionale*. apf, Roma.

Andolfi, M., Angelo, C. (1984), "Il sistema terapeutico ovvero il terzo pianeta". In *Terapia familiare*, 16, pp. 7-25.

Andolfi, M., Angelo, C. (1987), *Tempo e mito nella psicoterapia familiare*. Bollati Boringhieri, Torino.

Andolfi, M., Angelo, C., De Nichilo, M. (1989), *The Myth of Atlas: Families and the Therapeutic Story*. Brunner/Mazel, New York.

Andolfi, M., Angelo, C., D'Atena, P. (2001), *La terapia narrata dalle famiglie*. Raffaello Cortina, Milano.

Andolfi, M., Angelo, C., de Nichilo, M. (1997) (a cura di), *Sentimenti e siste- mi*. Raffaello Cortina, Milano.

Andolfi, M., Angelo, C., Menghi, P., Nicolò-Corigliano, A.M. (1982), *La fa- miglia rigida. Un modello di psicoterapia relazionale*. Feltrinelli, Milano.

Andolfi, M., Falcucci, M., Mascellani, A., Santona, A., Sciamplicotti, F. (2006) (a cura di), *La terapia di coppia in una prospettiva trigenerazionale*. apf, Roma.

Andolfi, M., Falcucci, M., Mascellani, A., Santona, A., Sciamplicotti, F. (2007) (a cura di), *Il bambino come risorsa nella terapia familiare*. apf, Roma.

Andolfi, M., Haber, R. (1994) (a cura di), *La consulenza in terapia familiare*. Tr. it. Raffaello Cortina, Milano 1995.

Andolfi, M., Mascellani, A. (2010), *Storie di adolescenza: esperienze di terapia familiare*. Raffaello Cortina, Milano.

Andolfi, M., Mascellani, A. (2012), "Psicopatologia della coppia contempora- nea nell'Italia contemporanea". In Donati, P. (a cura di), *La relazione di cop- pia oggi*. Erickson, Trento.

Andolfi, M., Mascellani, A. (2013), *Teen Voices. Tales of Family Therapy*. Wisdom Moon, San Diego, ca.

Andolfi, M., Mascellani, A., Santona, A. (2011) (a cura di), *Il ciclo vitale della coppia mista*. Franco Angeli, Milano.

Argyle, M. (1988), *Il corpo e il suo linguaggio. Studio sulla comunicazione non ver- bale*. Tr. it. Zanichelli, Bologna 1992.

Baltazar, M., Hazem, N., Vilarem, E., Beaucousin, V., picq, J.L., conty, L. (2014), "Eye contact elicits bodily self-awareness in human adults". In *Cogni- tion*, 133, pp. 120-127.

Bank, S.P., Kahn, M.D. (1982), *The Sibling Bond*. Basic Books, New York.

Barbagli, M., Saraceno, C. (1997), *Lo stato delle famiglie in Italia*. il Mulino, Bologna.

Barreto, A. (2008), "Community therapy: Building webs of solidarity". In Andolfi, M., Calderón, L. (a cura di), *The Oaxaca Book. Working with Marginalized Families and Communities in the Trenches.* apf, Roma.

Bateson, G. (1979), *Mente e natura: un'unità necessaria.* Tr. it. Adelphi, Milano 1984.

Bateson, G., Jackson, D.D., Haley, J., Weakland, J. (1956), "Verso una teoria della schizofrenia". In Bateson, G., *Verso un'ecologia della mente.* Tr. it. Adelphi, Milano 1988, pp. 244-274.

Berger, M.M. (1978), *Beyond the Double Bind: Communication and Family Systems, Theories, and Techniques with Schizophrenics.* Brunner/Mazel, New York.

Berger, P.L., Luckmann, T. (1966), *La realtà come costruzione sociale.* Tr. it. il Mulino, Bologna, 1969.

Bertrando, P., Toffanetti, D. (2000a), "Sull'ipotesi. Teoria e clinica del processo di ipnotizzazione". In *Terapia Familiare,* 62, pp. 43-68.

Bertrando, P., Toffanetti, D. (2000b), *Storia della terapia familiare.* Raffaello Cortina, Milano.

Birdwhistell, R.L. (1970), *Kinesics and Context. Essays on Body Motion Communication.* University of Pennsylvania Press, Philadelphia.

Bocchi, G., Ceruti, M. (1985) (a cura di), *La sfida della complessità.* Feltrinelli, Milano.

Bonvicini, M.L. (1992), *Immigrer au féminin.* Ed. Ouvrières, Paris.

Borg, S. (2009), "Language teacher cognition". In Burns, A., Richards, J.C. (a cura di), *The Cambridge Guide to Second Language Teacher Education.* Cam- bridge University Press, Cambridge.

Boszormenyi-Nagy, I., Framo, J.L. (1965), *Psicoterapia intensiva della famiglia.* Tr. it. Boringhieri, Torino 1969.

Boszormenyi-Nagy, I., Spark, G. (1973), *Lealtà invisibili.* Tr. it. Astrolabio, Roma 1988.

Bowen, M. (1975), *Family Therapy after 20 Years. American Handbook of Psychiatry.* Basic Book, New York.

Bowen, M. (1978), *Family Therapy in Clinical Practice.* Aronson, New York.

Bowen, M. (1979), *Dalla famiglia all'individuo. La differenziazione del sé nel sistema familiare.* Tr. it. Astrolabio, Roma.

Bowlby, J., Robertson, J. (1952), "A two-year-old goes to hospital". In *Proceedings of the Royal Society of Medicine*, 46, pp. 425-427.

Bray, J.H., Williamson, D.S., Malone, P.E. (1986), "An evaluation of an inter- generational consultation process to increase personal authority in the family system". In *Family Process*, 25, pp. 423-436.

Breunlin, D., Pinsof, W., Russell, W. (2011), "Integrative problem centered metaframeworks therapy: Core concepts & hypothesizing". In *Family Process*, 50, pp. 293-313

Byng-hall, J. (1979), "Re-editing family mythology during family therapy". In *Journal of Family Therapy*, 1, pp. 103-116.

Byng-Hall, J. (1995), *Rewriting Family Scripts: Improvisation and System Change*. Guilford Press, New York.

Cade, B. (1992), "A response by any other…". In *Journal of Family Therapy*, 14, pp. 163-169.

Caillé, P. (1990), *Il rapporto famiglia-terapeuta. Lettura sistemica di una interazione*. nis, Roma.

Canevaro, A. (2002), "James Framo, la sua opera, la sua vita". In Andolfi, M. (2002) (a cura di), *I pionieri della terapia familiare*. Franco Angeli, Milano.

Capra, F. (1982), *Il punto di svolta*. Tr. it. Feltrinelli, Milano 1984, pp. 74-87.

Carter, E.A., Mcgoldrick, M. (1980), *The Family Life Cycle: A Framework for Family Therapy*. Gardner Press, New York.

Carter, E.A., Mcgoldrick, M. (1988), *The Changing Family Life Cycle: A Framework for Family Therapy*, 2nd ed. Gardner Press, New York.

Cecchin, G., Lane, G., Ray, W.L. (1993), *Irriverenza. Una strategia per la sopravvivenza del terapeuta*. Franco Angeli, Milano.

Ceruti, M. (1986), *Il vincolo e la possibilità*. Feltrinelli, Milano.

Cigoli, V. (1983), *Psicoanalisi e ricerca sui sistemi in terapia familiare*. Franco Angeli, Milano.

Ciola, A. (1997), "Stare qui stando là, stare seduto fra due sedie, o… la condizione del migrante". In *Terapia Familiare*, 54, pp. 21-28.

Compernolle, T. (1992), "Adultocentrism". Lavoro presentato al congresso *Changing Families in a Changing Society*, Bruxelles.

Cook, M. (1971), *La percezione interpersonale*. Tr. it. Il Mulino, Bologna 1973.

Constantine, L. (1978), "Family sculpture and relationship mapping techniques". In *Journal of Marriage and Family Counseling*, 4, pp. 13-23.

Cronen, V.E., Johnson, K.M., Lannamann, J.W. (1983), "Paradossi, doppi le- gami, circuiti riflessivi: una prospettiva teorica alternativa". In *Terapia Familiare*, 14, pp. 87-120.

Crouch, S., Walters, E., Mcnair, R., Power, N., Davis, N. (2014), "Parent-reported measures of child health and well-being in same sex parent families: A cross sectional survey". In *bmc Public Health*, 14, pp. 1-12.

D'Andrea, A. (2001) *I tempi dell'attesa*. Franco Angeli, Milano.

de Shazer, S. (1985), *Keys to Solution in Brief Therapy*. Norton, New York.

Desmond, M., Morris, J.D. (1977), *Man Watching: A Field Guide to Human Behavior*. Abrams, New York.

Di Nicola, V.F. (1985a), "The acoustic mask: A review of 'Behind the Family Mask', family therapy workshop with Maurizio Andolfi". In *Journal of Strategic & Systemic Therapies*, 4, pp. 74-80.

Di Nicola, V.F. (1985b), "Family therapy and transcultural psychiatry: An emerging synthesis". In *Transcultural Psychiatric Research Review*, 22, pp. 81-113.

Di Nicola, V.F. (1997), *A Stranger in the Family: Culture, Families, Therapy*. Norton, New York.

Donati, P. (1977), "Bisogni storici, famiglia e servizi sociali partecipati sul territorio: oltre il 'Welfare State'". In La Rosa, M., Minardi, E., Montanari, A. (a cura di), *I servizi sociali tra programmazione e partecipazione*. Franco Angeli, Milano.

Donini, G., de Santis, S., Galante, L.C., Michelis, P., Massimilla, M., Mormile, M.C. (1987), "Il role playing tramite sedute familiari simulate". In *Terapia Familiare*, 25, pp. 49-61.

Duhl, F., Kantor, D., Duhl, B. (1973), "Learning, space and action in family therapy". In Bloch, D.A. (a cura di), *Techniques of Family Psychotherapy*. Grune and Stratton, New York.

Duncan, B.L., Miller, S.D., Sparks, J.A. (2000), *The Heroic Client: A Revolutionary Way to Improve Effectiveness through Client-Directed, Outcome-Informed Therapy*. Jossey-Bass, San Francisco.

Dunn, J., Plomin, R. (1991), "Il significato delle differenze nell'esperienza dei fratelli all'interno della famiglia". In *Terapia Familiare*, 37, pp. 5-20.

Durkheim, E., Lukes, S. (1895), *The Rules of Sociological Method*. Simon & Schuster, UK.

Duvall, E., Miller, B. (1985), *Marriage and Family Development*. Harper&Row, New York.

Ekman, P., Friesen, W.V. (1972), "Hand movements". In *Journal of Communication*, 22, pp. 353-374.

Ekman, P., Friesen, W.V. (1982), "Felt, false, and miserable smiles". In *Journal of Nonverbal Behavior*, 6, pp. 238-252.

Ekman, P., Friesen, W.V., o'Sullivan, M. (1988), "Smiles when lying". In *Journal of Personality and Social Psychology*, 54, pp. 414-420.

Ekman, P., Friesen, W.V., Davidson, R.J. (1990), "The Duchenne smile: Emotional expression and brain physiology ii". In *Journal of Personality and Social Psychology*, 58, pp. 342-353.

Elkaim, M. (1990), *Se mi ami, non amarmi*. Tr. it. Bollati Boringhieri, Torino 1992. Erickson, M.H., Rossi, E.L., Rossi, S.I. (1979), *Tecniche di suggestione ipnotica: induzione dell'ipnosi clinica e forme di suggestione indiretta*. Tr. it. Astrolabio, Roma 1982.

Falicov, C.J. (1983), *Cultural Perspectives in Family Therapy*. Aspen Corporation, Rockville, MD.

Ferreira, A.J. (1963), "Family myth and homeostasis". In *Archives of General Psychiatry*, 9, pp. 457-463.

Fivaz-depeursinge, E., Corboz-warnery, A. (1999), *Il triangolo primario*. Tr. it. Raffaello Cortina, Milano 2000.

Fivaz-depeursinge, E., Philipp, D. (2014), *Il bambino e la coppia*. Tr. it. Raffaello Cortina, Milano 2015.

Flaskas, C. (1992), "A reframe by other name: On the process of refraining in strategic, Milan and analytic therapy". In *Journal of Family Therapy*, 14, pp. 145-161.

Fourie, D.P. (2010), "Asking about ambivalence: A different kind of therapist neutrality". In *American Journal of Family Therapy*, 38, pp. 374-382.

Framo, J.L. (1992), *Terapia intergenerazionale. Un modello di lavoro con la famiglia d'origine*. Tr. it. Raffaello Cortina, Milano 1996.

Framo, J.L. (1965), "Programma e tecniche della psicoterapia familiare intensi- va". In Boszormenyi-Nagy, I., Framo, J.L. (1965), *Psicoterapia intensiva della famiglia*. Tr. it. Boringhieri, Torino 1969.

Frances, A. (2013), *Essential of Psychiatric Diagnosis, Revised Edition: Responding to the challenge of DSM-5*. Guilford Press, New York.

Friedlander, M., Escudero, V., Heatherington, L. (2005), *Therapeutic Alliances with Couples & Families: An Empirical Informed Guide to Practice*. American Psychological Association Books, Washington dc.

Gelkopf, M. (2011), "The use of humor in serious mental illness: A review". In *Evidence-Based Complementary and Alternative Medicine*, 2011, pp.1-8.

Ginzburg, N. (1963), *Lessico familiare*. Einaudi, Torino.

Guerin, P.J., Pendagast, E.G. (1976), "Evaluation of Family System and Ge- nogram". In Guerin, P.J. (a cura di), *Family Therapy: Theory and Practice*. Gardner Press, New York.

Guerin, P.J., Gogarty, T.F., Fay, L.F., Kautto, J.G. (1996), *Working with Rela- tionship Triangles*. Guilford, New York.

Haber, R. (1990), "From handicap to handicaple. Training systemic therapists in use of self". In *Family Process*, 29, pp. 375-384.

Haber, R. (1995), "La consulenza come risorsa in terapia familiare". Tr. it. in Andolfi, M., Haber, R. (a cura di), *La consulenza in terapia familiare*. Raffaello Cortina, Milano, pp. 3-36.

Haber, R. (2002), "Virginia Satir: un approccio umanistico integrato". Tr. it. in Andolfi, M. (a cura di), *I pionieri della terapia familiare*. Franco Angeli, Milano, pp. 42-51.

Haley, J. (1969), "Verso una teoria dei sistemi patologici". Tr. it. in Zuk, G., boszormenyi-Nagy, R. (a cura di), *La famiglia, patologia e terapia*. Armando, Roma, 1970.

Haley, J. (1969), "An editorial farewell". In *Family Process*, 8, pp. 149-158.

Haley, J. (1971), *Fondamenti di terapia della famiglia*. Tr. it. Feltrinelli, Milano 1980.

Haley, J. (1973), *Terapie non comuni. Tecniche ipnotiche e terapia della famiglia*. Tr. it. Astrolabio, Roma 1976.

Haley, J. (1976), *La terapia del problem-solving*. Tr. it. La Nuova Italia Scientifica, Roma 1985.

Haley, J. (1985), *Conversazioni con Milton Erickson*. Tr. it. Astrolabio, Roma 1987-1988.

Haley, J., Hoffman, L. (1981), *I principi della terapia della famiglia*. Tr. it. Astrolabio, Roma, 1984.

Hall, E.T. (1966), *The Hidden Dimension*. Doubleday, New York.

Hellinger, B. (2012), *Family Constellations Revealed*. Indra Torsten Preiss, Antwerp, Belgium.

Hill, R., Foote, N. (1970), *Family Development in Three Generations: A Longitudinal Study of Changing Family Patterns of Planning and Achievement*. Schenkman Publications, MA.

Hoffman, L. (1981), *Principi di terapia della famiglia*. Tr. it. Astrolabio, Roma 1984. Holub, E.A., Lee, S.S. (1990), "Therapist's use of nonerotic physical contact: Ethical concerns". In *Professional Psychology: Research and Practice*, vol. 21, pp. 115.

Hooper, L.M., L'Abate, L., Sweeney, L.G., Gianesini, G., Jankowski, P.J. (2013), *Models of Psychopathology: Generational Processes and Relational Roles*. Springer, New York.

Hotvedt, M. (1997), "Il matrimonio interculturale: l'incontro terapeutico". In *Terapia familiare*, 54, pp. 55-66.

Hunter, M., Struve, J. (1998), *The Ethical Use of Touch in Psychotherapy*. Sage Publications, Thousand Oaks, ca.

Imber-Black, E., Roberts, J., Whiting, J.R. (1988) (a cura di), *Rituals in Families and Family Therapy*. Norton, New York.

Keeney, B.P. (1982), *What Is an Epistemology of Family Therapy?* Brunner/Mazel, New York.

Keeney, B.P. (1983), *L'estetica del cambiamento*. Tr. it. Astrolabio, Roma 1985.

Kendon, A. (1994), "Do gestures communicate? A review". In *Research on Language and Social Interaction*, 27, pp. 175-200.

Kerr, M., Bowen, M. (1988), *La valutazione della famiglia*. Tr. it. Astrolabio, Roma, 1990.

La Sala, M. (1999), "Coppie omosessuali maschili e disapprovazione intergene- razionale". In Andolfi, M. (a cura di), *La crisi della coppia*. Raffaello Cortina, Milano, pp. 487-508.

La Sala, M. (2000), "Lesbian, gay men and their parents: Family therapy for the coming-out crisis". In *Family Process*, 39, pp. 67-81.

Lemaire, J.G. (1984), "La réalité informe, le mythe structure". In *Dialogue*, 2, pp. 3-23.

Levi-Strauss, C. (1981), *The Naked Man*. Harper &Row, New York. Lowen, A. (1978), *Il linguaggio del corpo*. Tr. it. Feltrinelli, Milano 1985. Mattessich,

P., Hill, R. (1987), "Life cycle and family development". In Sussman, M.B., Steinmetz, S.K. (a cura di), *Handbook of Marriage and the Family*. Plenum, New York.

Mcgoldrick, M., Carter, E.A. (1982), "Il ciclo di vita della famiglia". Tr. it. in Walsh, F. (a cura di), *Stili di funzionamento familiare. Come le famiglie affrontano gli eventi della vita*. Franco Angeli, Milano 1986.

Mcgoldrick, M. Gerson, R. (1985), *Genograms in Family Assessment*. Norton, New York.

Miller, J.G. (1978), *La teoria dei sistemi viventi*. Tr. it. Franco Angeli, Milano 1978.

Minuchin, S. (1972), "Structural family therapy". In Kaplan, P.J. (a cura di), *American Handbook of Psychiatry*. Basic Books, New York.

Minuchin, S. (1974), *Famiglie e terapia della famiglia*. Tr. it. Astrolabio, Roma 1976.

Minuchin, S. (1999), "Dov'è la famiglia nella terapia familiare narrativa?". In *Terapia familiare*, 60, pp. 5-26.

Minuchin, S. (2002), "Una coperta di pezze per la terapia familiare". In Andolfi, M. (a cura di), *I pionieri della terapia familiare*. Franco Angeli, Milano, pp. 9-19.

Minuchin, S., Borda, C., Reiter, M.D. (2013), *L'arte della terapia familiare*. Tr. it. Astrolabio, Roma 2014.

Minuchin, S., Montalvo, B., Rosman, B., Schumer, F. (1967), *Families of the Slums*. Basic Books, New York.

Montagano, S., Pazzagli, A. (1989), *Il genogramma. Teatro di alchimie familiari*. Franco Angeli, Milano.

Montagu, A. (1971), *Il linguaggio della pelle. Il senso del tatto nello sviluppo fisico e comportamentale del bambino*. Tr. it. Garzanti, Milano 1989.

Nisse, M. (2007), "Humour, haine symbolique et résilience. Du bon usage théra peutique des mots obscènes chez les victimes de violences sexuelles". In *Cahiers critiques de thérapie familiale et de pratiques de réseaux*, 39, pp. 93-101.

Onnis, L., Di Gennaro, A., Cespa, G., Agostini, B., Chouhy, A., Dentale, R.C., Quinzi, P. (1994), "Sculpting present and future: A systemic intervention model applied to psychosomatic families". In *Family Process*, 33, pp. 341-355.

Oxford Dictionary (2007). Oxford University Press, Oxford, UK.

Papp, P., Silverstein, O., Carter, E. (1973), "Family sculpting in preventive work with well families". In *Family Process*, 12, pp. 197-212.

Pinsof, W. (1995), *Integrative Problem Centered Therapy*. Basic Books, New York.

Pinsof, W., Greenberg, L. (1986) (a cura di), *The Psychotherapeutic Process: A Research Handbook*. Guilford Press, New York.

Pinsof, W., Wynne, L. (2000), "Toward progress research. Closing the gap between family therapy practice and research". In *Journal of Marital and Family Therapy*, 26, pp. 1-8.

Rodgers, R. (1973), *Family Interaction and Transaction: The Developmental Approach*. Englewood Cliffs, Prentice-Hall, New Jersey.

Rogers, C.R. (1951), *Terapia centrata sul cliente*. Tr. it. La Nuova Italia, Firenze 1997.

Roussel, L. (1989), *La famille incertaine*. Odile Jacob, Parigi.

Roustang, F. (2014), *Feuilles oubliées, feuilles retrouvées*. Payot & Rivages, Parigi.

Roustang, F. (2004), "Che fare delle proprie sofferenze?". In *Terapia Familiare*, 76, pp. 5-18.

Saraceno, C. (1996), *Sociologia della famiglia*. Il Mulino, Bologna.

Satir, V. (1967), *Conjoint Family Therapy. A Guide to Theory and Technique*. Science and Behavior Books, Palo Alto, CA.

Scabini, E., Regalia, C. (1993). "La famiglia in emigrazione. Continuità e fratture nelle relazioni intergenerazionali". In *Terapia Familiare*, 43, pp. 5-11.

Scabini, E., Marta, E. (1995), "La famiglia con adolescenti: uno snodo critico intergenerazionale". In *Quarto rapporto cisf sulla famiglia in Italia*. San Paolo, Cinisello Balsamo.

Scheflen, A.E. (1972), *Body Language and the Social Order*. Prentice-Hall, NJ.

Scheflen, A.E. (1973), *Il linguaggio del comportamento*. Tr. it. Astrolabio, Roma 1977.

Schnarch, D.M. (1990), "Department of redundancy department: Humor in psychotherapy". In *Journal of Family Psychotherapy*, 1(1), pp. 75-86. Tschnarch, D.M. (1997), *La passione nel matrimonio: sesso e intimità nelle relazioni d'amore*. Tr. it. Raffaello Cortina, Milano 2001.

Seltzer, W.J., Seltzer, M.R. (1983), "Materia, mito e magia: un approccio culturale alla terapia con le famiglie". In *Terapia Familiare*, 13, pp. 101-115.

Selvini Palazzoli, M., Boscolo, L., Cecchin, G. (1975), *Paradosso e controparadosso*. Feltrinelli, Milano.

Selvini Oalazzoli, M., Boscolo, L., Cecchin, G. (1980), "Ipotizzazione, Cir- colarità, Neutralità: tre direttive per la conduzione della seduta". In *Terapia Familiare*, 7, pp. 7-19.

Selvini Palazzoli, M., Cirillo, S., Sorrentino, A.M. (1988), *I giochi psicotici nella famiglia*. Raffaello Cortina, Milano.

Sewell, T. (1996), *Migrations and Cultures: A World View*. Basic Books, New York.

Siegel, B., Perrin, E. (2013), "Promoting the well-being of children whose parents are Gay or Lesbian". In *Pediatrics*, 4, pp. 703-711.

Sluzki, C. (1991), "La trasformazione terapeutica delle trame narrative". In *Terapia Familiare*, 36, pp. 5-19.

Sommer, R. (1969), *Personal Space*. Prentice-Hall, New York.

Sprenkle, D.H., Davis, S.D., lebow, J. (2009), *Common Factors in Couple and Family Therapy: The Overlooked Foundation for Effective Practice*. Guilford Press, New York.

Stern, D.N. (2010), *Le forme vitali. L'esperienza dinamica in psicologia nell'arte, in psicoterapia e nello sviluppo*. Tr. it. Raffaello Cortina, Milano 2011.

Stern, D.N. (2004), *Il momento presente in psicoterapia e nella vita quotidiana*. Tr. it. Raffaello Cortina, Milano 2005.

Stierlin, H. (1975), *Dalla psicoanalisi alla terapia della famiglia*. Tr. it. Boringhieri, Torino 1979.

Telfener, U. (2002), "Le mille vite di Jay Haley: un percorso polifonico". In Andolfi, M. (a cura di), *I pionieri della terapia familiare*. Franco Angeli, Milano, pp. 103-114.

Telfener, U., Todini, G. (2002), "Il lavoro politico con i sistemi sociali. Il modello strutturale di S. Minuchin". In Andolfi, M. (a cura di), *I pionieri della terapia familiare*. Franco Angeli, Milano, pp. 88-97.

Terkelsen, K.G. (1980), "Toward a theory of the family life cycle". In Carter, E.A., Mcgoldrick, M., *The Family Life Cycle: A Framework for Family Therapy*. Gardner Press, New York.

Tomm, K. (1988), "Intending to ask lineal circular, strategic or reflexive question?". In *Family Process*, 27, pp. 1-15.

Tronick, E.Z. (1989), "Le emozioni e la comunicazione affettiva nelle prime relazioni". Tr. it. in Riva Crugnola, C. (a cura di), *La comunicazione affettiva tra il bambino e i suoi partner*. Raffaello Cortina, Milano 1999.

Ugazio, V. (1985), "Oltre la scatola nera". In *Terapia Familiare*, 19, pp. 75-83.

Von Bertalanffy, L. (1968), *Teoria generale dei sistemi*. Tr. it. Mondadori, Milano 1983.

Von Foerster, H. (1981), *Sistemi che osservano*. Tr. it. Astrolabio, Roma 1987.

Walsh, F. (1982), *Stili di funzionamento familiare*. Tr. it. Franco Angeli, Milano 1986.

Watzlawick, P., Beavin, J.H., Jackson, D.D. (1967), *Pragmatica della comunicazione umana*. Tr. it. Astrolabio, Roma 1971.

Whitaker, C.A. (1977), "Psicoterapia dell'assurdo: con particolare riferimento alla psicoterapia dell'aggressività". In *Terapia Familiare*, 1, pp. 111-128.

Whitaker, C.A. (1989), *Considerazioni notturne di un terapeuta della famiglia*. Tr. it. Astrolabio, Roma 1990.

Whitaker, C.A., Keith, D. (1981), "Play therapy: A paradigm for work with families". In *Journal of Marital and Family Therapy*, 7, pp. 243-254.

Whitaker, C., Keith, D. (1982), "Terapia familiare simbolico-esperienziale". In *Terapia Familiare*, 11, pp. 95-134.

Whitaker, C., Simons, J. (1994), "La vita interiore del consulente". Tr. it. in Andolfi, M., Haber, R. (a cura di), *La consulenza in terapia familiare. Una pro- spettiva sistemica*. Raffaello Cortina, Milano, 1995, pp. 73-77.

White, M., Epston, D. (1989), *Literate Means to Therapeutic Ends*. Dulwich Centre Publications, Adelaide.

Williamson, D.S. (1982), "La conquista dell'autorità personale nel superamento del confine gerarchico intergenerazionale". In *Terapia Familiare*, 11, pp. 77-93.

Williamson, D.S. (1991), *The Intimacy Paradox*. Guilford Press, New York. yalom, I.D. (2001), *Il dono della terapia*. Tr. it. Neri Pozza, Vicenza 2014.

Zappella, M. (1987), *I bambini autistici, l'holding e la famiglia*. Nuova Italia Scientifica, Roma.

Zuk, G.B., Boszormenyi-Nagy, I. (1969), *La famiglia: patologia e terapia*. Tr. it. Armando, Roma 1970.

PSICOTERAPIA COM A FAMÍLIA

M. Andolfi, R. Haber (a cura di), *La consulenza in terapia familiare*

M. Andolfi, C. Angelo, M. de Nichilo, *Sentimenti e sistemi*

J.L. Framo, *Terapia intergenerazionale*

M. Andolfi (a cura di), *La crisi della coppia*

E. Fivaz-Depeursinge, A. Corboz-Warnery, *Il triangolo primario*

M. Andolfi, C. Angelo, P. D'Atena, *La terapia narrata dalle famiglie*

M. Andolfi, P. Forghieri Manicardi, *Adolescenti tra scuola e famiglia*

M. Andolfi, A. D'Elia (a cura di), *Le perdite e le risorse della famiglia*

F. Walsh, *La resilienza familiare*

M. Andolfi, A. Mascellani, *Storie di adolescenza*

E. Fivaz-Depeursinge, D.A. Philipp, *Il bambino e la coppia*

CONHEÇA TAMBÉM DO MESMO AUTOR

Histórias da Adolescência - Experiências em Terapia Familiar
Maurizio Andolfi e Anna Mascellani
ISBN: 9788570740311

O que significa ser adolescente em uma época caracterizada pela fragmentação da família e pelo crescente individualismo? Por que os pais de hoje estão confusos com relação aos seus filhos adolescentes? O que está por trás da violência dos adolescentes de hoje? Como ajudar um adolescente deprimido? Eles precisam de medicamentos ou a família poderia ajudá-los com mais eficácia? Essas são algumas das perguntas as quais a História da Adolescência responde, com enfoque no problema do adolescente, por meio da violência, da dependência patológica e da depressão. Os autores apresentam linhas teóricas que orientam o trabalho clínico com adolescentes de acordo com a perspectiva sistêmico-relacional, por meio de exemplos de terapias com adolescentes realizadas durante quarenta anos de experiência. O livro é destinado aos profissionais que lidam com adolescentes: professores, educadores, terapeutas, assistentes sociais e todos os profissionais especializados em família e direito da família. Este livro também será interessante para pais com filhos adolescentes, os quais desejam melhorar seu relacionamento e saber como orientá-los.

Intimidade de Casal & Tramas familiares
Maurizio Andolfi e Anna Mascellani
ISBN: 9788570740762

O modelo de terapia proposto baseia-se na ideia que, para ajudar casais em crise a redescobrir a própria intimidade, é necessário adotar uma lente intergeracional e não ficar limitado somente à dimensão dual. Identificando as tramas familiares e os laços afetivos cindidos, será possível permitir a cada um dos parceiros pacificar-se com a sua história individual e redescobrir a força do NÓS do casal. O livro traz esclarecimentos sobre como utilizar a presença simbólica das famílias de origem e dos filhos na terapia de casal e sobre como convidar pais, filhos e amigos para o papel de consultores durante as sessões especiais. Depois de ter ilustrado as diferentes fases do processo terapêutico, da construção da motivação conjunta até a conclusão da terapia, os últimos capítulos tratam das problemáticas relacionadas ao casal no divórcio e nas famílias reconstituídas.

O Dom da Verdade
A trajetória interior do terapeuta
Maurizio Andolfi
ISBN: 9788570740984

O livro ilustra a importância do cuidado que há na experiência humana da terapia, na qual o terapeuta se livra da sua veste profissional para sintonizar-se com as áreas de profundo sofrimento trazidas por pessoas e famílias em dificuldade. Seus instrumentos são tanto as palavras quanto a escuta, como a linguagem do corpo e do movimento que se tornam veículos de transformação quando o seu mundo interior se encontra com o mundo de quem o escolheu como fonte de ajuda. A busca pela autenticidade se concretiza na forma de um dom recíproco de verdade, onde a essência de cada uma se encontra com a do outro, rompendo as barreiras dos papéis interpretados. O tratamento vai envolver, portanto, toda a família em um processo transformador.

Construindo ideias
e conectando mentes

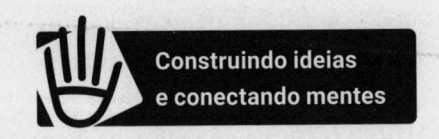

Este livro foi composto com tipografia Bembo Std
e impresso em papel Pólen Soft 80g/m²